LENHARD JESSE

Liegen die Einkommensteuer und die Erbschaft- und Schenkungsteuer auf „verschiedenen Ebenen“?

Schriften zum Steuerrecht

**Herausgegeben von Prof. Dr. Joachim Lang
und Prof. Dr. Jens Peter Meincke**

Band 41

Liegen die Einkommensteuer und die Erbschaft- und Schenkungsteuer auf „verschiedenen Ebenen“?

Von

Lenhard Jesse

Duncker & Humblot · Berlin

Die Deutsche Bibliothek – CIP-Einheitsaufnahme

Jesse, Lenhard:
Liegen die Einkommensteuer und die Erbschaft- und Schenkungsteuer auf „verschiedenen Ebenen“? / von Lenhard Jesse. – Berlin : Duncker und Humblot, 1992
(Schriften zum Steuerrecht ; Bd. 41)
Zugl.: Köln, Univ., Diss., 1990
ISBN 3-428-07329-0
NE: GT

Fremddatenübernahme und Druck:
Berliner Buchdruckerei Union GmbH, Berlin 61
Printed in Germany

ISSN 0582-0235
ISBN 3-428-07329-0

Meinen Eltern
und Sabine

Vorwort

Die vorliegende Arbeit wurde im April 1990 abgeschlossen und lag im Sommersemester 1990 der Rechtswissenschaftlichen Fakultät der Universität zu Köln als Dissertation vor.

Das Thema der Arbeit beruht auf einer Anregung von Herrn Prof. Dr. Jens Peter Meincke, der mich auf die „Zwei-Ebenen-These" der Rechtsprechung aufmerksam machte. In Zeiten zunehmender Eile bei der (Steuer-)Gesetzgebung war es für mich eine besondere Herausforderung, sich mit einer Grundsatzfrage der vorliegenden Art zu befassen. Herrn Prof. Dr. Jens Peter Meincke sei herzlich dafür gedankt, daß er mir die Bearbeitung des Themas anvertraut und mich stets mit seinem Rat begleitet hat. Darüber hinaus habe ich Herrn Prof. Dr. Jens Peter Meincke und Herrn Prof. Dr. Joachim Lang für die Aufnahme der Arbeit in die vorliegende Schriftenreihe zu danken.

Gesetzgebung, Rechtsprechung und Literatur sind im wesentlichen bis Frühjahr 1991 berücksichtigt.

Düsseldorf, im Juli 1991

Lenhard Jesse

Inhaltsverzeichnis

1. Teil

Einleitung: Gegenstand und Gang der Untersuchung

2. Teil

Vergleich der Steuertatbestände

1. Abschnitt

Vergleich der Steuergegenstände und der ihnen zugrunde liegenden Besteuerungsgüter

2. Abschnitt

Vergleich der übrigen Tatbestandsmerkmale

3. Teil

Konkurrenzverhältnis der Steuern unter Berücksichtigung des § 16 Abs. 5 EStG a. F. bzw. § 35 EStG

Abkürzungsverzeichnis

a. A.	=	anderer Ansicht
a. a. O.	=	am angegebenen Ort
Abs.	=	Absatz
Abschn.	=	Abschnitt
a. E.	=	am Ende
a. F.	=	alter Fassung
AktG	=	Aktiengesetz
Anm.	=	Anmerkung
AO	=	Abgabenordnung
Art.	=	Artikel
AStG	=	Außensteuergesetz
BayVBl.	=	Bayerische Verwaltungsblätter (Zeitschrift)
BB	=	Betriebs-Berater (Zeitschrift)
betr.	=	betreffend
BewG	=	Bewertungsgesetz
BFH	=	Bundesfinanzhof
BFH NV	=	Sammlung amtlich nicht veröffentlichter Entscheidungen des Bundesfinanzhofs
BGB	=	Bürgerliches Gesetzbuch
BGBl.	=	Bundesgesetzblatt
BGH	=	Bundesgerichtshof
BGHZ	=	Entscheidungen des Bundesgerichtshofs in Zivilsachen
BMF	=	Bundesminister der Finanzen
BR-Drucks.	=	Bundesrat-Drucksache
BStBl.	=	Bundessteuerblatt
BT-Drucks.	=	Bundestag-Drucksache
BVerfG	=	Bundesverfassungsgericht
BVerfGE	=	Entscheidungen des Bundesverfassungsgerichts
bzw.	=	beziehungsweise
DB	=	Der Betrieb (Zeitschrift)
ders.	=	derselbe
d. h.	=	das heißt
DM	=	Deutsche Mark
Drucks.	=	Drucksache
DStJG	=	Deutsche Steuerjuristische Gesellschaft (Jahrbuch)
DStR	=	Deutsches Steuerrecht (Zeitschrift)
DStZ	=	Deutsche Steuer-Zeitung
DStZ/A	=	Deutsche Steuer-Zeitung Ausgabe A
DVR	=	Deutsche Verkehrsteuer-Rundschau (Zeitschrift)
EFG	=	Entscheidung der Finanzgerichte (Zeitschrift)
Einf.	=	Einführung
Einl.	=	Einleitung
ErbbRVO	=	Verordnung über das Erbbaurecht
ErbStG	=	Erbschaft- und Schenkungsteuergesetz
ErbStRG	=	Erbschaftsteuer-Reformgesetz
ESt.	=	Einkommensteuer

EStDV	= Einkommensteuer-Durchführungsverordnung
EStG	= Einkommensteuergesetz
EStR	= Einkommensteuer-Richtlinien
EStRG	= Einkommensteuerreformgesetz
f.	= folgende
ff.	= fortfolgende
FG	= Finanzgericht
Fn.	= Fußnote
FR	= Finanz-Rundschau (Zeitschrift)
GbR	= Gesellschaft bürgerlichen Rechts
gem.	= gemäß
GG	= Grundgesetz
ggf.	= gegebenenfalls
GmbHG	= Gesetz betreffend die Gesellschaften mit beschränkter Haftung
GrEStG	= Grunderwerbsteuergesetz
HFR	= Höchstrichterliche Finanzrechtsprechung
HGB	= Handelsgesetzbuch
h. M.	= herrschende Meinung
i. d. F.	= in der Fassung
Inf.	= Die Information über Steuer und Wirtschaft (Zeitschrift)
Inf/A	= Die Information über Steuer und Wirtschaft, Ausgabe A (Zeitschrift)
i. S.	= im Sinne
i. S. d.	= im Sinne des
i. V. m.	= in Verbindung mit
KG	= Kommanditgesellschaft
KStG	= Körperschaftsteuergesetz
KVStG	= Kapitalverkehrsteuergesetz
m. w. N.	= mit weiteren Nachweisen
NJW	= Neue Juristische Wochenschrift (Zeitschrift)
Nr.	= Nummer
n. rkr.	= nicht rechtskräftig
n. v.	= nicht veröffentlicht
OECD	= Organization for Economic Cooperation and Development
OHG	= Offene Handelsgesellschaft
o. V.	= ohne Verfasser
Rdn.	= Randnummer
RFH	= Reichsfinanzhof
RFHE	= Sammlung der Entscheidungen des Reichsfinanzhofs
RGBl.	= Reichsgesetzblatt
rkr.	= rechtskräftig
RStBl.	= Reichssteuerblatt
Rz.	= Randziffer
S.	= Seite
sog.	= sogenannte
StbJb	= Steuerberater-Jahrbuch
StbKongrRep	= Steuerberaterkongreß-Report
StuW	= Steuer und Wirtschaft (Zeitschrift)
Tz.	= Textziffer
u. a.	= unter anderem
UStG	= Umsatzsteuergesetz
usw.	= und so weiter
u. U.	= unter Umständen
v. Chr.	= vor Christus
vgl.	= vergleiche
VStR	= Vermögensteuer-Richtlinien
z. B.	= zum Beispiel

1. Teil

Einleitung: Gegenstand und Gang der Untersuchung

A. Gegenstand der Untersuchung

I. Bedeutung der „Zwei-Ebenen-These" als Rechtfertigung für Doppelbelastungen

Das Thema dieser Arbeit geht auf eine Entscheidung des BFH aus dem Jahr 1986[1] zurück, in der der BFH die These aufgestellt hat, daß Einkommensteuer und Erbschaftsteuer auf „verschiedenen Ebenen" liegen. Diese „Zwei-Ebenen-These" charakterisiert das grundsätzliche Verhältnis von Einkommensteuer und Erbschaft- / Schenkungsteuer zueinander. Die Betonung der Verschiedenheit von Einkommensteuer und Erbschaft- / Schenkungsteuer dient als Rechtfertigung für das Aufeinandertreffen der beiden Steuern und die hieraus folgende Doppelbelastung. Daher hängt die These mit dem Problem der Doppelbelastung zusammen und gewinnt hierbei ihre Bedeutung.

Doppelbelastung in dem hier verstandenen Sinn ist nicht gleichzusetzen mit der sich bei der typischen Besteuerungsfolge von Einkommensteuer und Erbschaft- / Schenkungsteuer ergebenden Steuerbelastung, nach der ein bestimmter Vermögensposten, wenn er durch mehrere Hände geht, mehrfacher Besteuerung unterliegt. Wenn z. B. der Erblasser zu seinen Lebzeiten Arbeitslohn bezieht und dieser bei ihm der Einkommensteuer unterliegt, so kann der Erbe des Geldes sich nicht auf die bereits gezahlte Einkommensteuer des Erblassers berufen, sondern muß entsprechend seiner Bereicherung Erbschaftsteuer zahlen. Eine „Doppel"-belastung ist nicht gegeben, da jeder Vermögensinhaber nach der Zunahme seiner wirtschaftlichen Leistungsfähigkeit besteuert wird[2]. Ebenfalls keine Doppelbelastung stellt die Mehrfachbesteuerung verschiedener Vermögensgegenstände bei derselben Person dar. Denn hat der Erbe auf das ererbte Geld Erbschaftsteuer und bei verzinslicher Anlage des Geldes auf die erzielten Zinseinkünfte Einkommensteuer zu zahlen, so wird die jeweils erfolgte Zunahme an wirtschaftlicher Leistungsfähigkeit besteuert.

---

1 Vgl. Urteil vom 26.11.1986, II R 190/81, BStBl. II 1987, 175, 177.

2 Vgl. Lang, Bemessungsgrundlage, S. 260.

Eine Doppelbelastung in dem hier verstandenen Sinn ist jedoch gegeben, wenn man die beiden vorgenannten Fälle miteinander kombiniert. D. h. die Mehrfachbesteuerung desselben Vermögensgegenstandes bei derselben Person. In diesen Fällen erhöht sich die wirtschaftliche Leistungsfähigkeit des Steuerpflichtigen nur einmal, gleichwohl greifen beide Steuern ein. Ursache dieser Doppelbelastung ist häufig, daß die Belastung mit Einkommensteuer beim Erblasser unterblieben ist, und sie später bei dem Erben erfolgt[3].

Im einzelnen kann es sich dabei um folgende Fälle handeln:

1. Betriebliche Veräußerungsgewinne

Hierzu zählen Gewinne aus der Veräußerung oder Aufgabe eines ererbten / geschenkten Gewerbebetriebes, Teilbetriebes oder Mitunternehmeranteiles gem. § 16 EStG sowie Gewinne aus der Veräußerung oder Entnahme von Einzelwirtschaftsgütern, die als Bestandteil des ererbten / geschenkten Gewerbebetriebes auf den Erben / Beschenkten übergegangen sind[4]. Die Doppelbelastung resultiert in diesen Fällen daraus, daß die durch die Veräußerung, Entnahme oder Betriebsaufgabe aufgedeckten stillen Reserven[5] zu den einkommensteuerpflichtigen Einkünften gehören (vgl. §§ 4 Abs. 1 Satz 1, 5, 14, 16, 18 Abs. 3 EStG) und zusätzlich beim Übergang des Betriebsvermögens auf den Erben / Beschenkten ggf. Teil der gem. § 12 Abs. 5 i. V. m. § 12 Abs. 2 ErbStG zu bewertenden erbschaftsteuerpflichtigen Bereicherung sind. Aus der Sicht des Einkommensteuergesetzes wird die Besteuerung der in dem Betriebsvermögen vorhandenen stillen Reserven bei dem Erben / Beschenkten konzentriert, da der Übergang von Betriebsvermögen durch Erbfall oder Schenkung keinen Gewinnrealisierungstatbestand darstellt. Es handelt sich weder um eine Veräußerung i. S. d. § 16 Abs. 1 EStG noch um eine Betriebsaufgabe i. S. d. § 16 Abs. 3 EStG[6]. Mithin erfüllt

---

[3] Vgl. Crezelius, BB 1979, S. 1342; Klotz, DStZ/A 1974, S. 347; Lang, Bemessungsgrundlage, S. 260.

[4] Vgl. Schmidt / Glanegger, Kommentar, § 35 Anm. 5b bb; Meincke in Meincke / Michel, Kommentar, Einf. Anm. 2; Megow / Michel, Kommentar, Einl. S. 56; BFH-Urteil vom 7.12.1990, X R 72/89, BStBl. II 1991, 350. Ebenfalls erfaßt wird die Erbauseinandersetzung über Betriebsvermögen. Der Große Senat des BFH hat mit Beschluß vom 5.7.1990 (GrS 2/89, BStBl. II 1990, 837, 841 ff.) entschieden, daß die dem Erbfall folgende Erbauseinandersetzung zwischen Miterben keine Einheit mit dem Erbfall bilde, so daß die Miterben den geerbten Gewerbebetrieb als Mitunternehmer i. S. von § 15 Abs. 1 Nr. 2 EStG weiterführten. Sowohl das Ausscheiden einzelner Miterben gegen Abfindungszahlung als auch die Erbauseinandersetzung ggf. unter Bar- oder Sachwertausgleichszahlungen können bei den einzelnen Miterben zu einkommensteuerpflichtigen Veräußerungsgewinnen gem. §§ 16 Abs. 1, 16 Abs. 2 EStG führen, vgl. Schmidt, Kommentar, § 16 Anm. 120 ff.; Hörger in Littmann / Bitz / Meincke, Das Einkommensteuerrecht, § 16 Rdn. 218 ff.

[5] Stille Reserven = Veräußerungserlös / Teilwert / gemeiner Wert abzüglich Veräußerungskosten und Buchwert.

[6] Vgl. Schmidt, Kommentar, § 16 Anm. 5a und Anm. 32c sowie Anm. 120; Hörger in Littmann / Bitz / Meincke, Das Einkommensteuerrecht, § 16 Rdn. 19; BFH-Urteil vom

die unentgeltliche Übertragung nicht den Einkünftekatalog des § 2 Abs. 1 EStG. Zudem greift hierbei die Vorschrift des § 7 Abs. 1 EStDV ein, nach der der Rechtsnachfolger die Buchwerte des Rechtsvorgängers fortzuführen hat[7]. Dadurch werden die von dem Rechtsvorgänger geschaffenen stillen Reserven einkommensteuerfrei auf den Rechtsnachfolger verlagert und unterliegen erst bei diesem ggf. der Einkommensteuer. Aus der Sicht des Erbschaft- und Schenkungsteuergesetzes hat die Doppelbelastung ihre Ursache darin, daß Besteuerungsgrundlage die sich zum Bewertungsstichtag ergebende Bereicherung des Erben / Beschenkten ist, wobei die Bewertung in der Regel mit dem Teilwert zu erfolgen hat (vgl. §§ 12 Abs. 5, 12 Abs. 2 ErbStG, 109 Abs. 1 BewG). Die Besteuerung erfolgt demnach ohne Rücksicht darauf, wer die stillen Reserven geschaffen hat und ob und von wem sie später realisiert werden.

2. Unentgeltliche Zuwendungen in das Betriebsvermögen von Gewerbetreibenden

Weiterhin kann eine Doppelbelastung durch unentgeltliche Zuwendungen in das Betriebsvermögen von Gewerbetreibenden eintreten. Diesem Fall kommt in der Praxis keine große Bedeutung zu, da zumeist einkommensteuerliche Sondervorschriften, wie §§ 3 Nr. 66, 4 Abs. 1 Satz 1 EStG, die Doppelbelastung vermeiden[8]. Denkbar wäre aber z. B. ein Fall, in dem ein Lieferant seinem Abnehmer aus Anlaß des Geschäftsjubiläums eine offenstehende Forderung erläßt oder ein bisher betrieblich genutztes Wirtschaftsgut schenkt, das auch von dem Abnehmer betrieblich genutzt wird. Aufgrund des weitgefaßten Betriebseinnahmebegriffes ist der aus dem Forderungserlaß resultierende Ertrag in den einkommensteuerpflichtigen Gewinn einzubeziehen. Das geschenkte Wirtschaftsgut ist gem. § 7 Abs. 2 EStDV mit den fiktiven Anschaffungskosten anzusetzen, so daß eine Gewinnerhöhung eintritt. Gleichzeitig stellen der Forderungserlaß und die Überlassung des Wirtschaftsgutes schenkungsteuerpflichtige Zuwendungen gem. § 7 Abs. 1 Nr. 1 ErbStG dar[9].

3. Private Veräußerungsgewinne

Neben den betrieblichen Veräußerungsgewinnen können auch private Veräußerungsgewinne doppelt belastet sein.

17.4.1985, I R 101/81, BStBl. II 1985, 510, 511; BFH-Urteil vom 19.2.1981, IV R 116/77, BStBl. II 1981, 566, 567.

[7] Vgl. hierzu: Hörger in Littmann / Bitz / Meincke, Das Einkommensteuerrecht, § 16 Rdn. 19 f.; BFH-Urteil vom 19.2.1981, IV R 116/77, BStBl. II 1981, 566, 567; BFH-Urteil vom 26.3.1981, IV R 130/77, BStBl. II 1981, 614, 616; Schmidt, Kommentar, § 16 Anm. 5a m. w. N.; BFH-Urteil vom 2.2.1989, IV R 46/87, BFH NV 1990, 86, 87.

[8] Vgl. Meincke in Meincke / Michel, Kommentar, Einf. Anm. 2; ders. in DStJG 10(1987), S. 19, 42 f.

[9] Vgl. hierzu auch: BFH-Urteil vom 13.12.1973, I R 136/72, BStBl. II 1974, 210; BFH-Urteil vom 21.11.1963, IV 345/61 S, BStBl. III 1964, 183.

a) Gewinne aus der Veräußerung von Anteilen an Kapitalgesellschaften gem. § 17 EStG

Es handelt sich um Gewinne aus der Veräußerung von Anteilen an Kapitalgesellschaften gem. § 17 EStG, die durch Erbfall oder Schenkung erworben wurden[10]. Nach § 17 Abs. 2 Satz 2 EStG sind für den veräußernden Rechtsnachfolger bei der Berechnung des einkommensteuerpflichtigen Veräußerungsgewinnes die Anschaffungskosten des Rechtsvorgängers zugrunde zu legen, so daß sämtliche stille Reserven bei dem Rechtsnachfolger erfaßt werden. Erbschaftsteuerlich sind die unentgeltlich erworbenen Anteile gem. § 12 Abs. 1 ErbStG i. V. m. § 11 BewG mit ihrem Börsenkurs bzw. gemeinen Wert am Bewertungsstichtag anzusetzen, so daß etwaige stille Reserven auch der Erbschaft- / Schenkungsteuer unterliegen.

b) Gewinne aus Spekulationsgeschäften gem. § 22 Nr. 2 i. V. m. § 23 EStG

Einen weiteren Fall der Doppelbelastung privater Veräußerungsgewinne stellt die Besteuerung von Spekulationsgewinnen dar. Nach Auffassung des BFH[11] wird die einkommensteuerliche Erfassung von Spekulationsgewinnen gem. §§ 22 Nr. 2, 23 EStG auch dann bejaht, wenn das Spekulationsobjekt innerhalb der Spekulationsfrist durch Erbfall auf den Rechtsnachfolger übergeht und dieser das Objekt noch innerhalb der Spekulationsfrist veräußert[12]. Da die Anschaffungskosten des Rechtsvorgängers gem. § 11 d Abs. 1 EStDV für die Ermittlung des Spekulationsgewinnes maßgebend sind, hat der Rechtsnachfolger auch die zum Übertragungszeitpunkt bereits vorhandenen stillen Reserven im Veräußerungsfall gem. §§ 22 Nr. 2, 23 EStG zu versteuern. Erbschaftsteuerlich unterliegen diese stillen Reserven ggf. ebenfalls der Besteuerung, da das Spekulationsobjekt zum Bewertungsstichtag mit dem nach § 12 ErbStG maßgebenden Wert anzusetzen ist.

---

10 Vgl. Schmidt / Glanegger, Kommentar, § 35 Anm. 5b cc; Meincke in Meincke / Michel, Kommentar, Einf. Anm. 2; Megow / Michel, Kommentar, Einl. S. 56; BFH-Urteil vom 10.3.1988, IV R 226/85, BStBl. II 1988, 832; Hessisches FG, Urteil vom 18.2.1982, X 184/78, EFG 1982, 566, rkr.

11 Vgl. Urteil vom 18.9.1964, VI 300/63 U, BStBl. III 1964, 647; Urteil vom 8.3.1967, VI R 24/66, BStBl. III 1967, 317, 318; Urteil vom 21.3.1969, VI R 208/67, BStBl. II 1969, 520, 521 f.; zustimmend: Wacker in Littmann / Bitz / Meincke, Das Einkommensteuerrecht, § 23 Rdn. 22; Herrmann / Heuer / Raupach, Kommentar, § 23 EStG Anm. 25; a. A.: Ruppe, DStJG 10(1987), S. 45, 69; Wasmer, Zurechnung, S. 56 f.; Jakobs, DB 1970, S. 1099, 1100 ff.; Neeb, StuW 1991, S. 52, 57 ff.

12 Ob diese Folge auch im Fall der Schenkung eintritt, ist zweifelhaft. Die Finanzverwaltung hatte in der Vergangenheit auch den Fall der Schenkung einbezogen, vgl. Abschn. 169 Abs. 2 Satz 3 EStR 1987; a. A.: BFH-Urteil vom 12.7.1988, IX R 149/83, BStBl. II 1988, 942, 943; BFH-Urteil vom 4.10.1990, X R 153/88, BFH NV 1991, 239; Schmidt / Heinicke, Kommentar, § 23 Anm. 5d dd; Wacker in Littmann / Bitz / Meincke, Das Einkommensteuerrecht, § 23 Rdn. 22; Neeb, StuW 1991, S. 52, 58.

4. *Rückständige Forderungen*

Ebenfalls eine Doppelbelastung kann sich bei sog. rückständigen Forderungen ergeben. Dies ist dann der Fall, wenn sich im Nachlaß Forderungen befinden, deren Eingang beim Erblasser Einkommensteuer ausgelöst hätte, wie z. B. bei Forderungen auf rückständige Miete oder Arbeitslohn oder bei noch nicht versteuerten Außenständen im Rahmen der Gewinnermittlung gem. § 4 Abs. 3 EStG [13]. Einkommensteuerlich führt die Vorschrift des § 24 Nr. 2 EStG dazu, daß die von dem Erblasser erwirtschafteten, aber noch nicht zugeflossenen Einkünfte, im Zuflußzeitpunkt bei dem Rechtsnachfolger erfaßt werden und nicht deshalb steuerfrei bleiben, weil sie nicht mehr unmittelbar demjenigen zufließen, in dessen Person sie begründet wurden [14]. Das Erbschaftsteuergesetz erfaßt die rückständigen Forderungen ebenfalls, da sich die erbschaftsteuerliche Bereicherung auf alle vermögenswerten Positionen des Erblassers bezieht, mithin auch offenstehende Forderungen einschließt [15].

5. *Renten und andere wiederkehrende Bezüge*

Des weiteren kann eine Doppelbelastung bei Renten und anderen wiederkehrenden Bezügen eintreten.

a) Renten

Dies ist z. B. dann der Fall, wenn der Erblasser dem Erben eine Leibrente ausgesetzt hat und der Erbe für die Erbschaftsteuer die laufende Besteuerung nach dem Jahreswert beantragt hat (vgl. § 23 Abs. 1 ErbStG). Hierbei richtet sich die Jahreserbschaftsteuer nach dem vollen Jahreswert der Rente. Sie erstreckt sich also - anders als bei der Einmalversteuerung - auch auf den der Einkommensteuer gem. § 22 Nr. 1 Satz 3 a EStG unterliegenden Ertragsanteil [16].

Die Doppelbelastung hat aus einkommensteuerlicher Sicht ihre Ursache darin, daß der Begriff der wiederkehrenden Bezüge als Oberbegriff auch unentgeltlich zugewandte Renten und andere wiederkehrende Bezüge erfaßt, so daß hierzu neben den durch Testament oder Erbvertrag zugewandten Leibrenten [17], z. B.

---

13 Vgl. Crezelius, BB 1979, S. 1342; Schmidt / Glanegger, Kommentar, § 35 Anm. 5 c; Klotz, DStZ/A 1974, S. 347; Meincke in Meincke / Michel, Kommentar, Einf. Anm. 2.

14 Vgl. Trzaskalik, StuW 1979, S. 97, 109; Tipke, StuW 1980, S. 1, 9; Stadie, Zurechnung, S. 74 f.; Schmidt / Seeger, Kommentar, § 24 Anm. 8 a; RFH-Urteil vom 25.6.1930, VI A 916/30, RStBl. 1930, 618, 619.

15 Vgl. auch: Michel in Meincke / Michel, Kommentar, § 12 Anm. 66.

16 Vgl. Crezelius, BB 1979, S. 1342; Megow / Michel, Kommentar, Einl. S. 53; Klotz, DStZ/A 1974, S. 347; Herrmann / Heuer / Raupach, Kommentar, Einf. ESt. Anm. 412.

17 Vgl. BFH-Urteil vom 2.10.1959, VI 64/57 U, BStBl. III 1960, 36; BFH-Urteil vom 1.8.1975, VI R 168/73, BStBl. II 1975, 882.

unentgeltlich zugewandte Zeitrenten[18], gewinn- oder umsatzabhängige Renten[19] oder sonstige Zuschüsse von gewisser Regelmäßigkeit[20] gehören. Soweit es sich nicht um Leibrenten handelt, unterliegen diese wiederkehrenden Bezüge in vollem Umfang der Einkommensteuer.

Erbschaftsteuerlich werden die wiederkehrenden Bezüge gem. § 12 Abs. 1 ErbStG i. V. m. §§ 13, 14 BewG mit ihrem Kapitalwert bzw. im Falle des § 23 ErbStG mit ihrem Jahreswert gem. § 15 BewG der Besteuerung unterworfen, so daß es entweder in vollem Umfang oder beschränkt auf den Kapital- bzw. Ertragsanteil zur Doppelbelastung kommt.

b) Nießbrauchs- und Erbbaurechtsverhältnisse

Doppelbelastungen können sich auch bei Nießbrauchsrechten und Erbbaurechtsverhältnissen oder sonstigen Nutzungsrechten ergeben. Diese gehören zwar begrifflich zu den wiederkehrenden Bezügen, sie werden jedoch wegen der Subsidiarität des § 22 EStG (vgl. § 22 Nr. 1 Satz 1 EStG) nach der Einkunftsart besteuert, zu der das zugrundeliegende Vermögen gehört. So werden z. B. Erbbauzinszahlungen zu den Einkünften aus Vermietung und Verpachtung gerechnet[21]. Erbschaftsteuerlich unterliegt der Anspruch auf die wiederkehrenden Nutzungen und Leistungen mit seinem Kapitalwert gem. §§ 13, 14 BewG oder im Falle des § 23 ErbStG mit seinem Jahreswert gem. § 15 BewG der Besteuerung. Die hierbei auftretende Doppelbelastung hat ihren Grund darin, daß das Einkommensteuergesetz die wiederkehrenden Bezüge einer Einkunftsart zuordnet, während das Erbschaftsteuergesetz den Eintritt des Steuerpflichtigen in die vermögenswerte Position besteuert.

Wie die vorstehend geschilderten Fälle gezeigt haben, unterliegen die unentgeltlich erworbenen Wirtschaftsgüter bei dem Erben / Beschenkten sowohl der Einkommensteuer als auch der Erbschaft- / Schenkungsteuer. Diese Doppelbelastung ist grundsätzlich endgültig, da eine gegenseitige Anrechnung der Steuern ausscheidet. Weder kann die Erbschaftsteuer als Werbungskosten bei der Einkommensteuer berücksichtigt werden[22], noch ist die latente Einkommensteuer nach

---

18 Vgl. BFH-Urteil vom 10.10.1963, VI 288/62 U, BStBl. III 1963, 584; Schmidt / Heinicke, Kommentar, § 22 Anm. 22 b.

19 Vgl. FG Köln, Urteil vom 8.10.1987, 7 K 408/82, EFG 1988, 179, rkr.; Schmidt / Glanegger, Kommentar, § 35 Anm. 5c a. E. m. w. N.

20 Vgl. RFH-Urteil vom 6.2.1941, IV 200/40, RStBl. 1941, 418; RFH-Urteil vom 26.6.1941, IIIe 43/40, RStBl. 1941, 766; BFH-Urteil vom 27.9.1973, VIII R 71/69, BStBl. II 1974, 101.

21 Vgl. BFH-Urteil vom 20.10.1980, IV R 126/78, BStBl. II 1981, 398, 399; BFH-Urteil vom 20.1.1983, IV R 158/80, BStBl. II 1983, 413, 416; FG Münster, Urteil vom 6.3.1986, IV 6462/85 E, EFG 1987, 184, rkr.; Blümich / Stuhrmann, Kommentar, § 21 EStG Rz. 40; Fabri, Grundsätze, S. 124; Schmidt / Drenseck, Kommentar, § 21 Anm. 7.

22 Vgl. BFH-Urteil vom 9.8.1983, VIII R 35/80, BStBl. II 1984, 27, 28 (zur Schenkungsteuer); BFH-Urteil vom 7.12.1990, X R 72/89, BStBl. II 1991, 350, 354; Hessi-

h. M.[23] als Nachlaßverbindlichkeit gem. § 10 Abs. 5 Nr. 1 ErbStG abziehbar. Eine Milderung erfährt die Doppelbelastung jedoch durch die Vorschrift des § 35 EStG, die unter bestimmten Voraussetzungen und nur bei Erwerben von Todes wegen eine Einkommensteuerermäßigung für bereits der Erbschaftsteuer unterlegene Vermögenswerte beinhaltet. Soweit für wiederkehrende Bezüge bei der Erbschaftsteuer die Jahresversteuerung gem. § 23 Abs. 1 ErbStG gewählt worden ist, können die Jahreserbschaftsteuerzahlungen nach ganz h. M.[24] als Sonderausgaben gem. § 10 Abs. 1 Nr. 1 a EStG bei der Einkommensteuer abgezogen werden. Eine Anwendung des § 35 EStG scheidet dann aus (vgl. § 35 Satz 3 EStG).

Die hiernach verbleibende wirtschaftliche „Doppel"-belastung muß als unbefriedigend gelten, zumal sich die Leistungsfähigkeit des Steuerpflichtigen in den vorgenannten Fällen nur einmal erhöht hat, gleichwohl aber beide Steuern eingreifen. Besonders deutlich wird die Problematik im Vergleich zu dem Erben, der das ererbte und vom Erblasser bereits einkommenversteuerte Geld verzinslich anlegt. Jeder Vermögenszuwachs wird nur von einer der beiden Steuern erfaßt.

---

sches FG, Urteil vom 18.3.1981, I 333/76, EFG 1981, 624, rkr. (zur Erbschaftsteuer); Herrmann / Heuer / Raupach, Kommentar, Einf. ESt. Anm. 415; Moench, Kommentar, Einführung, Rz. 36; siehe auch: Mittelsteiner, Steuer-Kongreß-Report 1963, S. 108, 109 f.

23 Vgl. BFH-Urteil vom 11.1.1961, II 272/58 U, BStBl. III 1961, 162; BFH-Urteil vom 5.7.1978, II R 64/73, BStBl. II 1979, 23, 24 f.; BFH-Beschluß vom 6.12.1989, II B 70/89, BFH NV 1990, 643; Megow / Michel, Kommentar, § 10 Rdn. 10; Michel in Meincke / Michel, Kommentar, § 10 Anm. 41; Moench, Kommentar, § 10 Rz. 65; siehe auch: Dieckmann in Soergel-Siebert, Kommentar, § 2311 Rdn. 12 und BGH-Urteil vom 26.4.1972, IV ZR 114/70, NJW 1972, S. 1269; in der Literatur werden allerdings auch abweichende Auffassungen vertreten: vgl. Kröger, BB 1971, S. 647, 648 f., danach soll die latent vorhandene Einkommensteuerschuld als Erblasserschuld gem. § 10 Abs. 5 Nr. 1 ErbStG anzusehen sein; siehe hierzu auch: Stein in Soergel-Siebert, Kommentar, § 1967 Rdn. 4; Palandt / Edenhofer, Kommentar, § 2311 Rdn. 4; nach Knobbe-Keuk, Unternehmenssteuerrecht, § 27 I 4a und Keuk, DB 1973, S. 634, 636, soll die latent vorhandene Einkommensteuerschuld als aufschiebend bedingte Last anzusehen sein, so daß gem. § 6 Abs. 2 i. V. m. § 5 Abs. 2 BewG eine Berichtigung der Erbschaftsteuerveranlagung vorgenommen werden könne; nach Crezelius, BB 1979, S. 1342, 1345, soll die von dem Erben gezahlte Einkommensteuer, die auf der Marktteilnahme des Erblassers beruht, von der erbschaftsteuerlichen Bemessungsgrundlage abgezogen werden. Stichtags- und Zuflußprinzip sollen daneben unberücksichtigt bleiben.

24 Vgl. RFH-Urteil vom 14.8.1935, VI A 582/35, RStBl. 1935, 1496; BFH-Urteil vom 15.11.1957, VI 79/55 U, BStBl. III 1958, 103, 104; BFH-Urteil vom 5.4.1965, VI 339/63 U, BStBl. III 1965, 360, 361; BFH-Urteil vom 6.7.1966, VI 124/65, BStBl. III 1966, 584; BFH-Urteil vom 7.12.1990, X R 72/89, BStBl. II 1991, 350, 354; Schmidt / Drenseck, Kommentar, § 12 Anm. 12; Conradi in Littmann / Bitz / Meincke, Das Einkommensteuerrecht, § 35 Rdn. 16; Jansen / Wrede, Renten, Rdn. 127; Herrmann / Heuer / Raupach, Kommentar, Einf. ESt. Anm. 415 und grüne Blätter zu § 35 EStG Anm. V; Klotz, DStZ/A 1974, S. 347, 350; Blümich / Stuhrmann, Kommentar, § 35 EStG Rdn. 28; Troll, Kommentar, § 23 Rdn. 10; Michel in Meincke / Michel, Kommentar, § 23 Anm. 3; Moench, Kommentar, § 23 Rz. 20; Kapp, Kommentar, § 23 Rz. 27; Abschn. 213e Abs. 2 Satz 1 EStR; a. A.: Offerhaus in Lademann / Söffing / Brockhoff, Kommentar, § 12 Anm. 63, der unter Hinweis auf die von dem BFH (Urteil vom 9.8.1983, VIII R 35/80, BStBl. II 1984, 27, 28) vorgenommene Einordnung der Schenkungsteuer als Personensteuer i. S. d. § 12 Nr. 3 EStG, die Abzugsfähigkeit verneint.

Wie eingangs geschildert, findet dieses, auf den ersten Blick unverständliche Ergebnis, nach Auffassung des BFH[25] seine Rechtfertigung in den verschiedenen Ebenen, auf denen die Einkommensteuer und die Erbschaft- / Schenkungsteuer liegen sollen.

Die Zulässigkeit derartiger Doppelbelastungen ist von dem RFH und dem BFH in ständiger Rechtsprechung vertreten worden[26]. Als Grund wurde zumeist angeführt, daß sich Einkommen- und Erbschaft- / Schenkungsteuer gegenseitig nicht ausschließen[27]. Einige wenige Entscheidungen haben sich, ebenso wie die Leitentscheidung, näher mit dem Konkurrenzverhältnis der beiden Steuern in einigen Doppelbelastungsfällen auseinandergesetzt und hierbei die Verschiedenheit der beiden Steuern als Rechtfertigungsgrund für die Doppelbelastungen hervorgehoben.

Im folgenden sind diese Argumentationswege im Hinblick auf die Ausgangsfrage näher zu untersuchen.

II. Beschreibung des Konkurrenzverhältnisses von Einkommensteuer und Erbschaft- / Schenkungsteuer durch die Rechtsprechung als Rechtfertigung für Doppelbelastungen

1. Einzelne Rechtfertigungsthesen der Rechtsprechung

Eine Durchsicht der einschlägigen Rechtsprechung macht deutlich, daß sowohl die Argumentationswege als auch die einzelnen Rechtfertigungsthesen zum Verhältnis von Einkommensteuer und Erbschaft- / Schenkungsteuer variieren.

In einer der ersten Entscheidungen zu dem Problem der Doppelbelastung hatte der RFH die Frage zu entscheiden, ob freiwillig gezahlte sog. „Reisegelder", die der Arbeitgeber seinen Arbeitnehmern bei einer bestimmten Mindestbeschäftigungsdauer jährlich „aus Dankbarkeit und um ihnen eine Freude zu machen" gewährte, als lohnsteuerpflichtiger Arbeitslohn anzusehen seien[28]. Der RFH bejahte die Frage und führte zu dem Problem der Doppelbelastung aus[29]:

---

25 Vgl. Urteil vom 26.11.1986, II R 190/81, BStBl. II 1987, 175, 177.

26 Vgl. zu der Kritik in der Literatur: Meincke in Meincke / Michel, Kommentar, Einf. Anm. 3; ders. in DStJG 10 (1987), S. 19, 43; Crezelius, BB 1979, S. 1342, 1345; Knobbe-Keuk, Unternehmenssteuerrecht, § 27 I 4 a; Trzaskalik, StuW 1979, S. 97, 112.

27 Vgl. RFH-Urteil vom 28.2.1930, VI A 266/30, RStBl. 1930, 202, 203; RFH-Urteil vom 14.5.1930, VI A 133/30, RStBl. 1930, 704, 705; RFH-Urteil vom 25.7.1934, VI A 433/34, RStBl. 1935, 332, 333; BFH-Urteil vom 19.1.1956, IV 604/54 U, BStBl. III 1956, 85, 86; BFH-Urteil vom 5.5.1961, VI 155/60, HFR 1961, 196, 197; BFH-Urteil vom 20.7.1971, VIII 24/65, BStBl. II 1972, 170, 171; BFH-Urteil vom 22.12.1976, II R 58/67, BStBl. II 1977, 420, 421; BFH-Urteil vom 3.10.1984, II R 194/82, BStBl. II 1985, 73, 74; BFH-Urteil vom 27.11.1985, II R 148/82, BStBl. II 1986, 265, 267; BFH-Urteil vom 17.4.1985, II R 147/82, BFH NV 1986, 96, 98.

28 Vgl. Urteil vom 28.2.1930, VI A 266/30, RStBl. 1930, 202.

29 Vgl. Urteil vom 28.2.1930, VI A 266/30, RStBl. 1930, 202, 203.

„Es ist weder aus dem Einkommensteuergesetz noch aus dem Erbschaftsteuergesetz ein allgemeiner Rechtsgrundsatz zu entnehmen, daß jede Art von Schenkung im Sinn des Erbschaftsteuergesetzes von der Einkommensteuer befreit sei; vielmehr ergibt sich aus § 6 Abs. 3 EStG, daß Schenkungen nur insoweit der Einkommensteuer nicht unterliegen, als sie als *einmalige* Vermögensanfälle anzusehen sind. Bei der gegenwärtigen Fassung des Einkommensteuergesetzes und dem Aufbau und Sinn des § 6 ErbStG[30] ist es grundsätzlich nicht ausgeschlossen, daß schenkungsteuerpflichtige Zuwendungen beim Empfänger noch der Einkommensteuer unterworfen werden, wenn sie als regelmäßig wiederkehrende Bezüge im Sinne von § 40 EStG oder als Arbeitslohn gem. § 36 EStG angesehen werden müssen."

Die Entscheidungsgründe lassen eine nähere Rechtfertigung für die Doppelbelastung vermissen. Der RFH hat sich insoweit allein auf die einkommensteuerrechtliche bzw. erbschaftsteuerrechtliche Tatbestandsmäßigkeit des zugrundeliegenden Sachverhaltes gestützt. Dieser Hinweis ist allerdings in der Sache nicht weiterführend, da die durch die jeweiligen Tatbestände hervorgerufene Doppelbelastung als solche nicht zweifelhaft ist. Verständlich wird dies allerdings vor dem Hintergrund des sich von den Einkommenstheorien lösenden EStG 1925[31], das in § 6 Abs. 3, anders als noch das EStG 1920[32] (vgl. § 12 Nr. 1), keine ausdrückliche Steuerbefreiungsvorschrift für Erwerbe von Todes wegen oder Schenkungen unter Lebenden enthielt. Die Abgrenzung sollte hierbei durch die Umschreibung der Einkunftsarten erfolgen[33], so daß der RFH in der Tatbestandsmäßigkeit als solcher einen ausreichenden Rechtfertigungsgrund sah.

In die gleiche Richtung geht eine Entscheidung des RFH aus demselben Jahr[34]. Der RFH hatte über die Einkommensteuerpflicht von Bezügen zu entscheiden, die die Erbin eines verstorbenen Arbeitnehmers von dem ehemaligen Arbeitgeber aufgrund einer arbeitsvertraglichen Regelung für den Fall des Todes des Arbeitnehmers erhielt. Der RFH bejahte die Einkommensteuerpflicht und führte unter Hervorhebung der lediglich klarstellenden Bedeutung des § 6 Abs. 3 EStG aus[35]:

„Hiernach bedeutet die Vorschrift, daß der Anfall einer Erbschaft nicht der Einkommensteuer unterliege, lediglich, daß der angefallene Betrag nicht allein deshalb, weil ein Vermögenszuwachs vorliegt, einkommensteuerpflichtig ist. Soweit aber ein Erwerb von Todes wegen unter eine der im § 6 Abs. 1 aufgezählten Einkommensarten fällt, unterliegt er auch der Besteuerung. Darauf, daß unter diesen Umständen eine Doppelbesteuerung eintreten kann (Erbschaftsteuer und Einkommensteuer), nimmt das Einkommensteuergesetz keine Rücksicht."

Auch diese Entscheidung weist zur Rechtfertigung der Doppelbelastung einzig auf die Tatbestandsmäßigkeit nach dem Erbschaftsteuergesetz und nach dem Einkommensteuergesetz hin. Ebenso wie die vorhergehende Entscheidung be-

30 Es muß an dieser Stelle wohl § 6 EStG heißen.

31 Vgl. RGBl. I 1925, 189.

32 Vgl. RGBl. I 1920, 359.

33 Vgl. hierzu 2. Teil, 1. Abschnitt, A II 2.

34 Vgl. Urteil vom 14.5.1930, VI A 133/30, RStBl. 1930, 704.

35 Vgl. Urteil vom 14.5.1930, VI A 133/30, RStBl. 1930, 704, 705.

schränkt sich der RFH auf die Bestätigung der Doppelbelastung, ohne das Problem als solches näher anzusprechen.

Einen ersten Rechtfertigungsgrund enthält ein gleichfalls aus dem Jahr 1930 stammendes Urteil[36]. Dabei hatte der RFH über die Einkommensteuerpflicht von Rechtsanwaltsgebühren zu befinden, die zwar bereits verdient, aber erst nach dem Tode des Anwalts der Erbin zugeflossen waren. Der RFH hielt die Einkommensteuerpflicht für gegeben und führte u. a. unter Hinweis auf die lediglich klarstellende Bedeutung des § 6 Abs. 3 EStG zu dem Problem der Doppelbelastung aus[37]:

> „Die Steuerpflicht der nach dem Einkommensteuergesetz steuerbaren Einkünfte wird grundsätzlich dadurch, daß etwa die gleichen Vermögenszugänge bereits der Erbschaftsteuer unterlagen nicht berührt ... Der Senat vermag darin eine besondere Unbilligkeit nicht zu erblicken. Bei der Erbschaftsteuer ebenso wie bei der Schenkungsteuer wird ein bestimmter Erwerb, weil er dem Empfänger ohne Entgelt zufließt, besteuert. Ob der gleiche Erwerb beim Erblasser oder Schenker schon einmal der Einkommensteuer unterlegen hat, ist gleichgültig. Ebenso muß es gleichgültig sein, ob an Stelle der Reihenfolge »Einkommensteuer bei dem Erblasser, Erbschaftsteuer bei den Erben« die Reihenfolge »Erbschaftsteuer bei den Erben *und* Einkommensteuer bei den Erben« tritt. Es wäre z. B. nicht verständlich, wenn für den Fall, daß ein Rechtsanwalt vor seinem Tode noch alle verdienten Gebühren eingezogen hätte, diese zunächst der Einkommensteuer und alsdann der Erbschaftsteuer unterworfen würden, daß dagegen, falls der Erblasser die Gebühren noch nicht eingezogen hätte, sie zwar auch der Erbschaftsteuer, der Einkommensteuer aber nicht unterworfen würden."

Das Faktum der Doppelbelastung als solches wird mit der Entscheidung unter Billigkeitsaspekten gerechtfertigt. Interessanterweise stellt der RFH zwar einen Steuerbelastungsvergleich bezogen auf den Vermögensgegenstand an, läßt jedoch die Belastung der Steuerpflichtigen außer acht. Diese Argumentationsweise erscheint unbefriedigend, wenn man sich vergegenwärtigt, daß die Leistungsfähigkeit der Steuerpflichtigen nur einmal erhöht worden ist, aber doppelt belastet wird. Gerade aufgrund der vom RFH als Vergleichsmaßstab herangezogenen sukzessiven Besteuerung durch die Einkommensteuer bei dem Erblasser und die Erbschaftsteuer bei dem Erben stellt sich das Doppelbelastungsproblem in dem entschiedenen Fall mit besonderem Nachdruck und hätte einer besonderen Würdigung bedurft.

In der Folgezeit hat die Rechtsprechung die Doppelbelastung in zunehmendem Maße mit der Verschiedenheit der Besteuerungsgegenstände begründet. Ein entsprechendes Urteil stammt aus dem Jahr 1931[38]. Zu entscheiden war über die Erbschaftsteuerpflicht von Rentenansprüchen, die auf einer zwischen dem Vater der Steuerpflichtigen und seinem Arbeitgeber abgeschlossenen Vereinbarung

---

36 Vgl. RFH-Urteil vom 25.6.1930, VI A 916/30, RStBl. 1930, 618.

37 Vgl. RFH-Urteil vom 25.6.1930, VI A 916/30, RStBl. 1930, 618, 619.

38 Vgl. RFH-Urteil vom 7.7.1931, Ie A 379/30, RStBl. 1931, 824.

basierten, nach der den Steuerpflichtigen im Todesfalle des Vaters entsprechende Rentenansprüche gegen den Arbeitgeber zustanden. Der RFH hielt die Erbschaftsteuerpflicht der Rentenansprüche für gegeben. Im Hinblick auf die Doppelbelastung mit Einkommensteuer und Erbschaftsteuer heißt es in dem Urteil[39]:

> „Die Auffassung des Finanzgerichts, daß Einkommen- und Erbschaftsteuerpflicht sich gegenseitig nicht ausschließen, entspricht der Rechtsprechung des Senats. Bei der Besteuerung des Einkommens nach dem EStG und der Besteuerung von Erwerben nach dem ErbStG handelt es sich um grundsätzlich verschiedene Dinge, für die die besonderen Vorschriften einerseits des Einkommen- und andererseits des Erbschaftsteuergesetzes maßgebend sind."

Aus der Sicht des RFH soll der doppelte Zugriff der Steuern seine Rechtfertigung darin finden, daß sich das einkommensteuerliche Einkommen und die erbschaftsteuerlichen Erwerbe als verschiedene Dinge gegenüberstehen. Diese Rechtfertigungsthese hat der RFH in einem weiteren Urteil aus dem Jahr 1933[40], in dem es um die Schenkungsteuerpflicht von einkommensteuerpflichtigen wiederkehrenden Bezügen ging, ausdrücklich wiederholt.

In den folgenden Entscheidungen beschränkt sich der RFH darauf, die Verschiedenheit bestimmter Einkunftsarten gegenüber den erbschaftsteuerlichen Erwerben zu betonen. Gegenstand einer derartigen Entscheidung war die Frage, ob Zahlungen aufgrund einer durch Erbfall erworbenen befristeten Gewinnbeteiligung an einer OHG neben der Erbschaftsteuer auch der Einkommensteuer unterliegen. Der RFH bejahte dies mit folgender Begründung[41]:

> „Die Erfassung solcher Bezüge sowohl von der Erbschaftsteuer als auch von der Einkommensteuer ist vom Gesetzgeber gewollt und ist auch nicht unbillig. Denn Einkommensteuer hat man zu bezahlen, weil man die Bezüge als gewerbliche Einkünfte erhält, Erbschaftsteuer, weil man sie unentgeltlich erhält."

Hierdurch knüpft der RFH an die eingangs dargestellten Entscheidungen an, in dem er die Doppelbelastung mit der jeweiligen Tatbestandsmäßigkeit des zugrundeliegenden Sachverhaltes erklärt. Die Entscheidung stützt sich auf die Verschiedenheit der im konkreten Fall angenommenen Einkunftsart „gewerbliche Einkünfte" und der „unentgeltlichen Zuwendung". Somit hat der RFH seine Rechtfertigungsthese auf bestimmte Erwerbsformen und die ihnen zuzuordnenden Tatbestandsmerkmale beschränkt.

Darüber hinaus ist eine Entscheidung aus dem Jahr 1941 zu nennen, in der der RFH die Frage zu entscheiden hatte, ob bei wiederholten Unterstützungsleistungen, die von privater Seite gewährt wurden, eine Anrechnung der bereits gezahlten Schenkungsteuer auf die ggf. zu entrichtende Einkommensteuer zu erfolgen habe[42]. Der RFH hat dies abgelehnt und u. a. ausgeführt[43]:

---

39 Vgl. RFH-Urteil vom 7.7.1931, Ie A 379/30, RStBl. 1931, 824,825.

40 Vgl. RFH-Urteil vom 24.2.1933, Ve A 1066/31, RStBl. 1933, 457 f.

41 Vgl. RFH-Urteil vom 13.12.1933, VI A 1484/32, RStBl. 1934, 406, 408.

42 Vgl. RFH-Urteil vom 6.2.1941, IV 200/40, RStBl. 1941, 418.

„Auch wenn Zuschüsse, die als wiederkehrende Bezüge gewährt werden, der Erbschaftsteuer und der Einkommensteuer unterworfen werden, werden zwei verschiedene Tatbestände besteuert, nämlich das eine Mal die unentgeltliche Zuwendung und das andere Mal die äußere Form der Gewährung in wiederkehrenden Bezügen."

Auch hierbei wird als Grund für die Doppelbelastung die Verschiedenheit der Einkunftsart gegenüber der unentgeltlichen Zuwendung hervorgehoben.

Einen vergleichbaren Fall hat der RFH unter dem 26.6.1941[44] entschieden. Gegenstand des Urteils waren wiederum laufende Unterstützungszahlungen von privater Seite, für die die Steuerpflichtige Einkommensteuer entrichtet hatte. Der RFH hatte über die Frage zu befinden, ob auf die zusätzlich zu zahlende Schenkungsteuer die bereits gezahlte Einkommensteuer anzurechnen sei. Der RFH hat dies abgelehnt und die Doppelbelastung wiederum mit der Verschiedenheit der anzuwendenden Tatbestände begründet. In den Urteilsgründen heißt es hierzu:

„Die der Beschwerdeführerin gezahlten Unterstützungen sind aufgrund von § 22 Ziffer 1 c EStG der Einkommensteuer unterworfen worden, weil sie in der Form wiederkehrender Bezüge gewährt worden sind. Diese *äußere Form* der Gewährung ist Tatbestandsmerkmal für die Einkommensbesteuerung. Die Schenkungsteuer dagegen wird für die Bereicherung der Beschwerdeführerin infolge der *Freigebigkeit* der Zuwendungen ausgelöst. Hier kommt es auf die äußere Form der Zuwendungen nicht an. Auch einmalige freigebige Zuwendungen sind schenkungsteuerpflichtig. Unterstützungen in der Form wiederkehrender Bezüge können danach sowohl der Einkommensteuer wie auch der Schenkungsteuer unterliegen. Es liegt dann keine doppelte Besteuerung *desselben* Tatbestandes vor, vielmehr werden *zwei verschiedene Tatbestände* versteuert."

Der BFH setzte die bisherige Rechtsprechung fort, wobei er allerdings stärker als die letzten RFH-Urteile die generelle Verschiedenheit der einkommen- und erbschaftsteuerlichen Tatbestände hervorhob. In einem Urteil vom 15.11.1957[45] hatte der BFH folgenden Sachverhalt zu beurteilen: Die Steuerpflichtige hatte als Vermächtnis von ihrem verstorbenen Ehemann einen lebenslänglichen Nießbrauch an dem hinterlassenen Vermögen erhalten. In der Entscheidung ging es um die Frage, ob die antragsgemäß in Jahresraten festgesetzte Erbschaftsteuer bei der Einkommensteuer abzugsfähig sei. Der BFH bejahte dies und führte weiter aus[46]:

„Erbschaftsteuer und Einkommensteuer schließen sich grundsätzlich gegenseitig nicht aus, da sie verschiedene und voneinander unabhängige Tatbestände betreffen, und zwar Tatbestände der Vermögenssphäre und Tatbestände der Einkommenssphäre, die jeweils nach den besonderen Vorschriften des ErbStG oder des EStG zu beurteilen sind."

---

43 Vgl. RFH-Urteil vom 6.2.1941, IV 200/40, RStBl. 1941, 418, 420.

44 Vgl. IIIe 43/40, RStBl. 1941, 766.

45 Vgl. VI 79/55 U, BStBl. III 1958, 103.

46 Vgl. S. 103.

Interessanterweise hält es der BFH in der Entscheidung aber auch für erforderlich, „dem Grundgedanken, eine wirtschaftlich unvernünftige Doppelbelastung mit Erbschaftsteuer und Einkommensteuer zu vermeiden ..."[47], Rechnung zu tragen und für eine Milderung durch den Abzug der Jahreserbschaftsteuerzahlungen als Sonderausgaben[48] zu sorgen. Ebenfalls lassen sich derartig verallgemeinernde Ausführungen einem weiteren BFH-Urteil aus dem Jahr 1963 entnehmen[49]. Gegenstand des Urteils war die Frage der Einkommensteuerpflicht eines Abfindungsanspruches gegenüber einer Personengesellschaft, der aufgrund der im Gesellschaftsvertrag für den Todesfall des Erblassers vorgesehenen Regelung den Erben zustand. Zu dem Konkurrenzverhältnis der beiden Steuern heißt es in der Entscheidung[50]:

> „Die Erbschaftsteuer und die Einkommensteuer haben verschiedene Steuerobjekte und schließen darum einander nicht ohne weiteres aus."

Ein weiteres hier zu erwähnendes Urteil des BFH [51] stammt aus dem Jahr 1971. Dabei lag folgender Sachverhalt zugrunde: Aufgrund testamentarisch angeordneter Testamentsvollstreckung und Nachlaßverwaltung erhielt der Steuerpflichtige als Erbe über mehrere Jahre hinweg bestimmte Beträge ausgezahlt. Danach war die Frage zu entscheiden, ob es sich bei den Zahlungen um einkommensteuerpflichtige Bezüge handelte. Dies verneinte der BFH und führte zu dem Konkurrenzverhältnis von Einkommensteuer und Erbschaftsteuer bei wiederkehrenden Bezügen, ebenso wie zuvor schon der RFH in vergleichbaren Fällen, aus[52]:

> „Es können allerdings derartige Leistungen der Einkommensteuer und der Erbschaftsteuer dann unterworfen werden, wenn es sich insoweit um wiederkehrende Bezüge im Sinne von § 22 EStG handelt. In diesem Fall werden zwei verschiedene Tatbestände besteuert, das eine Mal die unentgeltliche Zuwendung mit der Erbschaftsteuer und das andere Mal die äußere Form der Gewährung in wiederkehrenden Bezügen mit der Einkommensteuer."

Nochmals zu der Besteuerung wiederkehrender Bezüge (Renten) hat der BFH mit Urteil vom 22.12.1976[53] Stellung genommen. Entscheidungsgegenstand war die Frage der Erbschaftsteuerpflicht einer Witwenrente, die der Steuerpflichtigen aufgrund des Gesellschaftsvertrages der verpflichteten Kommanditgesellschaft, an der der Erblasser als persönlich haftender Gesellschafter beteiligt war, zustand. Der BFH hat die Erbschaftsteuerpflicht bejaht und im Zusammenhang mit der Bewertung der erbschaftsteuerlichen Bereicherung ausgeführt[54]:

---

47 Vgl. S. 103.
48 Vgl. S. 104.
49 Vgl. BFH-Urteil vom 26.7.1963, VI 353, 354/62 U, BStBl. III 1963, 481.
50 Vgl. S. 481.
51 Vgl. BFH-Urteil vom 20.7.1971, VIII 24/65, BStBl. II 1972, 170.
52 Vgl. S. 171.
53 Vgl. II R 58/67, BStBl. II 1977, 420.
54 Vgl. S. 423.

„Die Einkommensteuerpflicht trifft vielmehr den Bezugsberechtigten nicht als Erwerber, sondern als Bezieher der Rente, und zwar nach Merkmalen, die auf seine Person und auf seine sonstigen Einkünfte abgestellt sind."[55]

Den vorläufigen Abschluß in der Reihe bildet die Leitentscheidung, die Urheber der „Zwei-Ebenen-These" ist[56]. Hierbei lag folgender Sachverhalt zugrunde: Der Steuerpflichtige war Miterbe eines Grundstücks, das mit einem Erbbaurecht belastet war. Die eingehenden Erbbauzinszahlungen mußten aufgrund einer zu Lebzeiten des Erblassers geschlossenen Vereinbarung an eine andere Person gezahlt werden. Der BFH hatte u. a. die Frage zu beurteilen, ob bei der Bewertung des von Todes wegen erworbenen Erbbauzinsanspruches für Zwecke der Erbschaftsteuer eine mögliche Belastung der Erbbauzinszahlungen mit Einkommensteuer mindernd zu berücksichtigen sei. Dazu merkte der BFH an[57]:

„Eine mögliche Belastung des Klägers mit Einkommensteuer aufgrund der Erbbauzinszahlungen kann der Senat bei der Bewertung des Anspruches auf diese Zahlungen nicht berücksichtigen. Diese mögliche Einkommensteuer trifft den Kläger nicht in seiner Eigenschaft als Erwerber des Nachlasses, sondern nach Maßgabe seiner persönlichen Verhältnisse und seines Einkommens. Erbschaftsteuer und Einkommensteuer liegen auf verschiedenen Ebenen und sind grundsätzlich nicht ‚saldierfähig'. Das zeigen auch § 35 des Einkommensteuergesetzes (EStG) und § 16 Abs. 5 EStG i. d. F. vor dem Einkommensteuerreformgesetz (EStRG) 1974. Diese Vorschriften gehen davon aus, daß die Erbschaftsteuer durch Einkommensteuerbelastungen nicht gemindert wird; sie gestatten nur eine begrenzte Herabsetzung der Einkommensteuer."

Wie auch die vorhergehende Entscheidung hebt der BFH den Begriffsdualismus hervor, der die Verschiedenheit und Unabhängigkeit von Einkommensteuer und Erbschaftsteuer begründen soll. Hiernach stehen dem Erwerb eines Nachlasses die persönlichen Verhältnisse und das Einkommen gegenüber. Somit stellt der BFH nicht allein auf die Verschiedenheit der Steuergegenstände ab, sondern betont darüber hinaus die Rücksichtnahme des Einkommensteuergesetzes auf die persönlichen Verhältnisse des Steuerpflichtigen.

Ein weiterer Argumentationsansatz ergibt sich aus den Hinweisen auf die verschiedenen Ebenen und die mangelnde Saldierfähigkeit. Interessanterweise verwendet der BFH in diesem Zusammenhang nicht die bislang üblichen, auf einer eher formal-juristischen Betrachtungsweise basierenden Begriffe wie Steuertatbestände oder Steuerobjekte, sondern benutzt mit den „verschiedenen Ebenen" einen eher bildhaften Ausdruck, der Komplexität ausdrückt. Es ist bei dieser Terminologie davon auszugehen, daß der BFH sie bewußt gewählt hat, um die

---

[55] Vgl. auch: BFH-Urteil vom 17.4.1985, II R 147/82, BFH NV 1986, 96; BFH-Urteil vom 27.11.1985, II R 148/82, BStBl. II 1986, 265.

[56] Vgl. BFH-Urteil vom 26.11.1986, II R 190/81, BStBl. II 1987, 175; ergänzend ist auf das BFH-Urteil vom 7.12.1990 (X R 72/89, BStBl. II 1991, 350, 353) hinzuweisen. Hier wird die Doppelbelastung mit dem Hinweis auf die unterschiedlichen Besteuerungsgegenstände gerechtfertigt.

[57] Vgl. S. 177.

bisherigen Rechtfertigungsthesen durch eine breiter angelegte Argumentation zu stützen. Daß die Terminologie in diese Richtung zielt, erhellt der Hinweis auf die mangelnde Saldierfähigkeit. Die Frage der Saldierung oder Verrechnung von Steuern ist insbesondere im Bereich des internationalen Steuerrechts von besonderer Bedeutung. Hierbei erfolgt eine Anrechnung ausländischer Steuer auf die inländische Steuer nur, wenn es sich bei der ausländischen Steuer um eine der deutschen entsprechende Steuer handelt[58]. Berücksichtigt man diese Saldierungsprämisse bei der Analyse der „Zwei-Ebenen-These", so wird deutlich, daß der BFH die mangelnde Saldierfähigkeit in der fehlenden Entsprechung von Einkommensteuer und Erbschaftsteuer sieht. Der ausdrückliche Hinweis auf § 35 EStG bzw. § 16 Abs. 5 EStG a. F. bestärkt diese Auslegung, da die Vorschriften nach Auffassung des BFH die Nichtanrechenbarkeit der Einkommensteuer auf die Erbschaftsteuer bestätigen[59]. In diese Richtung geht auch eine weitere BFH-Entscheidung, die in § 35 EStG sogar eine allgemeine Regelung zum Verhältnis von Einkommensteuer und Erbschaftsteuer sieht[60].

Die Chronologie der dargestellten Entscheidungen hat deutlich gemacht, daß das für die Doppelbelastung bedeutsame Verhältnis von Einkommensteuer und Erbschaftsteuer mit unterschiedlichen Argumentationsansätzen gekennzeichnet wurde. Die anfänglichen Entscheidungen begnügten sich mit der Subsumtion der zu beurteilenden Sachverhalte unter beide Steuergesetze und sahen hierin eine ausreichende Rechtfertigung für die dabei auftretende Doppelbelastung. Zum Teil wird weitergehend eine Rechtfertigung unter Hervorhebung der Verschiedenheit der im Einzelfall vorliegenden Einkunftsarten „wiederkehrende Bezüge" bzw. „gewerbliche Einkünfte" einerseits und der „unentgeltlichen Zuwendung" andererseits vorgenommen. Zum Teil wird aber auch ganz allgemein die Verschiedenheit der Steuergegenstände bzw. Tatbestände betont. Darüber hinausgehend charakterisiert die „Zwei-Ebenen-These" die Einkommensteuer und Erbschaft- / Schenkungsteuer als sich nicht entsprechende Steuern im Sinne einer fehlenden Verrechenbarkeit. Festzuhalten bleibt auch, daß sich die Rechtsprechung aus ganz unterschiedlichen Gründen zu ihren Rechtfertigungsthesen veranlaßt sah. Zum einen ging es um die Prüfung der Einkommensteuerpflicht bzw. Erbschaftsteuerpflicht. Zum anderen war aber auch die Frage der Saldierung beider Steuern zu beantworten. Schließlich hatte sich insbesondere auch die Leitentscheidung mit der Bewertung des von Todes wegen erlangten Erwerbs für Zwecke der Erbschaftsteuer befaßt. Diese verschiedenen Ansatzpunkte spiegeln die Berührungspunkte der beiden Steuern wider und lassen die Bedeutung der Rechtfertigungsthesen erkennen.

[58] Vgl. § 34c Abs. 1 EStG; § 26 Abs. 1 KStG; § 11 Abs. 1 Satz 1 VStG; § 21 Abs. 1 Satz 1 ErbStG; Art. 23 B Abs. 1 i. V. m. Art. 2 OECD-Musterabkommen 1977.

[59] Nach BFH-Urteil vom 7.12.1990, X R 72/89, BStBl. II 1991, 350, 353, wird der Grundsatz der Nichtanrechenbarkeit durch § 12 Nr. 3 EStG bestätigt, wonach Personensteuern — wie die Erbschaftsteuer — nicht abgezogen werden dürfen. § 35 EStG sei insoweit eine Ausnahme von diesem Grundsatz.

[60] Vgl. BFH-Urteil vom 9.9.1988, III R 191/84, BStBl. II 1989, 9, 11.

2. Relevanz der Rechtfertigungsthesen im Hinblick auf den Rechtfertigungszweck

Die Tragweite der Rechtfertigungsthesen wird erkennbar, wenn man sich die Frage stellt, ob die verschiedenen Aussagen die Doppelbelastungen zu rechtfertigen vermögen. Zur Beantwortung dieser Frage muß man sich noch einmal die eingangs beschriebenen Charakteristika der Doppelbelastung in dem hier verstandenen Sinn vergegenwärtigen. Danach liegt eine Doppelbelastung vor, wenn derselbe Vermögensposten bei demselben Steuerpflichtigen doppelt besteuert wird. Die hieraus resultierende wirtschaftliche Belastung erweckt einen besonderen Rechtfertigungsbedarf, insbesondere, wenn man sich die fundamentalen Grundsätze[61] der Gleichmäßigkeit der Besteuerung und des Schutzes des Bürgers vor übermäßiger Besteuerung vor Augen führt. Es besteht zwar kein allgemeines Verbot von Doppelbesteuerungen, jedoch lassen sowohl die Doppelbesteuerungsabkommen, als auch verschiedene Einzelsteuergesetze[62] die Absicht des Gesetzgebers erkennen, eine Doppelbesteuerung im Zweifel zu vermeiden. Ein deutliches Beispiel hierfür stellt auch Art. 105 Abs. 2a GG dar, wonach im Rahmen der konkurrierenden Gesetzgebung zwischen Bund und Ländern ein Gesetzgebungsverbot für die Länder bezüglich solcher Steuern besteht, die Bundessteuern gleichartig sind. Der Schutz vor Doppelbesteuerung umfaßt hierbei nicht jede Doppelbelastung im wirtschaftlichen Sinn. Entscheidend ist vielmehr die Vermeidung des doppelten Zugriffs durch gleiche oder gleichartige Steuern[63]. So versteht man beispielsweise unter Doppelbesteuerung im Bereich des internationalen Steuerrechts die „Erhebung vergleichbarer Steuern durch zwei (oder mehrere) international getrennt stehende Steuerkompetenzen bei demselben Steuerpflichtigen für denselben Steuergegenstand"[64]. Der Gleichartigkeitsvergleich soll sich hierbei in erster Linie nach dem jeweiligen Besteuerungsgegenstand richten[65]. Das BVerfG sieht in einer umfassenderen Weise den Ausgangspunkt für die Prüfung der Gleichartigkeit nach Art. 105 Abs. 2a GG in einem Vergleich der steuerbegründenden Tatbestände[66]. In diesem Zusammenhang hat *Tipke*[67] mit Recht darauf hingewiesen, daß sich jeder Gleichartigkeitsvergleich am Zweck der Vergleichung orientieren muß.

Für die Doppelbelastungen durch Einkommensteuer und Erbschaft- / Schenkungsteuer kann sich ein derartiger Vergleich nur an den zuvor genannten Grundsätzen der Gleichmäßigkeit der Besteuerung sowie an dem Schutz des Steuer-

---

61 Vgl. hierzu: Tipke / Lang, Lehrbuch, S. 48 ff.

62 Vgl. z. B. §§ 4 Nr. 9 UStG; § 3 Nr. 2 GrEStG.

63 Vgl. Tipke / Lang, Lehrbuch, S. 137.

64 Vgl. Korn / Debatin, Doppelbesteuerung, Systematik I, Rdn. 9; Vogel, Doppelbesteuerungsabkommen, Einl. Rdn. 2.

65 Vgl. Flick / Wassermeyer / Lüdicke in Flick / Wassermeyer / Becker, Kommentar, § 34c EStG, Rdn. 67 m. w. N.

66 Vgl. BVerfG, Beschluß vom 6.12.1983, 2 BvR 1275/79, BVerfGE 65, 325, 351.

67 Vgl. StuW 1975, S. 242, 245.

pflichtigen vor übermäßiger Besteuerung ausrichten. Demzufolge sind in den Vergleich diejenigen Tatbestandsmerkmale einzubeziehen, bei deren Vorliegen der Steueranspruch gem. § 38 AO entsteht[68]. Zudem hängt die Gleichartigkeit oder Verschiedenheit von Steuern aber auch, wie es *Geyler*[69] und *Spitaler*[70] nachgewiesen haben, von der Beurteilung der zugrundeliegenden wirtschaftlichen Sachverhalte ab. Diese Erkenntnis findet sich auch bei dem BVerfG wieder, wenn es von der *Quelle wirtschaftlicher Leistungsfähigkeit* spricht, die ein entscheidendes Vergleichskriterium darstellt [71]. Auch *Tipke / Lang*[72] sehen hierin das maßgebliche Kriterium für die Vergleichung zweier Steuern, wobei allerdings terminologisch von dem *Besteuerungsgut* gesprochen wird. Die Betrachtung dieser Größe ermöglicht über den formal-juristischen Ansatz hinaus einen Vergleich der wirtschaftlichen Auswirkungen des Steuerzugriffes. Denn Steuerbelastungen können nicht abstrakt gemessen werden, sondern nur im Vergleich zu der jeweiligen wirtschaftlichen Leistungsfähigkeit des Steuerpflichtigen, die sich in dem Besteuerungsgut oder wie es bei dem Bundesverfassungsgericht[73] heißt, in der Quelle wirtschaftlicher Leistungsfähigkeit ausdrückt. Die Besteuerung nach der Leistungsfähigkeit kann insoweit als „sachgerechtes, sinnstiftendes Fundamentalprinzip" angesehen werden[74].

Mit dem Hinweis auf die verschiedenen Steuergegenstände bzw. Tatbestände des EStG und des ErbStG zielt die Rechtsprechung auf eine eher formal-juristische Betrachtung, die vordergründig bleiben muß. Allein hieraus läßt sich nicht das Fehlen einer vermeidungswürdigen Doppelbelastungssituation ableiten. Den entscheidenden Aspekt hierbei hat das BVerfG hervorgehoben, indem es darauf hingewiesen hat, daß der Gesetzgeber es nicht in der Hand hat, durch verschiedene Formulierungen der Steuertatbestände oder durch Schaffung geringfügiger Unterschiede bei den einzelnen Merkmalen der Steuer, wie insbesondere beim Kreis der Steuerpflichtigen, beim Steuermaßstab und bei der Erhebungstechnik, die Gleichartigkeit zu vermeiden[75]. Somit geht die Argumentation der Rechtsprechung, soweit sie sich auf die Verschiedenheit der Steuergegenstände bzw. Tatbestände beschränkt, nicht weit genug. Demgegenüber spricht die „Zwei-Ebenen-These" genau den entscheidenden Punkt an. Denn Steuern, die sich nicht entsprechen, mithin ungleichartige Steuern sind, führen nicht zu einer vermeidungswür-

[68] Vgl. hierzu: Tipke / Kruse, Kommentar, § 38 AO Tz. 2; Hensel, Steuerrecht, S. 57; Fischer in Hübschmann / Hepp / Spitaler, Kommentar, § 38 AO Anm. 5.

[69] Vgl. Mehrfachbesteuerung, S. 81.

[70] Vgl. Das Doppelbesteuerungsproblem, S. 180 f.

[71] Vgl. BVerfG, Beschluß vom 6.12.1983, 2 BvR 1275/79, BVerfGE 65, 325, 351.

[72] Vgl. Lehrbuch, S. 137; Tipke, StuW 1975, S. 242, 245; Lang, Systematisierung, S. 36 ff.; siehe auch: RFH-Beschluß vom 1.5.1922, GrS 2/21, RFHE 9, 123, 127; RFH, Gutachten vom 20.10.1923, GrS D 3/23, RFHE 13, 28, 31.

[73] Vgl. Beschluß vom 6.12.1983, 2 BvR 1275/79, BVerfGE 65, 325, 351.

[74] Vgl. Tipke / Lang, Lehrbuch, S. 51, 57 ff; Kirchhof, StuW 1985, S. 319 ff.; a. A.: Kruse, StuW 1990, S. 322, 327 m. w. N.

[75] Vgl. Beschluß vom 6.12.1983, 2 BvR 1275/79, BVerfGE 65, 325, 351.

digen Doppelbelastung. Insofern erfüllt die „Zwei-Ebenen-These“ den angestrebten Rechtfertigungszweck. Gleichwohl bleibt die Steuerbelastung in den geschilderten Fällen unbefriedigend, da der doppelte Zugriff der Steuern bei dem Erben / Beschenkten eine Schlechterstellung gegenüber demjenigen Erwerber darstellt, der bereits einkommenversteuerte Vermögenswerte erhält, da dieser nur von der Erbschaft- / Schenkungsteuer erfaßt wird. Dabei handelt es sich um ein Problem im Rahmen des § 35 EStG, das nicht die Verschiedenheit oder Gleichheit der beiden Steuern betrifft, sondern die gesetzliche Rechtsfolge aufgrund der jeweils gegebenen Tatbestandsmäßigkeit.

B. Gang der Untersuchung

Die vorstehenden Ausführungen haben die Argumentation und die Relevanz der Rechtsprechungsthesen aufgezeigt. Im folgenden ist die Ausgangsfrage unter Berücksichtigung der Rechtsprechungsthesen zu beantworten. Dabei wird das Konkurrenzverhältnis der beiden Steuern im folgenden Teil (2. Teil) anhand eines Vergleiches der steuerbegründenden Tatbestände sowie der Besteuerungsgüter untersucht. Zu den wesentlichen steuerbegründenden Tatbestandsmerkmalen gehören Steuergegenstand, Steuersubjekt, Steuerbemessungsgrundlage und Steuersatz[76]. Im Hinblick auf die herausgehobene Bedeutung von Steuergegenstand und Besteuerungsgut für den Vergleich werden diese im 1. Abschnitt analysiert, während Steuersubjekt, Steuerbemessungsgrundlage und Steuersatz nachfolgend im 2. Abschnitt behandelt werden. Im 3. Teil wird das Konkurrenzverhältnis der beiden Steuern anhand der Vorschriften der §§ 16 Abs. 5 EStG a. F., 35 EStG beurteilt, da diese nach Ansicht des BFH[77] eine Bestätigung der „Zwei-Ebenen-These“ beinhalten. Die Schlußbetrachtung befaßt sich mit der Frage, ob die von § 35 EStG gewährte Rechtsfolge unter Berücksichtigung des Konkurrenzverhältnisses der beiden Steuern sachgerecht ist.

---

[76] Vgl. Wasmer, Zurechnung, S. 1; Babrowski, Steuerbefreiung, S. 61 f.; Biergans, Einkommensteuer, Einf. S. 5; Bayer, FR 1985, S. 337, 338 f.; Biergans / Wasmer, FR 1985, S. 57; Herrmann / Heuer / Raupach, Kommentar, Einf. ESt. Anm. 631; nach Tipke / Lang, Lehrbuch, S. 130 ff. ist zusätzlich auf die Zurechnung, die abstrakten Merkmale des inländischen Schuldverhältnisses und die Steuervergünstigungen abzustellen. Siehe auch: Lang, Systematisierung, S. 32, der zudem auf den Steuergläubiger abstellt; Hensel, Steuerrecht, S. 58 ff.: der zusätzlich als Tatbestandselemente den Steuergläubiger, die Zurechnungen und die Steuereinheiten anführt.

[77] Vgl. Urteil vom 26.11.1986, II R 190/81, BStBl. II 1987, 175, 177.

2. Teil

Vergleich der Steuertatbestände

1. Abschnitt

Vergleich der Steuergegenstände und der ihnen zugrunde liegenden Besteuerungsgüter

A. Vergleich der Steuergegenstände

I. Der Begriff des Steuergegenstandes

Wie bei jedem Vergleich steht auch hier am Anfang die möglichst genaue Erfassung dessen, was verglichen werden soll.

Der Steuergegenstand bzw. das Steuerobjekt ist ein ursprünglich finanzwissenschaftlicher Begriff[1], der ganz allgemein den Umstand[2] oder Anlaß[3] repräsentiert, der eine Besteuerung begründet. In der Folgezeit hat man diese weitgefaßte Terminologie dahingehend präzisiert, daß es sich bei dem Steuerobjekt „um die Sache, die Handlung, den Vorgang, die Rechte oder den Geldbetrag handelt, woran das Gesetz den Eintritt der Steuerverpflichtung knüpft“[4].

Gegenüber der eher zielorientierten Definition im Sinne der Beschreibung einer „besteuerungswürdigen Größe“ bedarf es für die steuerrechtswissenschaftliche Betrachtung eines formal-juristischen Ansatzes[5]. Dieser Ansatz ist in den Steuergesetzen selbst zu finden. Wie *Lang*[6] mit Recht betont, hat der Begriff des Steuergegenstandes in die Terminologie zahlreicher Steuergesetze Eingang gefunden[7]. Der Rechtsbegriff des Steuergegenstandes erfährt daher seine inhaltliche Bestimmung durch seine funktionale Stellung als Teil des Steuertatbestandes. Somit dient er dazu, die Größe zu bezeichnen, die durch ihre Subsumtion unter

---

1 Vgl. Geyler, Doppelbesteuerung, S. 62; Hensel, Steuerrecht, S. 74.

2 Vgl. Wagner, Politische Ökonomie, S. 288.

3 Vgl. von Eheberg, Finanzwissenschaft, S. 176.

4 Vgl. Gerloff, Steuerwirtschaftslehre, S. 239, 266; Neumark, Besteuerung, S. 93, 96 f.; siehe auch: Lang, Systematisierung, S. 33 f. zu der Entwicklung der finanzwissenschaftlichen Diskussion.

5 Vgl. auch: Hensel, Steuerrecht, S. 74; Becker, Grundlagen, S. 1.

6 Vgl. Systematisierung, S. 34.

7 Vgl. Lang, Systematisierung, S. 34 Fn. 28.

das Steuergesetz, bei Vorliegen der weiteren Besteuerungsvoraussetzungen zur Entstehung der Steuerschuld führt. Der Steuergegenstand legt damit den Anwendungsbereich des jeweiligen Steuergesetzes fest. Hierin kommt auch der Unterschied zu dem finanzwissenschaftlichen Ansatz zum Ausdruck.

Der konkrete Anwendungsbereich eines Steuergesetzes ist nicht notwendigerweise identisch mit der Steuerwürdigkeitsentscheidung des Gesetzgebers. Der Steuergegenstand ist vielmehr von dem zugrundeliegenden Besteuerungsgut zu unterscheiden. Das Besteuerungsgut verkörpert den besteuerungswürdigen, eine bestimmte Steuerkraft repräsentierenden Sachverhalt, die Quelle wirtschaftlicher Leistungsfähigkeit[8]. Erst das Auffinden des Besteuerungsgutes ermöglicht den Zugriff durch Schaffung eines Steuergesetzes. *Hansmeyer*[9] formuliert dies zutreffend, wenn es heißt: „Der Steuergegenstand ... ist eine Zwischenstufe auf dem Wege von der abstrakten ‚Steueridee' zur konkreten Bemessungsgrundlage". Aus diesem Verhältnis von Steuergegenstand zu Besteuerungsgut läßt sich der Begriff des Steuergegenstandes ableiten, wie es *Lang*[10] aufgezeigt hat. Danach ist Steuergegenstand das Besteuerungsgut mit dem Inhalt und Umfang, das den Tatbestand des Steuergesetzes verwirklicht[11]. Wenn in der Literatur zum Teil darauf hingewiesen wird, der Steuergegenstand sei die gesetzliche Umschreibung von Handlungen und Tätigkeiten bzw. Vorgängen, durch die der Steueranspruch bzw. die Steuerpflicht entsteht[12], so ist diese Definition zu eng. Denn es wird verkannt, daß z. B. der Erwerb von Todes wegen gem. § 3 Abs. 1 Nr. 1 ErbStG der Besteuerung unterliegt, obwohl es sich hierbei nicht um eine Handlung, sondern um einen kraft gesetzlich angeordneter Gesamtrechtsnachfolge eintretenden Erwerb handelt. Ein weiteres Beispiel stellen die einkommensteuerpflichtigen Erträge aus gesetzlichen Schuldverhältnissen, wie Prozeß- oder Verzugszinsen[13] oder auch die Unterhaltsleistungen gem. § 22 Nr. 1 a EStG dar. Entscheidend sind danach nicht Handlungen des Steuerpflichtigen, sondern die in der Tatbestandsmäßigkeit zum Ausdruck kommende Leistungsfähigkeit[14].

Auf der Basis dieser Begriffsbestimmungen läßt sich der Vergleich vornehmen. Dabei sollen zuerst die Steuergegenstände und anschließend die Besteuerungsgüter beider Steuern verglichen werden. Die Prüfungsreihenfolge ergibt sich daraus, daß bei bereits bestehenden Steuergesetzen der Steuergegenstand durch die konkrete gesetzliche Umschreibung ohne weiteres zugänglich ist und von diesem

---

8 Vgl Tipke / Lang, Lehrbuch, S. 137; Lang, Systematisierung, S. 34; BVerfG, Beschluß vom 6.12.1983, 2 BvR 1275/79, BVerfGE 65, 325, 351.

9 Vgl. in Schmölders / Hansmeyer, Steuerlehre, S. 77.

10 Vgl. in Systematisierung, S. 35; ders. in Bemessungsgrundlage, S. 34.

11 Vgl. auch Tipke / Lang, Lehrbuch, S. 131 f.; Babrowski, Steuerbefreiung, S. 64

12 Vgl. Bayer, FR 1985, S. 337, 340; Bayer / Müller, BB 1978, S. 1, 2 ff.; Biergans / Wasmer, FR 1985, S. 57; Biergans, Einkommensteuer, Einf. S. 6; Wasmer, Zurechnung, S. 2.

13 Vgl. BFH-Urteil vom 8.4.1986, VIII R 260/82, BStBl. II 1986, 557, 558.

14 Vgl. Tipke / Lang, Lehrbuch, S. 132.

auf das zugrundeliegende Besteuerungsgut geschlossen werden kann. Im Gegensatz hierzu ist die Bestimmung des Besteuerungsgutes dann vorrangig, wenn ein entsprechendes Steuergesetz geschaffen werden soll.

II. Verhältnis der Steuergegenstände aus historischer Sicht

1. Bedeutung der Untersuchung

Da die Steuergegenstände die konkreten Anwendungsbereiche der Steuergesetze festlegen, soll die historische Betrachtung Aufschluß über den gesetzgeberischen Plan im Laufe der Entwicklung geben. Hierbei lassen sich Aussagen über die Gleichheit oder Verschiedenheit anhand der Entstehungsgründe, der Anknüpfungspunkte und möglicher Gemeinsamkeiten oder etwaiger Überschneidungen treffen.

2. Historische Entwicklung der Steuergegenstände

Historisch betrachtet, liegen die Ursprünge der Erbschaftsteuer weit vor denen der Einkommensteuer. Ein Papyrus aus dem Jahr 117 v. Chr. belegt die Existenz einer Besitzwechselabgabe in Ägypten, nach der jede Erbschaft zu registrieren und einer Abgabe zu unterwerfen war[15]. Die ersten Einkommensteuern hingegen lassen sich erst im 15. und 16. Jahrhundert in England finden. In Deutschland wurden die ersten Erbschaftsteuern im 17. Jahrhundert und die ersten Einkommensteuern Anfang des 19. Jahrhunderts eingeführt. Anlaß hierfür war jeweils ein erhöhter Finanzbedarf der einzelnen Länder. So beschloß z. B. Baden-Durlach im Jahr 1622 eine Erbschaftsteuer, die im Falle des nichttestamentarischen Erwerbs von Erben des siebten bis zehnten Grades in Höhe von 10 % des Anfalles erhoben wurde[16]. Es folgten Lüneburg-Braunschweig und Hamburg (1624), Mecklenburg (1632-1634), Rostock (1669) und Brandenburg (1685)[17]. Im 18. Jahrhundert kamen weitere Einzelstaaten hinzu[18]. Mit Beginn des 19. Jahrhunderts war es insbesondere die durch die napoleonischen Kriege verursachte Verschuldung, die viele Länder zur Einführung einer Erbschaftsteuer bzw. zu deren weiterer Ausformung veranlaßte. Aus dieser Zeit stammen auch die ersten deutschen Einkommensteuern. So führte z. B. Preußen nach dem Tilsiter Frieden von 1807 provinziell verschieden geregelte Einkommensteuern ein[19], um dadurch die Entschädigungszahlungen an den Kriegsgegner Frankreich zu finanzieren[20]. Be-

[15] Vgl. Frank, Geschichte und System, S. 23; Schanz, Erbschaftsteuer, S. 794, 812; Mönter, Steuerreform, S. 10.

[16] Vgl. Frank, Geschichte und System, S. 25; Schanz, Erbschaftsteuer, S. 813.

[17] Vgl. zu weiteren Einzelheiten: Schanz, Erbschaftsteuer, S. 813 ff.

[18] Vgl. Schanz, Erbschaftsteuer, S. 813.

[19] Vgl. zu den übrigen deutschen Staaten die Übersicht bei: Herrmann / Heuer / Raupach, Kommentar, Dok. 1 Anm. 1.

[20] Vgl. Strutz, Kommentar, Einl. S. 63.

steuert wurde nach englischem Vorbild (z. B. „property tax" des Jahres 1803)[21] das Einkommen von landwirtschaftlichen Grundstücken, Häusern, Dienstwohnungen, verzinsbaren Kapitalien, Aktien usw., von Gewerben, Besoldungen, Pensionen und Wartegeldern usw., Naturalien, Einkünften aus Stiftungen[22]. Kennzeichen dieser Steuergesetze war die sog. Quellentheorie, die auf die Regelmäßigkeit des Zuflusses an ökonomischen Werten aus einer bestimmten Quelle abstellt[23]. Auf der Quellentheorie basierten auch die in Preußen mit Gesetz vom 1.5.1851 eingeführte sog. Klassen- und klassifizierte Einkommensteuer[24] sowie das Preußische Einkommensteuergesetz vom 24.6.1891[25]. Dementsprechend wurden nur Einkünfte aus regelmäßig fließenden Quellen erfaßt, wie Kapitalvermögen, Grundvermögen, Handel und Gewerbe, gewinnbringende Beschäftigung[26]. Ebenso verbreitet wie die Einkommensteuern in den deutschen Ländern waren gegen Ende des 19. Jahrhunderts in allen Einzelstaaten mit Ausnahme des Fürstentums Waldeck Erbschaftsteuern und zum Teil als Ergänzung hierzu Schenkungsteuern[27]. Das Preußische Erbschaftsteuergesetz vom 30.5.1873 z. B. besteuerte u. a. Erbschaften, Vermächtnisse und Schenkungen von Todes wegen sowie Schenkungen unter Lebenden, falls diese schriftlich beurkundet waren[28].

Aufgrund des quellentheoretischen Ansatzes waren die Steuergegenstände der Einkommensteuer und der Erbschaftsteuer klar voneinander getrennt. Dies verdeutlicht z. B. § 8 des Preußischen Einkommensteuergesetzes vom 24.6.1891, der wie folgt lautete:

> „Außerordentliche Einnahmen aus Erbschaften, Schenkungen, Lebensversicherungen, aus dem nicht gewerbsmäßigen oder zu Spekulationszwecken unternommenen Verkauf von Grundstücken und ähnlichen Erwerbungen gelten nicht als steuerpflichtiges Einkommen, sondern als Vermehrung des Stammvermögens und kommen ebenso wie Verminderungen des Stammvermögens nur insofern in Betracht, als die Erträge des letzteren dadurch vermehrt oder vermindet werden."[29]

[21] Vgl. Strutz, Kommentar, Einl. S. 57

[22] Vgl. Kirchhof in Kirchhof / Söhn, Kommentar, § 2 Rdn. A 389; Grabower, Preußens Steuern, S. 206 f.

[23] Vgl. Andel, Einkommensteuer, S. 331, 335; Kirchhof in Kirchhof / Söhn, Kommentar, § 2 Rdn. A 387.

[24] Vgl. Strutz, Kommentar, Einl. S. 68.

[25] Vgl. Finanz-Archiv, 8. Jahrgang (1891), 2. Band, S. 829; siehe hierzu: Maaßen, Kommentar, § 7 Anm. 1; John, Einkommensteuer, S. 21; Andel, Einkommensteuer, S. 331, 335; Tipke / Lang, Lehrbuch, S. 201; Herrmann / Heuer / Raupach, Kommentar, Dok. 1 Anm. 3; siehe auch: Kirchhof in Kirchhof / Söhn, Kommentar, § 2 Rdn. A 406 ff. zu den Entwicklungen in den anderen deutschen Staaten.

[26] Vgl. § 7 Preußisches Einkommensteuergesetz vom 24.6.1891, Finanz-Archiv, 8. Jahrgang (1891), 2. Band, S. 829.

[27] Vgl. Schanz, Erbschaftsteuer, S. 813; Mönter, Steuerreform, S. 11; siehe auch die Übersicht bei: Kipp, Kommentar, Einl. S. 14.

[28] Vgl. Kipp, Kommentar, Einl. S. 19.

[29] Die übrigen deutschen Einzelstaaten hatten ganz überwiegend ebenfalls Einkommensteuergesetze, die der Quellentheorie folgten, vgl. Kirchhof in Kirchhof / Söhn, Kommentar, § 2 Rdn. A 408 f.

Damit unterschied das Preußische Einkommensteuergesetz vom 24.6.1891 zwischen dem aus den Quellen des § 7 resultierenden steuerpflichtigen Einkommen und dem Stammvermögen, zu dem die erbschaft- und schenkungsteuerpflichtigen Erwerbe gehörten[30]. Die formal-juristische Unterscheidung des Gesetzes zwischen steuerpflichtigem Einkommen auf der einen und nicht steuerpflichtigen Vermehrungen des Stammvermögens in Form von außerordentlichen Einnahmen aus Erbschaften und Schenkungen auf der anderen Seite verbirgt die Nähe der beiden Steuern. Denn im Rahmen der Reformierung der preußischen direkten Steuern stand u. a. die Frage zur Diskussion, ob das sog. fundierte Einkommen — hierunter verstand man das Einkommen aus Kapitalvermögen, aus Grundvermögen sowie aus Handel und Gewerbe[31] — mit einer Ergänzungssteuer belegt werden könne. In Betracht kam hiernach die Erhebung eines Zuschlages zur Einkommensteuer, die Einführung einer besonderen Vermögensteuer oder die Erweiterung der Erbschaftsteuer auf die bislang nicht erfaßten Erbfälle an Eltern, Kinder und Ehegatten[32]. Interessanterweise suchten die Entwürfe eines Einkommensteuergesetzes sowie eines Gesetzes betreffend die Abänderung des Erbschaftsteuergesetzes vom 3.11.1890[33] die Lösung in der Erweiterung des Erbschaftsteuergesetzes. Dabei standen nicht etwa grundlegende steuersytematische Erwägungen im Vordergrund. Vielmehr belegt die Begründung zu den Entwürfen, daß steuertechnische Erwägungen der Erweiterung der Erbschaftsteuer gegenüber der Erhöhung der Einkommensteuer den Ausschlag gaben. Wörtlich heißt es hierzu[34]:

> „In dem Gesamteinkommen des einzelnen Steuerpflichtigen sind Einkommensteile, welchen die größere Leistungsfähigkeit übertragbaren Besitzes beiwohnt, mit persönlichem Arbeitsverdienst vielfach so untrennbar miteinander verbunden, daß jeder Versuch einer Sonderung zum Zwecke einer verschiedenen Bemessung des Steuerfusses der Einkommensteuer auf mehr oder weniger willkürliche Annahmen gegründet werden und deshalb zu unvollkommenen Ergebnissen führen müßte. Ein geeigneter Weg zur besonderen Erfassung dieser Art des Einkommens ist die Besteuerung der Quelle desselben gelegentlich des Überganges auf den Erben; die einmalige Erhebung der Abgaben nach einem angemessenen Prozentsatz des ererbten Vermögens ist für den Pflichtigen in der Regel weniger lästig, als die jährliche Veranlagung und Hebung einer Einkommmensquote."

Die Begründung zeigt eindrucksvoll, daß der historische Gesetzgeber hinter den unterschiedlichen Steuergegenstandsumschreibungen als gemeinsame Größe die Erfassung von Leistungsfähigkeit gesehen hat. Denn insoweit ist hier die

---

30 Vgl. auch: Kirchhof in Kirchhof / Söhn, Kommentar, § 2 Rdn. A 400.

31 Vgl. Enneccerus, Vermögensteuer, S. 51, Anlage IV Nr. 1-3.

32 Vgl. Enneccerus, Vermögensteuer, Einleitung S. 1 f.

33 Vgl. Finanz-Archiv, 7. Jahrgang (1890), 2. Band, S. 243 und S. 309.

34 Vgl. Begründung zu dem Entwurf eines Einkommensteuergesetzes vom 3.11.1890, Finanz-Archiv, 7. Jahrgang (1890), 2. Band, S. 263, 268 f.; siehe auch: Begründung zu dem Entwurf eines Gesetzes betreffend Abänderung des Erbschaftsteuergesetzes vom 3.11.1890, Finanz-Archiv, 7. Jahrgang (1890), 2. Band, S. 314.

Rede von „Gesamteinkommen“, das in der steuer“verwaltungs“technisch günstigsten Art und Weise erfaßt werden sollte.

Das erste Reichserbschaftsteuergesetz datiert vom 3.6.1906[35]. Es trat an die Stelle der bisherigen einzelstaatlichen Regelungen. Als Ersatz hierfür wurde allerdings den Einzelstaaten ein Finanzausgleich in Höhe von 1/3 der aus der Erbschaftsteuer erzielten Gesamteinnahmen gewährt[36]. Darüber hinaus war den Einzelstaaten das Recht eingeräumt, zu der Reichserbschaftsteuer Zuschläge zu erheben[37] sowie von Abkömmlingen und Ehegatten, die von der Reichserbschaftsteuer befreit waren[38], eine Erbschaftsteuer zu verlangen[39]. Die Reichserbschaftsteuer war als Erbanfallsteuer ausgestaltet. D. h. es wurde nicht die Nachlaßmasse als solche besteuert, sondern der Erbanfall beim einzelnen Erben. Besteuert wurden der Erwerb von Todes wegen[40] und Schenkungen unter Lebenden[41]. Im Zuge der Erzbergerschen Steuerreform wurden nach dem Ende des 1. Weltkrieges sowohl die Erbschaftsteuer erheblich verschärft als auch erstmals ein Reichseinkommensteuergesetz geschaffen. Diese Steuerreform sollte die kriegsbedingten finanziellen Probleme durch eine grundlegende Reformierung von Steuerverwaltung und Steuerrecht lösen[42]. Das hieraus resultierende Erbschaftsteuergesetz vom 10.9.1919[43] stellte eine Erweiterung der bisherigen Erbschaftsbesteuerung dar, da neben dem Erwerb von Todes wegen und der Schenkung unter Lebenden auch der Nachlaß eines Verstorbenen besteuert wurden[44]. Diese Nachlaßsteuer erfaßte als letzte Vermögensteuer des Erblassers den gesamten Nachlaß[45].

Das erste Reichseinkommensteuergesetz vom 29.3.1920[46] folgte nicht der bei den Einzelsteuergesetzen angewandten Quellentheorie, sondern legte die hauptsächlich von *Schanz* vertretene Reinvermögenszugangstheorie zugrunde[47]. Nach dieser Theorie ist Einkommen der Reinvermögenszugang eines bestimmten Zeit-

---

35 Vgl. RGBl. 1906, 620, 654 ff.

36 Vgl. Schanz, Erbschaftsteuer, S. 814.

37 Vgl. § 58 des Reichserbschaftsteuergesetzes vom 3.6.1906, RGBl. 1906, 620, 673.

38 Vgl. § 11 des Reichserbschaftsteuergesetzes vom 3.6.1906, RGBl. 1906, 620, 658.

39 Vgl. § 59 des Reichserbschaftsteuergesetzes vom 3.6.1906, RGBl. 1906, 620, 673.

40 Vgl. §§ 1 — 4 des Reichserbschaftsteuergesetzes vom 3.6.1906, RGBl. 1906, 620, 654 f.

41 Vgl. §§ 55, 56 des Reichserbschaftsteuergesetzes vom 3.6.1906, RGBl. 1906, 620, 672.

42 Vgl. Herrmann / Heuer / Raupach, Kommentar, Dok. 1 Anm. 4.

43 Vgl. RGBl. 1919, 1543.

44 Vgl. § 1 Nr. 1 Reichserbschaftsteuergesetz vom 10.9.1919, RGBl. 1919, 1543.

45 Vgl. § 2 Reichserbschaftsteuergesetz vom 10.9.1919, RGBl. 1919, 1543; siehe auch: Kipp, Kommentar, Einleitung I 1d; Megow / Michel, Kommentar, Einl. S. 32; Seitz, Bedeutung der Erbschaftsteuer, S. 8.

46 Vgl. RGBl. I 1920, 359.

47 Vgl. Begründung zu dem Entwurf eines Reichseinkommensteuergesetzes vom 29.11.1919, Verhandlungen der verfassungsgebenden Nationalversammlung, Band 340, Nr. 1624, S. 24; Strutz, Kommentar, Einl. S. 105; John, Einkommensteuer, S. 29 ff.; Herrmann / Heuer / Raupach, Kommentar, Dok. 1 Anm. 10.

abschnittes[48]. Auch Erbschaften und Schenkungen waren danach grundsätzlich als Einkommen anzusehen[49]. So bestimmte § 5 des Reichseinkommensteuergesetzes vom 29.3.1920[50]:

„Zum steuerbaren Einkommen gehören Einkünfte aus Grundbesitz, aus Gewerbebetrieb, aus Kapitalvermögen und aus Arbeit sowie sonstige Einnahmen ohne Rücksicht darauf, ob es sich um einmalige oder wiederkehrende Einkünfte handelt oder aus welchem rechtlichen oder tatsächlichen Grunde sie dem Steuerpflichtigen zugeflossen sind."

Damit überschnitten sich die Steuergegenstände von Einkommensteuer und Erbschaftsteuer mit Ausnahme der Nachlaßbesteuerung. Dieses Doppelbesteuerungsproblem wurde steuertechnisch dadurch gelöst, daß gemäß § 12 Nr. 1 Reichseinkommensteuergesetz vom 29.3.1920[51] einmalige Vermögensanfälle, die unter §§ 20, 40 des Erbschaftsteuergesetzes vom 10.9.1919[52] fielen, Ausstattungen und Aussteuern nicht als steuerbares Einkommen galten. Begründet wurde die Ausgrenzung der einmaligen Vermögensanfälle damit, daß diese bereits in ausreichendem Maße der Erbschaft- und Schenkungsteuer unterliegen[53]. Bei dieser Gesetzeslage waren der Anwendungsbereich und damit auch die Steuergegenstände von Einkommensteuer und Erbschaft- / Schenkungsteuer partiell dekkungsgleich. Nach *Schanz*[54] „funktionierte die Erbschaftsteuer hier als eine Spezialeinkommensteuer für eine besondere Art von Reinvermögenszugängen".

In der Folgezeit läßt sich die Nähe der beiden Steuern nicht mehr ohne weiteres aus den Tatbestandsumschreibungen entnehmen. Denn mit dem Einkommensteuergesetz vom 10.8.1925[55] und dem hieran anknüpfenden Einkommensteuergesetz vom 16.10.1934[56] wurde eine mehr praktische Lösung gesucht, die nicht ausschließlich auf eine der Einkommenstheorien ausgerichtet war[57]. Anders als bei dem EStG 1920 erfolgte die Abgrenzung gegenüber dem Anwendungsbereich des Erbschaftsteuergesetzes nicht in Form einer besonderen Steuerbefreiungsvor-

48 Vgl. Schanz, Finanz-Archiv, 13. Jahrgang (1896), 1. Band, S. 23; siehe auch: Tipke / Lang, Lehrbuch, S. 201; Strutz, Kommentar, Einl. S. 24; Herrmann / Heuer / Raupach, Kommentar, Einf. ESt. Anm. 12.

49 Vgl. Schanz, Finanz-Archiv, 13. Jahrgang (1896), 1. Band, S. 1, 24; Strutz, Kommentar, Einl. S. 24.

50 Vgl. RGBl. I 1920, 359, 360.

51 Vgl. RGBl. I 1920, 359, 363.

52 Vgl. RGBl. 1919, 1543, 1548, 1557.

53 Vgl. Begründung zu dem Entwurf eines Reichseinkommensteuergesetzes vom 29.11.1919, Verhandlungen der verfassungsgebenden Nationalversammlung, Band 340, Nr. 1624, S. 22.

54 Vgl. Finanz-Archiv, 13. Jahrgang (1896), 1. Band, S. 1, 73.

55 Vgl. RGBl. I 1925, 189.

56 Vgl. RGBl. I 1934, 1005.

57 Vgl. Begründung zu dem Entwurf eines Reichseinkommensteuergesetzes vom 23.4.1925, Verhandlungen des Reichstages, III. Wahlperiode 1924, Band 400, Nr. 795, S. 21 f.; Begründung zu dem Einkommensteuergesetz vom 16.10.1934, RStBl. I 1935, 33, 35.

schrift, sondern durch die Aufzählung bestimmter Einkunftsarten[58], die im wesentlichen mit der heutigen Fassung des § 2 Abs. 1 Nr. 1 bis 7 EStG übereinstimmten. Die Umschreibung der Einkunftsarten läßt eine Annäherung an die Quellentheorie erkennen, da hierdurch in erster Linie regelmäßige Vermögensanfälle aus bestimmten Einkunftsquellen erfaßt werden[59]. Dadurch werden einmalige Vermögenszuwächse, wie z. B. Erbschaften und Schenkungen grundsätzlich aus dem Einkünftekatalog ausgeklammert. Das EStG 1925 dokumentiert dies durch eine besondere Vorschrift. Nach § 6 Abs. 3 EStG 1925[60] unterlagen u. a. einmalige Vermögensanfälle, wie Schenkungen, Erbschaften, Aussteuern und Ausstattungen nicht der Besteuerung. Der Vorschrift kam im Hinblick auf den Einkünftekatalog nur klarstellende Bedeutung zu[61]. In das Einkommensteuergesetz vom 16.10.1934[62] wurde die Regelung nicht mehr übernommen, da man ihren klarstellenden Charakter für entbehrlich hielt[63]. Gesetzessyssystematisch hat der Gesetzgeber demnach die Anwendungsbereiche von Einkommen- und Erbschaft- / Schenkungsteuer durch eine Reduktion des einkommensteuerlichen Steuergegenstandes aufeinander abgestimmt. Diese Konzeption ist bis heute beibehalten worden. Daß dabei dennoch keine absolute Trennung der beiden Gesetze erfolgt ist, läßt sich den eingangs geschilderten Fällen der Doppelbelastung entnehmen.

3. Ergebnis

Auf den ersten Blick könnte man versucht sein, der „Zwei-Ebenen-These" uneingeschränkt zuzustimmen, wenn man die Entstehungsgeschichte der beiden Steuern berücksichtigt. Einkommensteuer und Erbschaftsteuer haben verschiedene Quellen und stammen auch aus unterschiedlichen Zeitepochen. Dennoch weist die Entstehungsgeschichte Gemeinsamkeiten auf. So war bei beiden Steuern die Finanznot des Staates bzw. der Einzelstaaten ursächlich für die Einführung der Gesetze. Gemeinsam ist beiden Steuern auch die innere Rechtfertigung für ihre Einführung. Denn die Steuern knüpfen an einen Erwerb des Steuerpflichtigen an, der eine Steigerung seiner Leistungsfähigkeit bedeutet.

Wenn der BFH die Verschiedenheit der beiden Steuern mit dem Hinweis auf das Einkommen einerseits und den Erwerb eines Nachlasses andererseits rechtfer-

---

58 Vgl. § 6 Abs. 1 Nr. 1 — 8 des Einkommensteuergesetzes vom 10.8.1925, RGBl. I 1925, 189, 190; § 2 Abs. 3 Nr. 1 — 7 des Einkommensteuergesetzes vom 16.10.1934, RGBl. I 1934, 1005, 1006.

59 Vgl. Begründung zu dem Entwurf eines Reichseinkommensteuergesetzes vom 23.4.1925, Verhandlungen des Reichstages, III. Wahlperiode 1924, Band 400, Nr. 795, S. 21.

60 Vgl. RGBl. I 1925, 189, 190.

61 Vgl. Begründung zu dem Entwurf eines Reichseinkommensteuergesetzes vom 23.4.1925, Verhandlungen des Reichstages, III. Wahlperiode 1924, Band 400, Nr. 795, S. 22 und 40.

62 Vgl. RGBl. I 1934, 1005.

63 Vgl. Begründung zu dem Einkommensteuergesetz vom 16.10.1934, RStBl. I 1935, 33, 35.

tigt, so läßt sich dies mit dem gesetzgeberischen Plan nicht vollständig in Einklang bringen. Zwar hat anfangs der Einfluß der Quellentheorie auf die Bestimmung des einkommensteuerlichen Besteuerungsgegenstandes für eine klare Trennung der Erwerbe von Todes wegen bzw. Schenkungen unter Lebenden und den Einkünften aus den regelmäßig fließenden Einkunftsquellen gesorgt, jedoch folgte hieraus nur eine Verschiedenheit im formal-juristischen Sinn. Bereits die Diskussion über die Besteuerung des sog. fundierten Einkommens hat gezeigt, daß der begrifflichen Verschiedenheit der Steuergegenstände ein gemeinsames Besteuerungsziel gegenübersteht, die Erfassung der steuerlichen Leistungsfähigkeit. Wenn hierbei die steuertechnische Erhebungsform — einmalige Erhebung anstelle jährlicher Veranlagung — den Ausschlag für die Erfassung der steuerlichen Leistungsfähigkeit durch die Erbschaftsteuer anstelle eines Zuschlages zur Einkommensteuer geben sollte, so läßt sich aus den unterschiedlichen Steuergegenständen gerade nichts in bezug auf die Verschiedenheit der Steuern herleiten. Noch eindrucksvoller wird die Nähe der Steuern durch das von der Reinvermögenszugangstheorie geprägte EStG 1920 verdeutlicht. Hier hat der Gesetzgeber die Steuergegenstandsüberschneidung durch eine besondere Steuerbefreiungsvorschrift[64] beseitigt. Diese Gesetzessystematik ist ein klassisches Mittel zur Vermeidung von Doppelbesteuerungen und zeigt, daß der Gesetzgeber die beiden Steuern offenbar nicht auf verschiedenen Ebenen gesehen hat. Auch mit der Aufstellung eines Einkünftekataloges seit dem EStG 1925 hat der Gesetzgeber eine Abstimmung der einkommensteuerlichen mit den erbschaftsteuerlichen Steuergegenständen versucht. Dies ergibt sich insbesondere aus § 6 Abs. 3 EStG 1925, der die Kontinuität in den getrennten Anwendungsbereichen beider Steuern klarstellen sollte. Dieser gesetzgeberischen Grundkonzeption lassen sich die eingangs geschilderten Doppelbelastungsfälle nicht ohne weiteres unterordnen, da ihre Rechtfertigung nach Auffassung des BFH gerade in der Verschiedenheit der Steuern bestehen soll. Die historische Entwicklung zeigt vielmehr entscheidende Berührungspunkte auf, die die „Zwei-Ebenen-These" aus diesem Blickwinkel als zweifelhaft erscheinen lassen.

III. Vergleich der geltenden Steuergegenstandsbegriffe

1. Bedeutung und Gang der Untersuchung

Der Begründungsschwerpunkt der Rechtsprechung liegt in der Verschiedenheit der Steuergegenstände von Einkommensteuer und Erbschaft- / Schenkungsteuer, so daß eine Verifizierung dieser These eine nähere Untersuchung der Steuergegenstandsbegriffe erforderlich macht. Am Anfang dieser Untersuchung steht die Bestimmung der Steuergegenstandsterminologie im Einkommensteuergesetz und im Erbschaft- / Schenkungsteuergesetz. Anschließend werden die Begriffsinhalte

---

[64] Vgl. § 12 Nr. 1 EStG 1920.

auf ihre Verschiedenheit bzw. Gleichheit hin analysiert. Die insofern gewonnenen Erkenntnisse werden dann in den Doppelbelastungsfällen daraufhin untersucht, ob sich hieraus Abweichungen hinsichtlich der Begriffsinhalte ergeben. Abgeschlossen wird die Untersuchung mit einem Vergleich der Saldogrößen „Einkommen" und „Bereicherung".

2. *Festlegung der Terminologie*

Am Anfang der Untersuchung soll eine Bestimmung der Steuergegenstandsterminologie stehen, die die für die weitere Untersuchung erforderliche Klarheit und Eindeutigkeit ermöglicht.

a) Begriff des Steuergegenstandes im Einkommensteuergesetz

Zentrale Vorschrift für die Bestimmung des Steuergegenstandes ist § 2 EStG, die mit „Umfang der Besteuerung, Begriffsbestimmungen", überschrieben ist. Nach § 2 Abs. 1 EStG unterliegen die dort genannten *sieben Einkunftsarten* der Einkommensteuer. Die *Summe der Einkünfte* bildet gem. § 2 Abs. 3 EStG, vermindert um bestimmte Abzugsbeträge, den *Gesamtbetrag der Einkünfte*. Das *Einkommen* in § 2 Abs. 4 EStG, definiert als Gesamtbetrag der Einkünfte, vermindert um die Sonderausgaben und die außergewöhnlichen Belastungen, bildet demgegenüber nach § 2 Abs. 5 EStG, vermindert um bestimmte Freibeträge, die *Bemessungsgrundlage* für die tarifliche Einkommensteuer. Gesetzessystematisch wird damit der Begriff der *Einkünfte* über mehrere Stufen auf den Begriff des (zu versteuernden) *Einkommens* reduziert.

Auf welcher Stufe das Gesetz den Steuergegenstand festlegt, wird hierdurch nicht unmittelbar deutlich. Lediglich für die Bemessungsgrundlage enthält § 2 Abs. 5 EStG eine ausdrückliche Begriffsbestimmung. Da der Steuergegenstand den Anwendungsbereich eines Steuergesetzes bestimmt, liegt es nahe, in der Formulierung des § 2 Abs. 1 Satz 1 EStG „Der Einkommensteuer unterliegen . . ." die Beschreibung des Steuergegenstandes zu erblicken. Zum Teil wird auch in der Literatur der Steuergegenstand in den von § 2 EStG umschriebenen Erwerbstätigkeiten gesehen[65]. Demgegenüber soll nach überwiegender Ansicht das Einkommen[66] oder der Bezug des Einkommens[67] als Steuergegenstand anzusehen

---

[65] Vgl. Bayer / Müller, BB 1978, S. 1, 4 ff.; Bayer, FR 1985, S. 337, 338 f.; ders. in: BB 1988, S. 1 ff., 141 ff.; 213 ff.; Biergans / Wasmer, FR 1985, S. 57; Biergans, Einkommensteuer, Einf. S. 6; Wasmer, Zurechnung, S. 4 ff.; Schulz, H., Grundlagen, Tz. 59; ders. in: BB 1978, S. 1259, 1261 f.; Wassermeyer, StuW 1982, S. 352, 356; ders. in: DStR 1986, S. 771; Birtel, Die Zeit, S. 35; Meyer, Nießbrauch, S. 322.

[66] Vgl. BFH-Urteil vom 29.3.1984, IV R 271/83, BStBl. II 1984, S. 602, 604; Blümich / Stuhrmann, Kommentar, § 2 EStG Rdn. 7; Klein in Klein / Flockermann / Kühr, Kommentar, § 2 Rz. 31; Hansmeyer in Schmölders / Hansmeyer, Steuerlehre, S. 79; Schmidt / Seeger, Kommentar, § 2 Anm. 16 a; John, Einkommensteuer, S. 11 f.; Steinberg, Steuergegenstand, S. 1292; Scholtz in Hartmann / Böttcher / Nissen / Bordewin, Kommentar, § 2 Rz. 5; Kirchhof in Kirchhof / Söhn, Kommentar, § 2 Rdn. A 70;

sein. Vereinzelt wird auch auf die Einkünfte[68] bzw. die Summe der Einkünfte i. S. d. § 2 Abs. 3 EStG[69] oder das zu versteuernde Einkommen gem. § 2 Abs. 5 EStG[70] abgestellt.

Die unterschiedlichen Auffassungen sind teilweise darauf zurückzuführen, daß nicht zwischen Begriff und Begriffsinhalt differenziert wird. Der Begriffsinhalt läßt sich jedoch nur bestimmen, wenn zuvor die Stufe ausfindig gemacht worden ist, auf der das Gesetz den Steuergegenstand festlegt. Bei der Auslegung des § 2 EStG ist zu berücksichtigen, daß der heutige Aufbau der Vorschrift hauptsächlich auf das Einkommensteuerreformgesetz vom 5.8.1974[71] zurückgeht. Danach ist § 2 EStG, in der bis dahin geltenden Fassung, die im wesentlichen mit § 2 EStG 1934[72] übereinstimmte, neu gestaltet worden. § 2 Abs. 1 EStG 1934[73] ging, ebenso wie § 6 Abs. 1 EStG 1925[74] und § 5 EStG 1920[75], von dem Begriff des Einkommens als zentralem Ansatzpunkt aus, der durch die einzelnen Einkunftsarten näher umschrieben wurde. Für den historischen Gesetzgeber war damit klargestellt, „... daß Einkommen der Oberbegriff und Einkünfte der Unterbegriff sind“[76]. Der durch das EStRG 1974 herbeigeführte konträre Aufbau sollte keine grundlegende sachliche Änderung bewirken[77]. Vielmehr ist „... der Aufbau der Vorschrift darauf gerichtet, auf der Grundlage der Einkünfte die jeweils folgende Stufe im Gang des Besteuerungsverfahrens festzulegen. Sie entspricht dem Erfordernis einer automationsgerechten Gestaltung des Einkommensteuerrechts“[78]. Der Gesetzgeber hat damit steuertechnischen Praktikabilitätserwägungen den Vorrang vor der Steuersystematik eingeräumt, jedoch ohne von dem Einkommen als zentralem Steuergegenstandsbegriff abzurücken. Dem entspricht es, wenn es in der Regierungsbegründung zu dem Entwurf eines Dritten Steuerreformgesetzes vom 9.1.1974 heißt[79]:

Kirchhof, StuW 1985, S. 319, 327; Andel, Einkommensteuer, S. 331, 332; siehe auch: Becker, Grundlagen, S. 10: Gegenstand der Besteuerung ist die von der steuerpflichtigen Person in einem bestimmten Zeitraum ausgewiesene wirtschaftliche Kraft.

[67] Vgl. BVerfG, Beschluß vom 6.12.1983, 2 BvR 1275/79, BVerfGE 65, 325, 351; Meincke in Littmann / Bitz / Meincke, Das Einkommensteuerrecht, § 2 Rdn. 3.

[68] Vgl. BFH-Urteil vom 7.12.1990, X R 72/89, BStBl. II 1991, 350, 352.

[69] Vgl. Tipke / Lang, Lehrbuch, S. 196; Lang, Bemessungsgrundlage, S. 34.

[70] Vgl. Zenthöfer in Zenthöfer / Schulze zur Wiesche, Einkommensteuer, S. 23.

[71] Vgl. BGBl. I 1974, S. 1769.

[72] Vgl. RGBl. I 1934, S. 1005, 1006.

[73] Vgl. RGBl. I 1934, S. 1005, 1006.

[74] Vgl. RGBl. I 1925, S. 189.

[75] Vgl. RGBl. I 1920, S. 359.

[76] Vgl. Begründung zu dem Einkommensteuergesetz vom 16.10.1934, RGBl. I 1935, S. 33, 34.

[77] Vgl. Kirchhof in Kirchhof / Söhn, Kommentar, § 2 Rdn. A 455.

[78] Vgl. Regierungsbegründung zu dem Entwurf eines Dritten Steuerreformgesetzes vom 9.1.1974, BT-Drucks. 7/1470, S. 238.

[79] Vgl. BT-Drucks. 7/1470, S. 211.

„Gegenstand der Einkommensteuer im engeren Sinn ist das Einkommen der natürlichen Personen ... Der vorliegende Entwurf macht sich — ebensowenig wie frühere Einkommensteuergesetze — keine der zahlreichen Lehrmeinungen zum Begriff des Einkommens zu eigen, sondern umgrenzt den Einkommensbegriff wie bisher pragmatisch allein für Zwecke der Besteuerung als Ergebnis ganz bestimmter, mit den gegenwärtigen Einkunftsarten übereinstimmender Einkünfte."

Dem Aufbau des § 2 EStG kommt damit keine entscheidende Bedeutung für die Bestimmung des Steuergegenstandes zu. Der Steuergegenstand sollte vielmehr in Anlehnung an die historische Entwicklung in dem Begriff des Einkommens gesehen werden, wie er in § 2 Abs. 4 EStG festgelegt ist[80].

b) Begriff des Steuergegenstandes im Erbschaft- / Schenkungsteuergesetz

Das ErbStG enthält keinen ausdrücklichen Hinweis auf den Steuergegenstand. Stattdessen werden in § 1 die zur Steuerpflicht führenden Erwerbe umschrieben. Dies sind der Erwerb von Todes wegen, die Schenkungen unter Lebenden, die Zweckzuwendungen und unter bestimmten weiteren Voraussetzungen das Vermögen einer Familienstiftung bzw. eines Familienvereines. Die Besteuerung des Vermögens einer Stiftung oder eines Vereins stellt insoweit einen Fremdkörper dar, da es sich hierbei nicht um einen Erwerb im Wortsinn handelt[81]. Gemeinsamer Oberbegriff der steuerpflichtigen Erwerbe und damit Steuergegenstand des ErbStG ist der Begriff des Vermögensanfalls[82], wie er auch in § 2 Abs. 1 Satz 1 und § 10 Abs. 1 Sätze 2, 3 und 5 ErbStG Verwendung findet[83]. Bei der sog. Erbersatzsteuer für Familienstiftungen bzw. Familienvereine nach § 1 Abs. 1 Nr. 4 ErbStG ist demgegenüber das Vermögen als Steuergegenstand anzusehen (vgl. § 10 Abs. 1 Satz 5 ErbStG)[84].

---

80 Im Ergebnis ebenso: Eisenmann, Grundbegriffe, S. 94; vgl. zu der Frage, inwieweit der Abzug von Sonderausgaben und außergewöhnlichen Belastungen auf der Steuergegenstandsebene sachgerecht ist: Meincke in Littmann / Bitz / Meincke, Das Einkommensteuerrecht, § 2 Rdn. 30; sowie Söhn in Kirchhof / Söhn, Kommentar, § 10 Rdn. A 17.

81 Vgl. Meincke in Meincke / Michel, Kommentar, § 1 Anm. 1.

82 Vgl. Meincke in Meincke / Michel, Kommentar, Einf. Anm. 1; ebenso: Oberhauser, Erbschaft- und Schenkungsteuern, S. 487, 488; Regierungsbegründung zu dem Entwurf eines Zweiten Steuerreformgesetzes vom 4.5.1972, BT-Drucks. VI/3418, S. 59; siehe auch: Kirchhof in Kirchhof / Söhn, Kommentar, § 2 Rdn. A 27.

83 Siehe auch: § 23 Abs. 1 Satz 1 ErbStG vom 22.8.1925, RGBl. I 1925, 320, 327: „Als Erwerb gilt, soweit nichts anderes vorgeschrieben ist, der gesamte Vermögensanfall an den Erwerber".

84 Vgl. Meincke in Meincke / Michel, Kommentar, Einf. Anm. 1; bei der Erbersatzsteuer wird der Erbfall in Zeitabständen von je 30 Jahren fingiert, wobei in typisierender Weise auf eine durchschnittliche Generationenfolge abgestellt wird, vgl. BVerfG, Beschluß vom 8.3.1983, 2 BvL 27/81, BStBl. II 1983, 779.

Abzulehnen ist demgegenüber der von weiten Teilen der Literatur[85] und der Rechtsprechung[86] verwendete Steuergegenstandsbegriff der Bereicherung, da er auf den Begriffsinhalt abzielt. Darüber hinaus dient der Begriff in der Gesetzesterminologie bereits als Bezeichnung der Steuerbemessungsgrundlage (vgl. § 10 i. V. m. § 19 Abs. 1 ErbStG), so daß die begriffsnotwendige Abgrenzung zwischen Steuergegenstand und Steuerbemessungsgrundlage unnötig erschwert wird. Zudem verdeutlicht der Begriff Vermögensanfall die heutige Ausgestaltung der Erbschaft- / Schenkungsteuer als Erbanfallsteuer im Gegensatz zur Nachlaßsteuer[87].

Der sogenannten Erwerbstheorie, nach der Steuergegenstand das unentgeltliche Erwerben der Wirtschaftsgüter sein soll[88], ist schließlich entgegenzuhalten, daß z. B. bei einem Erbfall nach § 1922 BGB nicht ersichtlich ist, worin die *Erwerbshandlung* bestehen soll; erfolgt doch der Erwerb kraft gesetzlich angeordneter Gesamtrechtsnachfolge auch ohne den Willen des Erben.

3. Begriffsinhalte von „Einkommen" und „Vermögensanfall" als Vergleichskriterien

a) Eingrenzung der Untersuchung

Die historische Entwicklung hat deutlich gemacht, daß der Gesetzgeber eine Abstimmung der Anwendungsbereiche von Einkommensteuer und Erbschaft- / Schenkungsteuer seit dem EStG 1925[89] durch die Umschreibung von Einkunftsarten versucht hat. Die diesen Tatbestandsumschreibungen innewohnenden Kriterien stellen daher einen wesentlichen Beurteilungsmaßstab für den Vergleich der

---

85 Vgl. Tipke / Lang, Lehrbuch, S. 477; Crezelius, BB 1979, S. 1342; Schulz, B., Erbschaftsteuer, S. 15; Troll, Kommentar, Einf. Anm. 1; Kapp, Kommentar, Einl. Rz. 4; John, Einkommensteuer, S. 120; Balke, Einheitswert, S. 109; Petzoldt, Kommentar, Einf. Rdn. 5; Kipp, Kommentar, Einl. Anm. VI 2.

86 Vgl. mit gewissen terminologischen Abweichungen: RFH-Urteil vom 25.6.1930, VI A 916/30, RStBl. 1930, 618; RFH-Urteil vom 8.11.1934, IIIe A 61/33, RStBl. 1935, 154, 155; RFH-Urteil vom 6.2.1941, IV 200/40, RStBl. 1941, 418, 420; RFH-Urteil vom 26.6.1941, IIIe 41/40, RStBl. 1941, 766; BFH-Beschluß vom 18.12.1972, II R 87-89/70, BStBl. II 1973, 329, 349; BFH-Urteil vom 13.7.1983, II R 105/82, BStBl. II 1984, 37, 38; BFH-Urteil vom 30.9.1987, II R 99/86, BStBl. II 1987, 867; vgl. auch FG Berlin, Urteil vom 24.1.1984, V 168/83, EFG 1984, 406, rkr.; BFH-Urteil vom 9.8.1983, VIII R 35/80, BStBl. II 1984, 27, 28; BFH-Urteil vom 7.12.1990, X R 72/89, BStBl. II 1991, 350, 352.

87 Die Erbanfallsteuer erfaßt den Vermögenszuwachs, der dem einzelnen Erwerber aufgrund eines Erbfalls zufällt. Die Nachlaßsteuer hingegen erfaßt die wirtschaftliche Leistungsfähigkeit eines Verstorbenen nach dem Wert seines Nachlasses, vgl. hierzu: Kapp, Kommentar, Einl. Rz. 4; Meincke in Meincke / Michel, Kommentar, § 1 Anm. 4; Troll, Kommentar, Einf. Anm. 1; Moench, Kommentar, Einf. Rz. 9; Petzoldt, Kommentar, Einf. Rdn. 5

88 Vgl. Biergans / Wasmer, FR 1985, S. 57; siehe auch Biergans, Einkommensteuer, Einf. S. 7, Fn. 25; Bayer, FR 1985, S. 337, 340 ff.

89 Vgl. RGBl. I 1925, S. 189.

beiden Steuergegenstände dar. Nach dem Wortlaut des § 2 Abs. 1 Satz 1 EStG unterliegen der Einkommensteuer *Einkünfte* aus *Einkunftsarten*, die *erzielt* werden. Danach lassen sich die drei Begriffe *Einkünfte*, *Einkünfteerzielung* und *Einkunftsarten* unterscheiden. In logischer Hinsicht sind die „Einkünfte" das Endprodukt der „Einkünfteerzielung" aus bestimmten „Einkunftsarten". Es handelt sich hierbei um Nettovermögenszuflüsse, die den Saldo in Form des Gewinnes bzw. Überschusses der Einnahmen über die Werbungskosten (vgl. § 2 Abs. 2 EStG) aus bestimmten Vermögensmehrungen und -minderungen repräsentieren[90].

Eine vergleichbare Größe enthält auch das Erbschaft- / Schenkungsteuergesetz. Der Vermögensanfall gem. § 1 Abs. 1 Nr. 1 bis 3 ErbStG unterliegt nur dann der Erbschaft- / Schenkungsteuer, wenn es sich hierbei um einen Vermögenszuwachs handelt, der Begünstigte also durch den Erwerb bereichert ist (vgl. z. B. §§ 10 Abs. 1 Satz 1 und 14 Abs. 1 Satz 1 ErbStG, der von Vermögensvorteilen spricht)[91]. Bei der *Bereicherung* handelt es sich, ebenso wie bei den *Einkünften*, um ein am Nettoprinzip[92] orientiertes Endprodukt. Sie ist der Saldo aus positiven und negativen Faktoren im Rahmen des Vermögensanfalls (vgl. § 10 Abs. 1 Sätze 2 ff. ErbStG). Die Prüfungssequenz orientiert sich daher an der gesetzmäßigen Verknüpfung der einzelnen Elemente. Zuerst sollen deshalb die *Einkünfteerzielung* aus bestimmten *Einkunftsarten* mit den *Vermögensanfällen* verglichen werden. Dabei ist insbesondere zu prüfen, ob die sich ergebenden Merkmale geeignet sind, die Rechfertigungsthesen der Rechtsprechung in den Doppelbelastungsfällen zu stützen. In einem zweiten Schritt sind dann die beiden „Salden" *Einkünfte* und *Bereicherung* sowie weitere Einflußgrößen in den Vergleich einzubeziehen.

b) „Einkünfteerzielung" aus bestimmten Einkunftsarten als Abgrenzung gegenüber den Vermögensanfällen

aa) Begriff der „Einkünfteerzielung"

Während die finanzwissenschaftlichen Theorien versuchten, einen Einkommensbegriff zu umschreiben, der zum Teil als Grundlage für die Steuergesetzgebung diente, weicht § 2 EStG in der heutigen Fassung davon erheblich ab. Der Gesetzgeber hat vielmehr einen pragmatischen Weg gewählt, der darin besteht,

---

90 Vgl. Meincke in Littmann / Bitz / Meincke, Das Einkommensteuerrecht, § 2 Rdn. 35; siehe auch: Tipke / Lang, Lehrbuch, S. 203, Tipke, StuW 1980, S. 1, 2; Eisenmann, Grundbegriffe, S. 43 ff.

91 Vgl. Meincke in Meincke / Michel, Kommentar, § 1 Anm. 2; Kapp, Kommentar, Einl. Rz. 7; siehe auch: Petzoldt, Kommentar, § 3 Rdn. 4 mit Hinweis auf RFH-Gutachten vom 21.5. 1931, I D I/30, RStBl. 1931, 559, 560; kritisch hierzu: Crezelius, Erbschaft- und Schenkungsteuer, S. 27.

92 Vgl. Kapp, Kommentar, § 10 Rz. 6; Moench, Kommentar, § 10 Rz. 3.

daß das Gesetz eine Aufzählung der steuerlich relevanten Tatbestände enthält[93], die in ihrer Gesamtheit eine Umschreibung des Einkommensbegriffes bilden. Das Gesetz nennt in § 2 Abs. 1 Satz 1 EStG im einzelnen die folgenden Einkunftsarten:

1. Land- und Forstwirtschaft (§§ 13 bis 14a EStG),
2. Gewerbebetrieb (§§ 15 bis 17 EStG),
3. Selbständige Arbeit (§ 18 EStG),
4. Nichtselbständige Arbeit (§§ 19, 19a EStG),
5. Kapitalvermögen (§ 20 EStG),
6. Vermietung und Verpachtung (§§ 21, 21a EStG),
7. Sonstige Einkünfte (§§ 22, 23 EStG).

Die Einkunftsarten sind so gestaltet, daß Überschneidungen ausgeschlossen sind. Soweit eine Vermögensmehrung die Merkmale verschiedener Einkunftsarten erfüllt, weist das Gesetz durch bestimmte Zuordnungsregelungen (§§ 20 Abs. 3, 21 Abs. 3, 22 Nr. 1 und 3, 23 Abs. 3 EStG) den Vermögenszuwachs einer bestimmten Einkunftsart zu[94]. Nur die Einkünfte, die im Rahmen der sieben Einkunftsarten gem. § 2 Abs. 1 EStG anfallen, gehören zum Einkommen. Alle anderen Vermögensmehrungen fallen in den aus einkommensteuerlicher Sicht rechtsfreien Raum[95] und sind daher nicht steuerbar[96]. Zu den nichtsteuerbaren Vermögensmehrungen werden im Regelfall Erbschaften und Schenkungen gezählt[97]. In der einkommenstheoretischen Diskussion ist immer wieder versucht worden, die dem Einkommensbegriff innewohnenden Merkmale grundlegend aufzuarbeiten und anhand dieser Kriterien ein geschlossenes Konzept für die Abgrenzung der steuerbaren von den nichtsteuerbaren Vermögensmehrungen aufzuzeigen[98]. Das Problem des Auffindens allgemeingültiger Abgrenzungskriterien besteht darin, daß sich der Gesetzgeber für einen Pragmatismus entschieden hat[99], der ein offensichtliches theoretisches Grundkonzept vermissen läßt. Gleichwohl lassen sich gewisse systematische Grundzüge feststellen. Der Begriff der „Einkünfteerzielung" im Rahmen der sieben Einkunftsarten läßt sich als eine auf Vermögensmehrung gerichtete Tätigkeit kennzeichnen, die sich als Beteiligung am allgemeinen wirtschaftlichen Verkehr i. S. von § 15 Abs. 2 Satz 1 EStG darstellt

---

[93] Vgl. Meincke in Littmann / Bitz / Meincke, Das Einkommensteuerrecht, § 2 Rdn. 12.

[94] Vgl. Meincke in Littmann / Bitz / Meincke, Das Einkommensteuerrecht, § 2 Rdn. 41.

[95] Vgl. Tipke / Lang, Lehrbuch, S. 202.

[96] Vgl. Meincke in Littmann / Bitz / Meincke, Das Einkommensteuerrecht, § 2 Rdn. 45; Schmidt / Glanegger, Kommentar, § 2 Anm. 6.

[97] Vgl. Meincke in Littmann / Bitz / Meincke, Das Einkommensteuerrecht, § 2 Rdn. 49; Tipke / Lang, Lehrbuch, S. 218; Kirchhof, Ungleichbehandlungen, F 24.

[98] Vgl. zu der Entwicklung: Kirchhof in Kirchhof / Söhn, Kommentar, § 2 Rdn. A 285 ff.

[99] Vgl. Regierungsbegründung zu dem Entwurf eines Dritten Steuerreformgesetzes vom 9.1.1974, BT-Drucks. 7/1470, S. 211.

[100]. Es muß sich somit um „erwirtschaftete Einkünfte“ [101] handeln. Charakteristikum der „erwirtschafteten Einkünfte“ ist der Vermögens- oder Arbeitseinsatz des Einkünftebeziehers, durch den eine vermögenswerte Gegenleistung ausgelöst wird. Die Vermarktung der Leistung des Einkünftebeziehers erfolgt um der Gegenleistung willen und zwar mit der Zielsetzung, daß der Leistungsaustausch zu einer Vermögensmehrung bei dem Einkünftebezieher führt. Dabei kommt es nicht darauf an, ob es sich um ein einmaliges oder wiederholtes „Erwirtschaften“ handelt. Dies verdeutlicht z. B. die Vorschrift des § 22 Nr. 3 Satz 1 EStG [102]. Hiernach werden Einkünfte aus Leistungen erfaßt, soweit sie weder zu den anderen Einkunftsarten (§ 2 Abs. 1 Nr. 1 bis 6) noch zu den Einkünften i. S. d. Nummern 1, 1 a, 2 oder 4 gehören, z. B. Einkünfte aus gelegentlichen Vermittlungen und aus der Vermietung beweglicher Gegenstände. Der Begriff Leistung umfaßt jedes Tun, Unterlassen und Dulden, das Gegenstand eines entgeltlichen Vertrages sein kann und um des Entgelts willen erbracht wird [103], sofern es sich nicht um Veräußerungsvorgänge und veräußerungsähnliche Vorgänge im privaten Bereich handelt, bei denen ein Entgelt dafür erbracht wird, daß ein Vermögenswert in seiner Substanz endgültig aufgegeben wird [104]. Im Grundsatz entspricht die Vorschrift damit dem allgemeinen Einkommensbegriff [105], denn es handelt sich um „erwirtschaftete Einkünfte“ [106]. Die Besonderheit besteht jedoch darin, daß auch einmalige Leistungen hierunter fallen [107].

Mit der sog. Markteinkommenstheorie läßt sich somit die „Einkünfteerzielung“ als *„entgeltliche Verwertung von Leistungen (Wirtschaftsgütern oder Dienstlei-*

---

100 Vgl. Meincke in Littmann / Bitz / Meincke, Das Einkommensteuerrecht, § 2 Rdn. 58; Tipke / Lang, Lehrbuch, S. 218; Biergans, Einkommensteuer, S. 905; Schmidt / Seeger, Kommentar, § 2 Anm. 9 a; siehe auch: Biergans / Wasmer, FR 1985, S. 57; Biergans, Einkommensteuer, S. 6; Bayer, FR 1985, S. 337, 340 sowie ders. in BB 1988, S. 1 ff., 141 ff., 213 ff. wonach die „Erwerbstätigkeiten“ das Steuerobjekt bilden, vgl. hierzu: Tipke / Lang, Lehrbuch, S. 217, Fn. 1.

101 Vgl. Meincke in Littmann / Bitz / Meincke, Das Einkommensteuerrecht, § 2 Rdn. 58.

102 Ebenfalls zu nennen ist die Vorschrift des § 22 Nr. 2 i. V. m. § 23 EStG, auf die weiter unten gesondert eingegangen wird.

103 Vgl. Schmidt / Heinicke, Kommentar, § 22 Anm. 31 a m. w. N.

104 Vgl. BFH-Urteil vom 21.9.1982, VIII R 73/79, BStBl. II 1983, 201, 203; BFH-Urteil vom 28.11.1984, I R 290/81, BStBl. II 1985, 264; BFH-Urteil vom 10.12.1985, IX R 67/81, BStBl. II 1986, 340, 341; Stephan in Littmann / Bitz / Meincke, Das Einkommensteuerrecht, § 22 Rdn. 100.

105 Vgl. Schmidt / Heinicke, Kommentar, § 22 Anm. 31 b; Keuk, DB 1972, S. 1130, 1131: Ähnlichkeit zu den durch die anderen Einkunftsarten erfaßten Betätigungen.

106 Vgl. FG Berlin, Urteil vom 6.12.1979, IV 460/78, EFG 1980, 280, 281, rkr.; a. A.: Stephan in Littmann / Bitz / Meincke, Das Einkommensteuerrecht, § 22 Rdn. 100: hiernach ist eine Gewinnerzielungsabsicht nicht erforderlich.

107 Vgl. BFH-Urteil vom 21.9.1982, VIII R 73/79, BStBl. II 1983, 201, 203 m. w. N.; Stephan in Littmann / Bitz / Meincke, Das Einkommensteuerrecht, § 22 Rdn. 100 a; FG Berlin, Urteil vom 15.7.1985, VIII 21/84, EFG 1986, 298 (bestätigt durch BFH-Beschluß vom 29.4.1987, IX B 80/85, n. v.).

stungen) am Markt“ definieren[108]. Allerdings gelingt es mit dieser Umschreibung nicht lückenlos, die „Einkünfteerzielung“ im Rahmen der sieben Einkunftsarten zu erfassen. Denn z. B. auch nichterwirtschaftete Erträge aus gesetzlichen Schuldverhältnissen, wie Prozeß- oder Verzugszinsen, werden ebenfalls wie erwirtschaftete Erträge besteuert[109]. Gleichwohl werden hierdurch wesentliche Grundzüge des Einkommensbegriffes bestimmt[110].

Für den BFH ist eine „Einkünfteerzielung“ aber nur dann gegeben, wenn die wirtschaftlichen Betätigungen von einer Einkünfteerzielungsabsicht (Gewinnerzielungsabsicht) getragen werden[111]. Dieses Erfordernis läßt sich, wie § 15 Abs. 2 Sätze 1, 3 und § 15 Abs. 3 Satz 1 EStG zeigen (hierin sind die Begriffe Gewinn- bzw. Einkünfteerzielungsabsicht enthalten), aus dem Gesetz ableiten[112]. Einkünfteerzielungsabsicht beinhaltet die Absicht zur Reinvermögensmehrung[113] oder anders ausgedrückt, die Absicht, Vorteile in Gestalt von positiven Einkünften zu erwirtschaften[114]. Soweit eine Einkünfteerzielungsabsicht nicht feststellbar ist, gehören die Tätigkeiten zur nichtsteuerbaren Ebene[115].

Die subjektive Komponente spielt unter Umständen auch auf seiten des Einkünftegebers eine Rolle. Diese „Einkünftezuwendungsabsicht“ (= die Absicht, von der die Ausgaben getragen sind, die beim Empfänger zu Einnahmen werden) ist z. B. bei der steuerrechtlichen Beurteilung von Sonderzuwendungen des Ar-

[108] Vgl. Ruppe, DStJG 1(1978), S. 7, 16; siehe auch: Biergans, Einkommenteuer, S. 953; Kirchhof in Kirchhof / Söhn, Kommentar, § 2 Rdn. A 110; ders. in Ungleichbehandlungen, F 23, F 24; Crezelius, BB 1979, S. 1342, 1345; Tipke / Lang, Lehrbuch, S. 158 ff., S. 201 f.

[109] Vgl. BFH-Urteil vom 8.4.1986, VIII R 260/82, BStBl. II 1986, 557, 558; vgl. auch den Sonderfall der mittlerweile aufgehobenen Vorschrift des § 21 Abs. 2 EStG (Nutzungswertbesteuerung); siehe auch: Lang, Bemessungsgrundlage, S. 52 ff.

[110] Vgl. Meincke in Littmann / Bitz / Meincke, Das Einkommensteuerrecht, § 2 Rdn. 27.

[111] Vgl. BFH-Beschluß vom 25.6.1984, GrS 4/82, BStBl. II 1984, 751, 765 f.; BFH-Urteil vom 31.3.1987, IX R 111/86, BStBl. II 1987, 668, 669; BFH-Urteil vom 29.6.1987, X R 23/82, BStBl. II 1987, 744, 745; BFH-Urteil vom 5.5.1988, III R 41/85, BStBl. II 1988, 778, 779; ebenso: Tipke / Lang, Lehrbuch, S. 218; nach Kirchhof in Kirchhof / Söhn, Kommentar, § 2 Rdn. A 661 ist die Einkünfteerzielung auf einen bestimmten Einkommenserfolg ausgerichtet; subjektive Vorstellungen und Absichten spielen hierbei keine Rolle.

[112] Vgl. Meincke in Littmann / Bitz / Meincke, Das Einkommensteuerrecht, § 2 Rdn. 61.

[113] Vgl. Biergans, Einkommensteuer, S. 906.

[114] Vgl. Meincke in Littmann / Bitz / Meincke, Das Einkommensteuerrecht, § 2 Rdn. 60; abzustellen ist dabei nicht auf eine einzelne Periode, sondern auf den Totalgewinn. D. h. entscheidend ist, ob während der voraussichtlichen Gesamtdauer der wirtschaftlichen Tätigkeit insgesamt positive Reineinkünfte zu erwarten sind, vgl. BFH-Beschluß vom 25.6.1984, GrS 4/82, BStBl. II 1984, 751, 766 f.; BFH-Urteil vom 21.3.1985, IV R 25/82, BStBl. II 1985, 399, 401; BFH-Urteil vom 31.3.1987, IX R 112/83, BStBl. II 1987, 774, 776; Biergans, Einkommensteuer, S. 907.

[115] Vgl. BFH-Beschluß vom 25.6.1984, GrS 4/82, BStBl. II 1984, 751, 766; Meincke in Littmann / Bitz / Meincke, Das Einkommensteuerrecht, § 2 Rdn. 62; Ausnahme: z. B. die vorgenannten Zinsen aus gesetzlichen Schuldverhältnissen.

beitgebers an den Arbeitnehmer bedeutsam und entscheidet hierbei über das Vorliegen von steuerpflichtigem Arbeitslohn bzw. einer unter das ErbStG fallenden Schenkung[116]. Festzuhalten bleibt an dieser Stelle also, daß die „Einkünfteerzielung" im wesentlichen durch zwei Elemente geprägt wird. Dies sind einmal die *entgeltliche Verwertung von Leistungen am Markt* und zum anderen die *Absicht der Reinvermögensmehrung*. Das entscheidende Kriterium im Verhältnis zu den Vermögensanfällen stellt die Marktteilnahme dar. Denn hierdurch werden die nicht am Markt erwirtschafteten Vermögensmehrungen, wie Erbschaften und Schenkungen, im Regelfall ausgegrenzt[117].

Für die Beantwortung der Frage nach der Verschiedenheit der Steuergegenstände bleibt die Frage zu klären, ob die einzelnen Erwerbsvorgänge des ErbStG im Verhältnis zur „Einkünfteerzielung" nicht erwirtschaftet sind. Abgrenzungskriterium wäre hiernach das Begriffspaar entgeltlich / unentgeltlich. Dieser Frage wird nachfolgend zuerst im Hinblick auf die Schenkungen unter Lebenden gem. § 1 Abs. 1 Nr. 2 ErbStG nachgegangen, da diese den Grundtypus der „unentgeltlichen" Zuwendung darstellen (vgl. § 516 Abs. 1 BGB). Anschließend werden die Erwerbe von Todes wegen gem. § 1 Abs. 1 Nr. 1 ErbStG in den Vergleich einbezogen. Die Zweckzuwendung gem. § 1 Abs. 1 Nr. 3 ErbStG sowie die Besteuerung der Familienstiftungen bzw. der Familienvereine nach § 1 Abs. 1 Nr. 4 ErbStG sind nicht Gegenstand der nachfolgenden Analyse, da es sich hierbei um Spezialfälle handelt, die für die Ausgangsfrage nicht entscheidend sind.

bb) Entgeltliche Marktteilnahme als Abgrenzung gegenüber Schenkungen unter Lebenden

Als Grundform der Schenkung unter Lebenden gilt nach § 7 Abs. 1 Nr. 1 ErbStG jede freigebige Zuwendung unter Lebenden, soweit der Bedachte durch sie auf Kosten des Zuwendenden bereichert wird[118]. Charakteristikum der freigebigen Zuwendung ist in objektiver Hinsicht eine Zuwendung unter Lebenden, durch die der Geber auf Kosten seines Vermögens den Empfänger bereichert (= bereichernde Zuwendung)[119]. Die bereichernde Zuwendung besteht also aus der Übertragung eines Vermögensbestandteils von einer Person auf eine andere, deren Folge die Bereicherung des Empfängers ist[120]. Die Bereicherung ist objektiv

116 Vgl. hierzu: Meincke in Littmann / Bitz / Meincke, Das Einkommensteuerrecht, § 2 Rdn. 62 a; FG des Saarlandes, Beschluß vom 22.2.1974, 263/73, EFG 1974, 207, rkr.

117 Vgl. Ruppe, DStJG 1(1978), S. 7, 16; Tipke / Lang, Lehrbuch, S. 218; Lang, Bemessungsgrundlage, S. 50 f.; Kirchhof, Ungleichbehandlungen, F 24; Meincke in Littmann / Bitz / Meincke, Das Einkommensteuerrecht, § 2 Rdn. 27.

118 Vgl. hierzu: Meincke in Meincke / Michel, Kommentar, § 7 Anm. 8; Moench, Kommentar, § 7 Rz. 2.

119 Vgl. Meincke in Meincke / Michel, Kommentar, § 7 Anm. 11; Moench, Kommentar, § 7 Rz. 2; siehe auch: Troll, Kommentar, § 7 Rdn. 4.

120 Vgl. Palandt / Putzo, Kommentar, § 516 Rdn. 5, 6.

nach bürgerlich-rechtlichen Bewertungsregeln zu ermitteln[121]. Dabei ergibt sich die Bereicherung als ein Saldo aus positiven und negativen Posten[122]. Abzuziehen sind Rechte, die den Zuwendungsgegenstand als solchen belasten und Verbindlichkeiten, die den Empfänger in Zusammenhang mit der Zuwendung treffen sowie in Geld veranschlagbare Gegenleistungen des Empfängers[123]. Einen Sonderfall stellen die sog. gemischten Schenkungen dar, bei denen nach Auffassung des BFH[124], nur der die Gegenleistung übersteigende Wert der Zuwendung das Zuwendungsobjekt darstellt[125].

Im Vergleich zur entgeltlichen Marktteilnahme läßt sich somit die Abgrenzung nicht immer auf das Fehlen einer Gegenleistung stützen. Auch die Feststellung eines positiven Saldos für sich reicht nicht aus, da die entgeltliche Marktteilnahme in gleicher Weise auf die Erzielung von Vermögensvorteilen gerichtet ist. Ebenfalls kein geeignetes Abgrenzungskriterium ergibt sich aus der Regelmäßigkeit oder Einmaligkeit der Erwerbe. Zwar betreffen erbschaft- und schenkungsteuerliche Vorgänge im Regelfall einmalige Vermögensanfälle[126], jedoch gilt dies im Einzelfall umgekehrt auch für die Einkommensteuer[127]. Daneben erfaßt das ErbStG auch wiederkehrende Bezüge[128]. Entscheidend ist vielmehr, auf welche Art und Weise die Bereicherung in Form des saldierten Vermögensvorteils herbeigeführt wird. Abzustellen ist auf die Freigebigkeit. Diese setzt einerseits in objektiver Hinsicht eine zur Bereicherung führende Zuwendung voraus. Das wesentliche Element ist andererseits subjektiv geprägt. Bezogen auf die Bereicherung bedeutet Freigebigkeit, die vom Willen des Gebers getragene Verschaffung des Vermögensvorteils frei von Gegenleistungen (unentgeltlich)[129]. Damit umfaßt

---

121 Vgl. Meincke in Meincke / Michel, Kommentar, § 7 Anm. 5; Kapp, Kommentar, § 7 Rz. 7; Troll, Kommentar, § 7 Rdn. 37; Moench, Kommentar, § 7 Rz. 18.

122 Vgl. Naarmann, Das Verhältnis, S. 34; Meincke in Meincke / Michel, Kommentar, § 7 Anm. 30.

123 Vgl. Meincke in Meincke / Michel, Kommentar, § 7 Anm. 30.

124 Vgl. BFH-Urteil vom 21.10.1981, II R 176/78, BStBl. II 1982, 83, 85; vgl. hierzu auch: Meincke in Meincke / Michel, Kommentar, § 7 Anm. 18 ff.; ders. in Probleme des Erbschaftsteuerrechts, S. 20 ff.; Moench, Kommentar, § 7 Rz. 108 ff.

125 Nach BFH-Urteil vom 12.4.1989, II R 37/87, BStBl. II 1989, 524, 526, gilt dies nunmehr auch für solche Auflagenschenkungen, bei denen die Auflagen zu Aufwendungen im Sinne von Geld- oder Sachleistungen führen.

126 Vgl. Meincke in Meincke / Michel, Kommentar, Einf. Anm. 2; FG Berlin, Urteil vom 24.1.1984, V 168/83, EFG 1984, 406, 407, rkr.; BFH-Urteil vom 20.7.1971, VIII 24/65, BStBl. II 1972, 170, 171.

127 Vgl. aa).

128 Vgl. BFH-Urteil vom 17.4.1985, II R 147/82, BFH NV 1986, 96, 97; BFH-Urteil vom 22.12.1976, II R 58/67, BStBl. II 1977, 420, 421; RFH-Urteil vom 26.6.1941, IIIe 43/40, RStBl. 1941, 766; BFH-Urteil vom 20.7.1971, VIII 24/65, BStBl. II 1972, 170, 171.

129 Vgl. Meincke in Meincke / Michel, Kommentar, § 7 Anm. 11 und Anm. 37 ff.; a. A.: Troll, Kommentar, § 7 Rdn. 4, der das Bewußtsein der Beteiligten verlangt, daß die Zuwendung unentgeltlich ist, ohne Verpflichtung und auf Kosten des Gebers erfolgt sowie zu einer Bereicherung des Bedachten führt; vgl. im übrigen zu der verwirrenden

der Wille zur Freigebigkeit den Willen des Zuwendenden, den Empfänger zu bereichern[130], die Bereicherung unentgeltlich zu vermitteln[131] sowie die Bereicherung um der Bereicherung willen und nicht zur Regelung arbeitsrechtlicher, familienrechtlicher oder gesellschaftsrechtlicher Beziehungen zu verschaffen[132]. Anders als im Zivilrecht (vgl. § 516 Abs. 1 BGB) bedarf es somit nicht der Einigung der Parteien über die Unentgeltlichkeit[133].

In jüngerer Zeit hat der BFH allerdings entschieden, daß ein auf die Bereicherung gerichteter Wille des Zuwendenden nicht erforderlich sei[134]. Dem kann in dieser Allgemeinheit jedoch nicht gefolgt werden, da z. B. erst der auf die Bereicherung des Empfängers gerichtete Wille des Zuwendenden das Vorliegen einer gemischten Schenkung zu belegen vermag[135]. Zu nennen ist z. B. der Fall, daß der Steuerpflichtige ein erst kürzlich erworbenes Grundstück noch innerhalb der Spekulationsfrist des § 23 Abs. 1 Nr. 1 a EStG zu einem weit unter dem Verkehrswert liegenden Preis an einen Dritten veräußert. Es kann sich hierbei um einen Notverkauf handeln, der ggf. zur Versteuerung eines Spekulationsgewinnes führt. Andererseits kann es sich aber auch um eine gewollte Vorteilszuwendung handeln, die eine freigebige Zuwendung darstellt. Die Entscheidung erfolgt anhand des Vorliegens oder Nichtvorliegens eines Willens zur Bereicherung. Der Wille zur Freigebigkeit stellt damit das Gegenstück zur Einkünftezuwendungsabsicht[136] dar. Die Zuordnung eines bestimmten Sachverhaltes unter eine der beiden Steuern wird aufgrund dieser subjektiven Komponente vorgenommen. Dies gilt z. B. in den Fällen der Sonderzuwendung des Arbeitgebers an den Arbeitnehmer[137] oder auch in den Fällen der Belohnung[138].

Terminologie in Literatur und Rechtsprechung: Petzoldt, Freigebige Zuwendungen, S. 331, 334 ff.

130 Vgl. Meincke in Meincke / Michel, Kommentar, § 7 Anm. 38; Kapp, Kommentar, § 7 Rz. 16; Moench, Kommentar, § 7 Rz. 58.

131 Vgl. Meincke in Meincke / Michel, Kommentar, § 7 Anm. 39; Moench, Kommentar, § 7 Rz. 58; vgl. auch: Petzoldt, Freigebige Zuwendungen, S. 331, 342, der hierin das wesentliche Element sieht.

132 Vgl. Meincke in Meincke / Michel, Kommentar, § 7 Anm. 40; Moench, Kommentar, § 7 Rz. 58.

133 Vgl. Meincke in Meincke / Michel, Kommentar, § 7 Anm. 10; RFH-Gutachten, vom 21.5.1931, I D 1/30, RFHE 29, 137, 148; Crezelius, Erbschaft- und Schenkungsteuer, S. 126 m. w. N.; a. A.: Troll, Kommentar, § 7 Rdn. 2.

134 Vgl. BFH-Urteil vom 10.9.1986, II R 81/84, BStBl. II 1987, 80, 81; vgl. auch: Schulze-Osterloh, StuW 1977, S. 122, 125.

135 Vgl. Meincke in Meincke / Michel, Kommentar, § 7 Anm. 38; Moench, Kommentar, § 7 Rz. 56.

136 Vgl. zuvor aa).

137 Vgl. FG des Saarlandes, Beschluß vom 22.2.1974, 263/73, EFG 1974, 207, rkr.; allerdings soll in den Fällen, in denen der Arbeitgeber zwar den Willen zur Freigebigkeit hat, der Arbeitnehmer hingegen die Zuwendung als Arbeitsentgelt betrachet, die Sicht des Arbeitnehmers den Ausschlag geben, vgl. FG Berlin, Urteil vom 24.1.1984, V 168/83, EFG 1984, 406, 408, rkr.

138 Vgl. BFH-Urteil vom 21.9.1983, VIII R 73/79, BStBl. II 1983, 201, 203.

Zusammenfassend ist daher festzustellen, daß sich die entgeltliche Marktteilnahme und die freigebige Zuwendung durch das Merkmal der Freigebigkeit voneinander abgrenzen lassen und hierdurch die Verschiedenheit der Steuergegenstände deutlich wird. Für die übrigen Erwerbe des § 7 ErbStG ist ebenfalls zu konstatieren, daß die Bereicherung objektives Tatbestandsmerkmal ist[139]. Denn bei den Erwerben gem. § 7 Abs. 1 Nr. 2 bis 4 und Nr. 7 bis 9 ErbStG sowie § 7 Abs. 6 und 7 ErbStG handelt es sich um bloße Unterfälle der freigebigen Zuwendung nach § 7 Abs. 1 Nr. 1 ErbStG[140]. Soweit vereinzelt in der Literatur für die Erwerbe der §§ 7 Abs. 1 Nr. 5 und 6 ErbStG die Bereicherung nicht zum Tatbestand gezählt wird[141], kann dem nicht gefolgt werden. Die Bereicherung ist vielmehr als objektives Kriterium infolge einer Saldierung festzustellen. Da die in § 7 Abs. 1 Nr. 5 und 6 ErbStG genannten „Gegenleistungen" (Erbverzicht und Anspruch auf vorzeitigen Erbausgleich) nicht als Negativ-Posten bei der Saldierung berücksichtigt werden dürfen[142], führt die Abfindung bzw. Ausgleichszahlung nur zur Steuerpflicht, wenn sich hieraus eine objektive Bereicherung ergibt. Dies gilt auch für den Fall des § 7 Abs. 1 Nr. 10 ErbStG, da hier eine Saldierung von Anspruch und Erfüllung ausscheidet. Gegenüber der freigebigen Zuwendung sind die drei vorgenannten Fälle durch eine Besonderheit gekennzeichnet. Besteuert werden entgeltliche Erwerbe[143], so daß es in subjektiver Hinsicht nicht auf das Bewußtsein der Unentgeltlichkeit ankommen kann[144]. Der Unterschied zu der entgeltlichen Marktteilnahme besteht daher darin, daß spezielle „Surrogaterwerbe"[145] besteuert werden, die zwar entgeltlich erworben wurden, aber nur stellvertretend für ansonsten steuerpflichtige freigebige Zuwendungen stehen. Im übrigen muß grundsätzlich bei den sonstigen Erwerben des § 7 ErbStG der Wille zur Freigebigkeit gegeben sein[146].

cc) Entgeltliche Marktteilnahme als Abgrenzung gegenüber Erwerben von Todes wegen

In der Rechtsprechung ist nicht eindeutig geklärt, ob bei den Erwerben von Todes wegen nach § 3 ErbStG die Bereicherung wie bei den freigebigen Zuwen-

---

139 Vgl. Michel in Meincke / Michel, Kommentar, § 10 Anm. 6; Naarmann, Das Verhältnis, S. 36; a. A.: Troll, Kommentar, § 7 Rdn. 52, 53 für die Fälle des § 7 Abs. 1 Nr. 5 und Nr. 6 ErbStG.

140 Vgl. Naarmann, Das Verhältnis, S. 33; weitergehend Moench, Kommentar, § 7 Rz. 1; Troll, Kommentar, § 7 Rdn. 3, mit Ausnahme von § 7 Abs. 1 Nr. 7 ErbStG; vgl. auch: Meincke in Meincke / Michel, Kommentar, § 7 Anm. 54, der in § 7 Abs. 1 Nr. 7 einen Unterfall des § 7 Abs. 1 Nr. 1 ErbStG sieht.

141 Vgl. Troll, Kommentar, § 7 Rdn. 52, 53.

142 Vgl. Naarmann, Das Verhältnis, S. 35 f.

143 Vgl. Meincke in Meincke / Michel, Kommentar, § 7 Anm. 52 für § 7 Abs. 1 Nr. 5 sowie Anm. 57 für § 7 Abs. 1 Nr. 10; siehe hierzu auch: Kapp, Kommentar, § 7 Rz. 132.

144 Vgl. Meincke in Meincke / Michel, Kommentar, § 7 Anm. 52.

145 Vgl. Meincke in Meincke / Michel, Kommentar, § 7 Anm. 52.

146 Vgl. aber zu der Einschränkung bei § 7 Abs. 1 Nr. 4 und § 7 Abs. 5 bis 7 ErbStG, Naarmann, Das Verhältnis, S. 42 f. m. w. N.

dungen zu den Tatbestandsmerkmalen gehört. Zum Teil wird mit dem Hinweis darauf, daß das ErbStG die unentgeltliche Bereicherung erfassen will, die Bereicherung generell zu den Tatbestandsmerkmalen gezählt[147]. Diese Auffassung läßt sich jedoch nicht mit dem Wortlaut des § 3 ErbStG und dem Aufbau des Gesetzes in Einklang bringen[148]. Nach § 3 ErbStG werden grundsätzlich — die Ausnahmen werden nachfolgend behandelt — nur bestimmte Vermögensanfälle erfaßt, während die Frage der hieraus folgenden Bereicherung im Rahmen des § 10 ErbStG zu prüfen ist[149]. Wenngleich die Bereicherung insofern kein Tatbestandsmerkmal im engeren Sinn ist, muß aber beachtet werden, daß die nach § 10 ErbStG zu ermittelnde Bereicherung in einem engen Zusammenhang mit den Vermögensanfällen des § 3 ErbStG zu sehen ist[150], da eine Steuerpflicht nur besteht, falls eine Bereicherung festgestellt wird. Als Ausnahmen von diesem Grundsatz sind allerdings die Fälle des § 3 Abs. 1 Nr. 2 ErbStG und des § 3 Abs. 1 Nr. 4 ErbStG zu nennen. Diese Erwerbsfälle setzen tatbestandlich eine Bereicherung voraus. Für § 3 Abs. 1 Nr. 2 ErbStG ergibt sich dies aus dem ausdrücklichen Verweis auf das Schenkungsrecht nach § 2301 BGB[151].

Wenn die Rechtsprechung zum Teil[152] eine Bereicherung mit dem Argument für nicht erforderlich hält, daß § 2301 Abs. 1 Satz 1 BGB für nicht vollzogene Schenkungsversprechen die Vorschriften über Verfügungen von Todes wegen für anwendbar erklärt, bei denen die Bereicherung kein Tatbestandsmerkmal sei, so kann dem nicht gefolgt werden. Denn der Verweis in § 2301 Abs. 1 Satz 1 BGB ist, ebenso wie der Verweis in § 2301 Abs. 2 BGB auf die Vorschriften über Schenkungen unter Lebenden, von den Voraussetzungen des Schenkungsversprechens zu unterscheiden. An diese knüpft § 3 Abs. 1 Nr. 2 ErbStG an, und diese Voraussetzungen beinhalten in jedem Fall die Notwendigkeit einer Bereicherung[153].

---

147 Vgl. BFH-Beschluß vom 18.12.1972, II R 87-89/70, BStBl. II 1973, 329, 333; FG Berlin, Urteil vom 24.1.1984, V 168/73, EFG 1984, 406, 407, rkr.; a. A.: RFH-Gutachten vom 21.5.1931, I D 1/30, RFHE 29, 137, 145.

148 Vgl. Naarmann, Das Verhältnis, S. 37 f.

149 Vgl. Naarmann, Das Verhältnis, S. 37; Meincke in Meincke / Michel, Kommentar, § 3 Anm. 7; Moench, Kommentar, § 3 Rz. 2.

150 Vgl. Meincke in Meincke / Michel, Kommentar, § 3 Anm. 7; Kapp, Kommentar, § 3 Rz. 3.

151 Vgl. Meincke in Meincke / Michel, Kommentar, § 3 Anm. 7, 38 a.

152 Vgl. RFH-Gutachten vom 21.5.1931, I D 1/30, RFHE 29, 137, 153; BFH-Urteil vom 22.2.1961, II 278/58 S, BStBl. III 1961, 234, 235; Niedersächsisches FG, Urteil vom 8.12.1988, III 16/84, EFG 1989, 296, 297 (Nichtzulassungsbeschwerde als unbegründet zurückgewiesen durch BFH-Beschluß vom 13.9.1989, II B 57/89 n. v.); nach BFH-Urteil vom 5.12.1990, II R 109/86, BStBl. II 1991, 181, 182, ist der Tatbestand des § 3 Abs. 1 Nr. 2 ErbStG nur erfüllt, wenn die Zuwendung zu einer Bereicherung führt, was nach bürgerlich-rechtlichen Maßstäben zu beurteilen ist, und wenn sich die Beteiligten darüber einig waren, daß die Zuwendung weder in rechtlichem Zusammenhang mit einer Gegenleistung (oder einem Gemeinschaftszweck) steht, noch zur Erfüllung einer bestehenden Verbindlichkeit erfolgt.

Die zweite Ausnahme bildet die Vorschrift des § 3 Abs. 1 Nr. 4 ErbStG. Nach dem Wortlaut werden „Vermögensvorteile" erfaßt. Darüber hinaus wird der Erwerbstatbestand ganz allgemein als Sonderfall der freigebigen Zuwendung betrachtet[154], so daß auch insoweit die Bereicherung zum Tatbestand gehört.

In den Fällen, in denen die Bereicherung hiernach nicht zum objektiven Tatbestand der Erwerbe von Todes wegen gezählt wird, kommt dem bei den freigebigen Zuwendungen entscheidenden Prinzip der Unentgeltlichkeit keine wesentliche Bedeutung zu[155]. Exemplarisch hierfür ist die in § 3 Abs. 2 Nr. 6 ErbStG enthaltene Regelung, nach der das Entgelt für die Übertragung der Anwartschaft eines Nacherben zum Steuergegenstand bestimmt wird[156]. Zu nennen sind auch die Vorschriften der §§ 3 Abs. 2 Nr. 4, 5 ErbStG, die entsprechend den Regelungen in §§ 7 Abs. 1 Nr. 5, 10 ErbStG bestimmte Surrogaterwerbe betreffen[157]. Der entgeltliche Erbschaftserwerb wird auch vom BFH bejaht[158]. Charakteristikum des erbrechtlichen Erwerbs auf entgeltlicher Grundlage ist die Tatsache, daß für einen Erwerb von Todes wegen — sei es z. B. in Form des Vermächtnisses oder der erbvertraglichen Erbeinsetzung — eine Gegenleistung erbracht wird, die grundsätzlich als Nachlaßverbindlichkeit abgezogen werden kann[159]. Der Entgelt-

153 Vgl. Naarmann, Das Verhältnis, S. 39 f.; Meincke in Meincke / Michel, Kommentar, § 3 Anm. 38 a; Kapp, Kommentar, § 3 Rz. 238; im Ergebnis ebenso: Troll, Kommentar, § 3 Rdn. 59; siehe auch: Urteil des FG Düsseldorf vom 6.2.1985, IV 161/81 n. v.

154 Vgl. RFH-Gutachten vom 21.5.1931, I D 1/30, RFHE 29, 137, 153 f.; Naarmann, Das Verhältnis, S. 38; Meincke in Meincke / Michel, Kommentar, § 3 Anm. 48; Kapp, Kommentar, § 3 Rz. 264; Troll, Kommentar, § 3 Rdn. 65.

155 Vgl. Meincke in Meincke / Michel, Kommentar, § 3 Anm. 7; Moench, Kommentar, § 3 Rz. 3.

156 Vgl. BFH-Urteil vom 19.4.1989, II R 189/85, BStBl. II 1989, 623.

157 Vgl. Meincke in Meincke / Michel, Kommentar, § 3 Anm. 55, 59.

158 Vgl. BFH-Urteil vom 31.10.1984, II R 200/81, BStBl. II 1985, 59, 60; BFH-Urteil vom 13.7.1983, II R 105/82, BStBl. II 1984, 37, 38; vgl. hierzu: Meincke in Meincke / Michel, Kommentar, § 1 Anm. 2 i. V. m. § 3 Anm. 7; ders. in DStJG 10(1987), S. 19, 23 ff. m. w. N.; Troll, Kommentar, § 10 Rdn. 56 ff.; Kapp, Kommentar, § 3 Rz. 6; a. A.: Oswald, DVR 1984, S. 70 mit Anmerkung zu BFH-Urteil vom 13.7.1983, II R 105/82, BStBl. II 1984, 37.

159 Vgl. BFH-Urteil vom 13.7.1983, II R 105/82, BStBl. II 1984, 37, 38; BGH-Urteil vom 3.11.1961, V ZR 48/60, BGHZ 36, 65, 70 f.; FG Münster, Urteil vom 5.11.1981, III 2696/80 Erb, EFG 1982, 356, bestätigt durch BFH-Urteil vom 13.7.1983, II R 12/82 n. v.; a. A.: Niedersächsisches FG, Urteil vom 18.9.1979, III 67/78, EFG 1980, 190, 191, rkr.; RFH-Urteil vom 8.11.1934, IIIe A 61/33, RStBl. 1935, 154, 155; RFH-Urteil vom 7.10.1937, IIIe A 29/37, RStBl. 1937, 1302, 1303; nach BFH-Urteil vom 24.10.1984, II R 103/83, BStBl. II 1985, 137, 139 sollen Gegenleistungen in Form von Dienstleistungen allerdings nicht abziehbar sein, vgl. zur gegenteiligen Auffassung: Michel in Meincke / Michel, Kommentar, § 10 Anm. 64; Troll, Kommentar, § 10 Rdn. 72; FG Berlin, Urteil vom 24.1.1984, V 168/83, EFG 1984, 406, 407, rkr. Nach früherer Rechtslage (vgl. z. B. § 25 ErbStG 1959) war ein Abzug wegen unentgeltlicher Dienstleistungen ausdrücklich möglich: vgl. hierzu auch Kirmse, Inf/A 1953, S. 227 ff. Diese Möglichkeit wurde jedoch 1974 gestrichen, da „ihre Voraussetzungen nur selten hinreichend belegt werden können", vgl. Begründung des Bundesrates zu dem Entwurf eines Zweiten Steuerreformgesetzes vom 10.3.1972, BR-Drucks. 140/72, S. 61; vgl. hierzu auch: § 13 Abs. 1 Nr. 9 ErbStG: danach ist ein Abzug auf DM 2.000,– beschränkt.

lichkeitscharakter eines derartigen Erwerbs zeigt die Nähe zu der entgeltlichen Marktteilnahme. Das Begriffspaar entgeltlich / unentgeltlich läßt sich in derartigen Fällen nicht zur Abgrenzung verwenden. Von besonderer Relevanz wird diese Abgrenzung in den Fällen, in denen es um die Abgrenzung nachträgliche Entlohnung und letztwillige Verfügung geht. Fälle dieser Art sind dadurch gekennzeichnet, daß zwischen Erblasser und Begünstigtem zu Lebzeiten des Erblassers ein Arbeitsverhältnis bestand und der Begünstigte mit dem Tode des Erblassers einen Vermögensgegenstand erhält. Nimmt man hierbei eine nachträgliche Entlohnung an, unterliegt diese gem. § 19 Abs. 1 Nr. 2 EStG der Einkommensteuer und nicht der Erbschaftsteuer, da es sich insoweit um eine entgeltliche Verwertung von Leistungen am Markt handelt. Demgegenüber würde die Annahme einer letztwilligen Zuwendung grundsätzlich nur zur Besteuerung nach § 3 Abs. 1 Nr. 1 ErbStG führen. Einkommensteuerpflichtiger Arbeitslohn liegt grundsätzlich dann vor, wenn der Arbeitgeber „Vorteile" gewährt, die durch das individuelle Arbeitsverhältnis des Arbeitnehmers veranlaßt sind. Dabei braucht der Einnahme keine konkrete Dienstleistung des Arbeitnehmers gegenüberzustehen, jedoch muß sich die Leistung des Arbeitgebers im weitesten Sinn als Gegenleistung für das Zurverfügungstellen der individuellen Arbeitskraft des Arbeitnehmers erweisen[160]. Der BFH nimmt die Abgrenzung danach vor, ob die äußere Form des Erwerbs (z. B. das Testament) in bezug auf die Vorteilszuwendung konstitutiver oder deklaratorischer Natur ist[161], wobei der Einkleidung der Zuwendung in die Form der letztwilligen Verfügung eine indizielle Wirkung für das Vorliegen eines erbrechtlichen Erwerbs beigemessen wird[162]. Die erbrechtliche Gestaltung repräsentiert somit die Freigebigkeit der Vermögensverfügung[163]. Die Freigebigkeit ist in einem objektivierten Sinn zu verstehen, da eine subjektive Freigebigkeit (= Wille zur Freigebigkeit) bei den Erwerben von Todes wegen — mit Ausnahme der eine Bereicherung voraussetzenden Tatbestände — nicht erforderlich ist[164]. Bei den Erwerben von Todes wegen wird die Freigebigkeit als solche durch die an das Zivilrecht anknüpfende Formalisierung der Tatbestände fingiert. Soweit die Zuwendung aus Sicht des Arbeitnehmers allerdings den Charakter von Arbeitsentgelt hat, soll die durch den formalisierten Erwerb bewirk-

160 Vgl. BFH-Urteil vom 7.8.1987, VI R 53/84, BStBl. II 1987, 822, 83 m. w. N.; Thomas in Littmann / Bitz / Meincke, Das Einkommensteuerrecht, § 19 Rdn. 139; siehe auch: RFH-Urteil vom 26.11.1943, III 138/42, RStBl. 1943, 205 f.; Kapp, Kommentar, § 7 Rz. 473.

161 Vgl. BFH-Urteil vom 24.10.1984, II R 103/83, BStBl. II 1985, 137, 138 m. w. N.; siehe auch: Meincke in Meincke / Michel, Kommentar, § 3 Anm. 7 sowie Michel, Inf. 1984, S. 319, 320 ff.

162 Vgl. BFH-Urteil vom 15.5.1986, IV R 119/84, BStBl. II 1986, 609, 610; ebenso: Herrmann / Heuer / Raupach, Kommentar, Rote Blätter zu § 19 EStG Anm. 91; BFH-Urteil vom 20.8.1965, VI 156/64 U, BStBl. III 1965, 706 m. w. N.; Becker, Grundlagen, S. 319; kritisch: Kapp, Kommentar, § 3 Rz. 339; Kapp, DStR 1987, S. 80, 81; siehe auch: Moench, Kommentar, § 3 Rz. 4.

163 Vgl. BFH-Urteil vom 15.5.1986, IV R 119/84, BStBl. II 1986, 609, 610.

164 Vgl. Naarmann, Das Verhältnis, S. 41.

te Zuwendung einkommensteuerpflichtigen Arbeitslohn darstellen[165]. Die Einkünfteerzielungsabsicht überlagert damit die Fiktion der Freigebigkeit aufgrund des formalisierten Erwerbes.

Das entscheidende Abgrenzungskriterium zwischen den Erwerben von Todes wegen und der entgeltlichen Marktteilnahme besteht daher nicht in dem Begriffspaar unentgeltlich / entgeltlich, sondern in den formalisierten Erwerben einerseits und in den nicht formalisierten andererseits. Bei den unter die Erwerbe von Todes wegen fallenden Vermögensverfügungen bewirkt die Erwerbsform die Transformation der Erwerbe in den Bereich der Freigebigkeit, so daß trotz vorhandener Gegenleistungen generell keine „Einkünfteerzielung" angenommen werden kann.

dd) Zwischenergebnis

Die „Einkünfteerzielung" und die „Vermögensanfälle" lassen sich durch die Begriffe der „entgeltlichen Marktteilnahme" einerseits und der „Freigebigkeit" bzw. der „formalisierten Erwerbe" andererseits kennzeichnen und abgrenzen. Für den Vergleich der Steuergegenstände läßt sich daraus der Schluß ziehen, daß die These von der „Verschiedenheit" hierin ihre Bestätigung findet. Denn die Steuergegenstandsmerkmale heben die Steuergegenstände voneinander ab und lassen im Regelfall eine eindeutige Zuordnung der Sachverhalte zu. Eine gewisse Nähe der Steuergegenstände wird hingegen bei solchen Fallgestaltungen sichtbar, bei denen es um die Abgrenzung von letztwilligen Zuwendungen und nachträglicher Entlohnung geht. An dieser Stelle ist jedoch zu beachten, daß die Verschiedenheits-Thesen nicht auf diese generelle Betrachtung beschränkt ihre Richtigkeit beanspruchen, sondern daß sie vielmehr ihre Ursache und ihren wesentlichen Anwendungsbereich in den Doppelbelastungsfällen haben. Die bislang gewonnenen Erkenntnisse sind daher im folgenden anhand der Doppelbelastungsfälle einer weiteren Prüfung zu unterziehen.

c) Analyse der Doppelbelastungsfälle im Hinblick auf die Begriffsinhalte der Steuergegenstände

Die bisherigen Untersuchungen der Steuergegenstandsbegriffe haben ergeben, daß sich die entgeltliche Marktteilnahme und die formalisierten Erwerbe von Todes wegen bzw. die freigebigen Zuwendungen als unterschiedliche Steuergegenstände charakterisieren lassen und hierdurch die Anwendungsbereiche festgelegt werden. Die nachfolgende Betrachtung der Doppelbelastungsfälle soll Aufschluß darüber geben, inwieweit sich die gefundenen Abgrenzungskriterien über-

[165] Vgl. FG Berlin, Urteil vom 24.1.1984, V 168/83, EFG 1984, 406, 408, rkr.

tragen lassen und die Rechtfertigungsthesen der Rechtsprechung zu stützen vermögen. Da sich die Doppelbelastungsfälle anhand ihrer äußeren Merkmale in solche Fälle einteilen lassen, bei denen die einkommensteuerliche Erfassung der Erwerbe aufgrund spezieller Rechtsnachfolgevorschriften[166] bzw. aufgrund entsprechender Auslegung durch die Rechtsprechung[167] erfolgt, und solchen Erwerben, bei denen dies nicht der Fall ist, soll die Analyse hierauf aufbauend durchgeführt werden.

aa) Analyse der Doppelbelastungsfälle, denen einkommensteuerliche Rechtsnachfolgevorschriften bzw. eine entsprechende Auslegung zugrunde liegen

(1) Betriebliche Veräußerungsgewinne

Die entscheidende Voraussetzung für die Erfassung der stillen Reserven bei dem Erben oder Beschenkten stellt die durch § 7 Abs. 1 EStDV angeordnete Buchwertfortführung im Falle der unentgeltlichen Übertragung dar. Die Anordnung der Buchwertfortführung geht auf die Vorschrift des § 20 EStG 1925[168] zurück. Hiernach bestand im Falle der unentgeltlichen Übertragung eines Gewerbebetriebes, anders als bei § 7 Abs. 1 EStDV, ein Wahlrecht zugunsten des Übertragenden, entweder die Buchwerte fortzuführen oder die stillen Reserven bereits zum Übertragungszeitpunkt aufzudecken. Der historische Gesetzgeber hielt die Möglichkeit der Buchwertfortführung für erforderlich, um bei derartigen Übertragungen eine mögliche Doppelbelastung mit Einkommen- und Erbschaft-/Schenkungsteuer ggf. zu vermeiden[169]. Soweit der Steuerpflichtige die Aufdekkung der stillen Reserven zum Übertragungszeitpunkt wählte, kam es nicht zu einer Doppelbelastung in dem hier verstandenen Sinn, da sich der in dem Betriebsvermögen verkörperte Vermögenszuwachs einkommensteuerlich auf den Übertragenden und schenkungsteuerlich auf den Erwerber verteilte und jeweils nur einmal besteuert wurde. Diese Handhabung entspricht der Subjektbezogenheit der Einkünfteerzielung[170], nach der Einkünfte demjenigen zuzurechnen sind, der sie erzielt hat[171]. Durch die Vorschrift des § 7 Abs. 1 EStDV wird insoweit eine neue Komponente in den Einkünfteerzielungstatbestand hineingetragen, die vordergründig als Verlagerung der Einkünftezurechnung aufgefaßt werden kann[172]. Hierbei ist jedoch der dem EStG als Ausfluß des Steuergerechtigkeitsge-

---

166 Vgl. §§ 24 Nr. 2 EStG, § 17 Abs. 1 Satz 4 EStG, § 7 Abs. 1 EStDV, § 7 Abs. 2 EStDV.

167 Vgl. § 22 Nr. 2 i. V. m. § 23 EStG.

168 Vgl. RGBl. I 1925, 189.

169 Vgl. hierzu: Wasmer, Zurechnung, S. 53 f. m. w. N.; im Fall der Buchwertfortführung sah § 31 EStG 1925 eine Ermäßigungsmöglichkeit bei späterer Gewinnrealisierung vor.

170 Vgl. § 2 Abs. 1 Satz 1 EStG.

171 Vgl. Tipke / Lang, Lehrbuch, S. 226.

172 Vgl. auch: Ruppe, DStJG 10(1987), S. 45, 59.

botes immanente Grundsatz der Erfassung der *individuellen* Leistungsfähigkeit zu beachten[173], der grundsätzlich auch im Verhältnis Erblasser Erbe zu gelten hat[174]. Das Absehen von der Individualbesteuerung durch die Regelung des § 7 Abs. 1 EStDV soll daher allenfalls als Subventionsnorm im Interesse einer Betriebskontinuität[175] mit Ausnahmecharakter[176] erklärt werden können[177]. Die Rechtsprechung hingegen begründet die Buchwertfortführung damit, daß der Rechtsnachfolger an die Stelle des Rechtsvorgängers trete und dessen einkommensteuerliche Position fortsetze[178].

Im Hinblick auf die Bedeutung des § 7 Abs. 1 EStDV für den Begriff der Einkünfteerzielung könnte man nun einwenden, daß die Vorschrift zu keiner Änderung führt. Denn wenn z. B. der Erbe das ererbte Betriebsvermögen alsbald nach dem Erbfall veräußert, so könnte hierin doch die entgeltliche Marktteilnahme des Erben gesehen werden, aufgrund derer der Veräußerungsgewinn erzielt wird. Wirtschaftlich betrachtet, spricht dafür, daß die Höhe des Veräußerungserlöses maßgeblich von den Aktivitäten und dem Verhandlungsgeschick des Erben abhängen wird. Dennoch sind die Dinge nicht so einfach gelagert, da der Umsatzakt — die Veräußerung — nicht das allein entscheidende Anknüpfungsmerkmal für die Besteuerung ist. Dies zeigt die Regelung des § 16 Abs. 3 EStG, nach der auch die Aufgabe des Gewerbebetriebes zur Gewinnrealisierung führt. Gleiches gilt für die Entnahme von Einzelwirtschaftsgütern (vgl. §§ 4 Abs. 1 Satz 1, 6 Abs. 1 Nr. 4 EStG). Hinzu kommt, daß der Veräußerungsgewinn gem. § 16 Abs. 2 EStG unter Berücksichtigung der übernommenen Buchwerte ermittelt wird (vgl. auch: § 6 Abs. 2 EStDV). Grundsätzlich wird auf den veräußernden oder den den Gewerbebetrieb aufgebenden Erben die Vorschrift des § 16 EStG angewendet, weil ihm das übergegangene Betriebsvermögen als solches zuzurechnen ist[179]. Nach überwiegender Auffassung wird § 16 EStG jedoch keine

---

173 Vgl. BVerfG, Urteil vom 3.11.1982, 1 BvR 620/78, 1335/78, 1104/79 und 363/80, BVerfGE 61, 319, 343 f.; Meincke in Littmann / Bitz / Meincke, Das Einkommensteuerrecht, § 2 Rdn. 73.

174 Vgl. Meincke, DStJG 10(1987), S. 19, 39; ders. in Littmann / Bitz / Meincke, Das Einkommensteuerrecht, § 2 Rdn. 73; Tipke / Lang, Lehrbuch, S. 194.

175 Vgl. Trzaskalik, StuW 1979, S. 97, 107.

176 Vgl. Wasmer, Zurechnung, S. 54

177 In der Literatur werden zum Teil auch aus verfassungsrechtlicher Hinsicht im Hinblick auf Art. 80 GG i. V. m. § 51 EStG Bedenken angemeldet, da § 7 Abs. 1 EStDV lediglich im Verordnungswege erlassen wurde, vgl. Trzaskalik, DStJG 4(1981), S. 145, 161; ders. in StuW 1979, S. 97, 107; Tipke, DStJG 4(1981), S. 1, 10; ders. in NJW 1980, S. 1079, 1084, Hörger in Littmann / Bitz / Meincke, Das Einkommensteuerrecht, § 16 Rdn. 20; a. A.: Ruppe, DStJG 10(1987), S. 45, 59; Herrmann / Heuer / Raupach, Kommentar, § 6 EStG Anm. 424; BFH-Urteil vom 23.4.1971, IV 201/65, BStBl. II 1971, 686, 687.

178 Vgl. BFH-Urteil vom 26.4.1979, IV R 108/75, BStBl. II 1979, 732, 733; vgl. zur Entwicklung der Rechtsprechung: Ruppe, DStJG 10(1987), S. 45, 47 ff. m. w. N.

179 Vgl. BFH-Urteil vom 7.2.1980, IV R 178/76, BStBl. II 1980, 383, 385; Hörger in Littmann / Bitz / Meincke, Das Einkommensteuerrecht, § 16 Rdn. 213 m. w. N.; Schmidt / Kommentar, § 16 Anm. 120 m. w. N.; kritisch: Trzaskalik, DStJG 4(1981),

konstitutive, sondern nur eine deklaratorische Bedeutung beigemessen, so daß sich die Steuerpflicht aus den allgemeinen Gewinnermittlungsvorschriften ergeben soll[180]. Andererseits sieht die neuere BFH-Rechtsprechung den Zweck des § 16 EStG darin, die Versteuerung aller stillen Reserven sicherzustellen[181].

Historisch betrachtet, geht die Vorschrift des § 16 EStG auf die Vorschrift des § 30 EStG 1925[182] zurück. Auch hiernach war eine Besteuerung der stillen Reserven im Fall der Veräußerung bzw. Betriebsaufgabe vorgesehen. Als Begründung wurde im wesentlichen angeführt, daß die sog. unrealisierten Konjunkturgewinne, die im volkswirtschaftlichen Interesse zur Erhaltung des produktiven Kapitals nicht besteuert würden, jedenfalls aus Gründen steuerlicher Gleichmäßigkeit dann zu besteuern seien, wenn der Steuerpflichtige den Betrieb veräußere und aus dem Wirtschaftsleben ausscheide[183]. Am Rande wurde auch darauf hingewiesen, daß die Betriebsveräußerung zu Einkünften aus Gewerbebetrieb führe, weil diese gewissermaßen den letzten gewerblichen Akt darstellt[184].

Bedenken gegen die Besteuerung von Veräußerungs- und Aufgabegewinnen im Rahmen des Einkommensteuergesetzes hatte insbesondere *Strutz* geäußert. Danach handele es sich bei diesen Besteuerungsformen nicht um Einkommen, sondern um eine Vermögenszuwachsbesteuerung, die dem Grunde nach Gegenstand der Vermögenszuwachssteuer seien[185]. Der historische Gesetzgeber hielt diesen Einwand zwar für berechtigt, begründete die einkommensteuerliche Erfas-

---

S. 145, 147; a. A.: Segebrecht, Besteuerung, S. 121 für den Fall der unmittelbaren Veräußerung nach dem Erbfall; Kapp / Ebeling, Handbuch, III Rdn. 349, stellen darauf ab, ob der Erbe Unternehmer geworden ist; FG Stuttgart, Urteil vom 6.5.1965, I 107/65, EFG 1965, 331, 332, rkr.: es kommt darauf an, ob der Erbe das Unternehmen weiterführt oder nicht.

180 Vgl. BFH-Urteil vom 16.9.1966, VI 118/65 und VI 119/65, BStBl. III 1967, 70, 71 m. w. N. zur Rechtsprechung; Dötsch, Betriebsveräußerung und Betriebsaufgabe, S. 13; Blümich / Stuhrmann, Kommentar, § 16 Rdn. 2; Söffing in Lademann / Söffing / Brockhoff, Kommentar, § 16 Anm. 5; Tipke / Lang, Lehrbuch, S. 238; a. A.: Knobbe-Keuk, Unternehmenssteuerrecht, § 22 I 1; Herrmann / Heuer / Raupach, Kommentar, § 16 EStG Anm. 4; Schmidt, Kommentar, § 16 Anm. 2 für Aufgabegewinne; nach BFH-Beschluß vom 7.10.1974, GrS 1/73, BStBl. II 1975, 168, 171; BFH-Urteil vom 18.5.1983, I R 5/82, BStBl. II 1983, 771, 773; BFH-Urteil vom 13.12.1983, VIII R 90/81, BStBl. II 1984, 474, 478, ist die Betriebsaufgabe eine Entnahme eigener Art (Totalentnahme).

181 Vgl. BFH-Beschluß vom 7.10.1974, GrS 1/73, BStBl. II 1975, 168, 171; BFH-Urteil vom 29.10.1981, IV R 138/78, BStBl. II 1982, 381, 384; BFH-Urteil vom 18.5.1983, I R 5/82, BStBl. II 1983, 771, 773; siehe auch: Hörger in Littmann / Bitz / Meincke, Das Einkommensteuerrecht, § 16 Rdn. 2.

182 Vgl. RGBl. I 1925, 189.

183 Vgl. Begründung zu dem Entwurf eines Reichseinkommensteuergesetzes vom 23.4.1925, Verhandlungen des Reichstages, III. Wahlperiode, Band 400, Nr. 795, S. 23; vgl. auch: RFH-Urteil vom 29.10.1924, VIe A 186/24, RFHE 15, 47, 49 f.

184 Vgl. Begründung zu dem Entwurf eines Reichseinkommensteuergesetzes vom 23.4.1925, Verhandlungen des Reichstages, III. Wahlperiode, Band 400, Nr. 795, S. 55, vgl. auch: RFH-Urteil vom 29.10.1924, VIe A 186/24, RFHE 15, 47, 50.

185 Vgl. StuW 1925, S. 409, 444 f.; ders. in Kommentar, § 30 Anm. 2, S. 374.

sung jedoch damit, daß die Vermögenszuwachssteuer zur damaligen Zeit nicht zur Erhebung gelangte[186].

Der Gedanke von *Strutz* trifft den Kern der Steuergegenstandsermittlung. Die stillen Reserven repräsentieren eine steuerliche Leistungsfähigkeit, die grundsätzlich zu erfassen ist[187]. Generell ist die entgeltliche Marktteilnahme durch das Realisationsprinzip gekennzeichnet[188]. D. h. der Umsatzakt erlaubt den Steuerzugriff nur soweit liquide Mittel zufließen oder im Fall der Gewinnermittlung nach §§ 4 Abs. 1, 5 EStG der Anspruch auf die liquiden Mittel entstanden ist. Durch die Gleichbehandlung von Veräußerung, Aufgabe und Entnahme wird deutlich, daß die im Fall der Betriebsveräußerung ggf. zu bejahende entgeltliche Marktteilnahme nicht das entscheidende Besteuerungsmerkmal darstellt. Es kommt danach nicht auf den zur Gewinnrealisierung führenden Umsatzakt an. Die Veräußerung, Aufgabe oder Entnahme sind vielmehr nur äußere Merkmale, die zur Erfassung der stillen Reserven führen. Der wesentliche Kern der Erfassung stiller Reserven liegt nicht in der gewerblichen Tätigkeit des Steuerpflichtigen, sondern in der Existenz des Gewerbebetriebes. Die Rechtsprechung betont insoweit vereinzelt, daß § 16 EStG ähnlich wie die Gewerbesteuer objektbezogen sei[189]. Bestätigt wird dies auch bei einem näheren Blick auf die Einzelfälle der stillen Reserven[190]. Auf der einen Seite sind solche stillen Reserven zu nennen, die durch Abschreibungen entstehen. Auf der anderen Seite handelt es sich um Wertzuwächse der einzelnen Wirtschaftsgüter bzw. um einen selbstgeschaffenen Geschäfts- oder Firmenwert. Während bei den abschreibungsbedingten stillen Reserven insofern von erwirtschafteten Einkünften gesprochen werden kann, als der Abschreibungsaufwand mit den Erträgen aus gewerblicher Tätigkeit verrechnet wurde, läßt sich dies für die Wertzuwächse nicht sagen. Diese Wertzuwächse lassen sich nicht unmittelbar auf eine entgeltliche Marktteilnahme des Steuerpflichtigen zurückführen, sondern sind die Folge äußerer wertbildender Faktoren, wie z. B. steigende Grundstückspreise, steigende Rohstoffpreise oder aber, wie beim Geschäfts- oder Firmenwert, der dem Gewerbebetrieb als Funktionseinheit innewohnende Mehrwert[191]. Mit der Erfassung dieser Vermögenszuwächse wird der Einkommensbegriff in einer umfassenden Weise als Maßgröße steuerlicher Leistungsfähigkeit

---

186 Vgl. Begründung zu dem Entwurf eines Reichseinkommensteuergesetzes vom 23.4.1925, Verhandlungen des Reichstages, III. Wahlperiode, Band 400, Nr. 795, S. 55.

187 Vgl. Tipke / Lang, Lehrbuch, S. 316; Tipke, DStJG 4(1981), S. 1, 3 ff.

188 Vgl. Tipke / Lang, Lehrbuch, S. 159, 309; Lang, Bemessungsgrundlage, S. 344 ff.

189 Vgl. BFH-Urteil vom 7.11.1985, IV R 44/83, BStBl. II 1986, 335, 337 in Abgrenzung zu § 18 EStG; FG Hamburg, Urteil vom 28.10.1980, I 25/80, EFG 1981, 346, 347, rkr.; siehe auch: Hörger in Littmann / Bitz / Meincke, Das Einkommensteuerrecht, § 16 Rdn. 2; Frotscher / Kauffmann, Kommentar, § 16 Anm. 20.

190 Vgl. z. B.: Tipke / Lang, Lehrbuch, S. 310 f.

191 Vgl. BFH-Urteil vom 24.3.1987, I R 202/83, BStBl. II 1987, 705: hiernach kann auch ein entnommener Geschäftswert zur Besteuerung der stillen Reserven gem. § 16 Abs. 3 EStG führen.

ausgefüllt[192]. Für die Frage der Einkünfteerzielung läßt sich erkennen, daß die Besteuerung der stillen Reserven eine Vermögenszuwachsbesteuerung bedeutet, die in der Veräußerung, Aufgabe oder Entnahme lediglich den äußeren Anlaß für den Zugriff sieht. Denn die stillen Reserven sind grundsätzlich bereits mit ihrer Entstehung steuerverstrickt. Hieraus erhellt die Bedeutung der Besteuerung der stillen Reserven infolge der Buchwertfortführung bei dem Erben. Besteuerungsgegenstand ist in erster Linie der dem Gewerbebetrieb innewohnende Vermögenszuwachs, ohne daß es auf den Betriebsübergang ankommt. Dadurch tritt die zur Einkünfteerzielung gehörige Subjektbezogenheit hinter den Objektsteuercharakter dieser Besteuerung zurück. Damit handelt es sich in Wahrheit nicht um ein Problem der Einkünfteverlagerung, sondern um eine außerhalb der Einkünfteerzielung liegende Vermögenszuwachsbesteuerung. Im Vergleich zu den „Vermögensanfällen" des ErbStG läßt sich eine Gleichheit der Steuergegenstände feststellen. In beiden Fällen liegt eine Vermögenszuwachsbesteuerung vor, wobei allerdings Besteuerungszeitpunkt und Ausmaß der Besteuerung voneinander abweichen. Für das ErbStG ist der Zeitpunkt des formalisierten Erwerbes gem. § 3 Abs. 1 Nr. 1 ErbStG bzw. der freigebigen Zuwendung gem. § 7 Abs. 1 Nr. 1 ErbStG maßgeblich (vgl. §§ 9, 11 ErbStG). Besteuert wird die Bereicherung des Erwerbers gem. §§ 10, 12 ErbStG. Das EStG greift hingegen erst im Zeitpunkt der Veräußerung, Aufgabe oder Entnahme ein, ohne daß ein zwischenzeitlicher Rechtszuständigkeitswechsel durch Erbschaft oder Schenkung berücksichtigt wird (vgl. aber § 35 EStG). Erfaßt werden nur die Vermögenszuwächse abzüglich der Buchwerte. In diesen Kernbereichen der Vermögenszuwächse sind die Steuergegenstände kongruent, so daß sich die „Zwei-Ebenen-These" insoweit nicht aufrechterhalten läßt. Die Doppelbelastung der stillen Reserven läßt sich danach nicht mit der Verschiedenheit der Steuergegenstände rechtfertigen.

(2) Unentgeltliche Zuwendungen in das Betriebsvermögen von Gewerbetreibenden

Unentgeltliche Zuwendungen in das Betriebsvermögen von Gewerbetreibenden unterliegen grundsätzlich der einkommensteuerlichen Gewinnermittlung. Für bilanzierende Steuerpflichtige folgt dies aus dem durch den Maßgeblichkeitsgrundsatz nach § 5 Abs. 1 EStG auch im Einkommensteuerrecht geltenden Vollständigkeitsgebot (vgl. §§ 239 Abs. 2, 242 Abs. 2, 246 Abs. 1 HGB, 146 Abs. 1 AO). Hiernach sind alle bilanzierungsfähigen Wirtschaftsgüter zu berücksichtigen[193]. Bei der Überschußermittlung nach § 4 Abs. 3 EStG werden unentgeltliche Zuwendungen als Betriebseinnahmen erfaßt, wenn die Zuwendungen betrieblich veranlaßt sind[194]. Zuwendungen des Steuerpflichtigen aus seinem Privatvermögen

192 Vgl. Lang, DStJG 4(1981), S. 45, 59; vgl. auch § 4 Abs. 1 Satz 1 ausdrücklich für Entnahmen.

193 Handelsrechtlich besteht allerdings nach h. M. ein Aktivierungswahlrecht, vgl. Knop / Küting in Küting / Weber, Handbuch § 255 Rdn. 104; Adler / Düring / Schmaltz, Rechnungslegung, § 255 HGB Tz. 95.

in sein Betriebsvermögen werden hingegen als Einlagen behandelt und der Gewinn gem. § 4 Abs. 1 Satz 1 EStG um deren Wert vermindert. Die Gewinneutralität von Einlagen wird damit begründet, daß nur solche Vermögensmehrungen bei der Gewinnermittlung berücksichtigt werden dürfen, die im Betrieb erwirtschaftet wurden[195]. Diese Argumentation ist allerdings nicht überzeugend, da in den vorgenannten Fällen ebenfalls keine „erwirtschafteten" Vermögenszugänge gegeben sind[196]. Die Nichtbesteuerung von Einlagen kann wohl eher damit gerechtfertigt werden, die Umorganisation von Vermögen innerhalb der Sphäre des Steuerpflichtigen soweit wie möglich steuerneutral zu halten[197].

Die Höhe der Gewinnauswirkung der unentgeltlichen Zuwendung hängt von dem Anlaß der Übertragung ab[198]. Nach § 7 Abs. 2 EStDV ist im Falle der unentgeltlichen Übertragung eines Wirtschaftsgutes aus dem Betriebsvermögen des Zuwendenden in das Betriebsvermögen des Erwerbers, das Wirtschaftsgut bei dem Erwerber mit den fiktiven Anschaffungskosten zu bewerten, wenn die Übertragung betrieblich veranlaßt war[199]. Hierdurch wird eine Gewinnerhöhung in Höhe der fiktiven Anschaffungskosten bewirkt. In gewissen Einzelfällen wird eine Steuerfreiheit durch die Regelung des § 3 Nr. 66 EStG erreicht[200]. Die unentgeltliche Zuwendung eines Wirtschaftsgutes aus dem Privatvermögen des Zuwendenden in das Betriebsvermögen des Erwerbers wird jedoch nicht von § 7 Abs. 2 EStDV erfaßt; es handelt sich hierbei um eine Einlage[201]. Überführt hingegen der Steuerpflichtige ein Wirtschaftsgut von einem ihm gehörenden

---

194 Vgl. BFH-Urteil vom 14.4.1988, IV R 86/86, BStBl. II 1988, 633, 634; BFH-Urteil vom 17.4.1986, IV R 115/84, BStBl. II 1986, 607 f.; Schmidt / Heinicke, Kommentar, § 4 Anm. 81c bb.

195 Vgl. Tipke / Lang, Lehrbuch, S. 298; Nieland in Littmann / Bitz / Meincke, Das Einkommensteuerrecht, §§ 4, 5 Rdn. 265; Schmidt / Heinicke, Kommentar, § 4 Anm. 50; Lang, DStJG 4(1981), S. 45, 53; BFH-Urteil vom 16.12.1988, III R 113/85, BStBl. II 1988, 763, 765.

196 Vgl. Knobbe-Keuk, StuW 1978, S. 226, 228, die sich daher für die grundsätzliche Nichtbesteuerung von unentgeltlichen Vermögensmehrungen ausspricht.

197 Vgl. Meincke, StuW 1985, S. 390, 391.

198 Vgl. Wasmer, Zurechnung, S. 187.

199 Vgl. Wasmer, Zurechnung, S. 189 f.; Herrmann / Heuer / Raupach, Kommentar, § 6 EStG Anm. 436; hierzu folgendes Beispiel aus der Rechtsprechung: Eine Brauerei schenkte ihrem größten Abnehmer zu seinem 70. Geburtstag einen PKW, vgl. hierzu: BFH-Urteil vom 21.11.1963, IV 345/61 S, BStBl. III 1964, 183; ähnlich: BFH-Urteil vom 13.12.1973, I R 136/72, BStBl. II 1974, 210.

200 Die Norm verfolgt den „primär wirtschafts- und sozialpolitischen Zweck, das Unternehmen als Faktor des Wirtschaftslebens am Leben zu erhalten", vgl. BFH-Urteil vom 14.3.1990, I R 64/85, BStBl. II 1990, 810, 813; BFH-Urteil vom 7.2.1985, IV R 177/83, BStBl. II 1985, 504, 505; BFH-Urteil vom 24.6.1986, IV R 282/84, BStBl. II 1986, 672; vgl. im übrigen: Meincke in Littmann / Bitz / Meincke, Das Einkommensteuerrecht, § 3 Rdn. 234.

201 Vgl. Meincke in Littmann / Bitz / Meincke, Das Einkommensteuerrecht, § 6 Rdn. 197; a. A.: Herrmann / Heuer / Raupach, Kommentar, § 6 EStG Anm. 436: hiernach ist das Wirtschaftsgut bei dem Erwerber mit dem Teilwert anzusetzen.

Betriebsvermögen unmittelbar in ein weiteres ihm gehörendes Betriebsvermögen, kommt nach der Rechtsprechung eine Buchwertfortführung in Betracht[202].

Die Einbeziehung unentgeltlicher Zuwendungen in die steuerliche Gewinnermittlung (mit Ausnahme der Einlagen) stellt eine Erweiterung des Steuergegenstandsbegriffes dar, da das entscheidende Merkmal der wirtschaftlichen Betätigung nicht vorliegt[203]. Es handelt sich um eine Vermögenszuwachsbesteuerung, bei der es nicht auf die Realisierung des Vermögenswertes ankommt. Damit wird dem in § 4 Abs. 1 Satz 1 EStG verankerten Gewinnbegriff, der eine umfassende Reinvermögenszuwachsbesteuerung beinhaltet[204], Rechnung getragen. Die Steuergegenstände sind danach identisch.

(3) Private Veräußerungsgewinne

Nach § 17 Abs. 1 Satz 1 EStG unterliegen Veräußerungsgewinne aus Anteilen an Kapitalgesellschaften gem. § 17 EStG der Besteuerung. Damit werden ausnahmsweise auch Wertsteigerungen im Privatvermögen erfaßt. Gerechtfertigt wird dies damit, daß wesentlich an Kapitalgesellschaften beteiligte Anteilseigner wirtschaftlich Mitunternehmern von Personengesellschaften vergleichbar seien, so daß Gewinne aus der Veräußerung von Anteilen an Kapitalgesellschaften ebenso zu besteuern seien, wie Gewinne aus der Veräußerung von Mitunternehmeranteilen[205]. Die Erfassung der stillen Reserven bei dem unentgeltlich erwerbenden Rechtsnachfolger aufgrund der besonderen Vorschriften der §§ 17 Abs. 1 Satz 4, 17 Abs. 2 Satz 2 EStG wird ebenfalls mit der erforderlichen Gleichbehandlung gegenüber den unentgeltlich übertragenen Mitunternehmeranteilen begründet[206].

Wie auch bei § 7 Abs. 1 EStDV wird die Regelung des § 17 Abs. 2 Satz 2 EStG als systemwidrige Durchbrechnung des Grundsatzes der Individualbesteuerung angesehen[207]. Demgegenüber hatte der historische Gesetzgeber und ihm

---

202 Vgl. BFH-Urteil vom 30.9.1960, VI 137/59 U, BStBl. III 1960, 489, 490; BFH-Urteil vom 9.12.1986, VIII R 26/80, BStBl. II 1987, 342, 343; ebenso: Abschn. 13a Abs. 1 Satz 4 EStR; kritisch hierzu: Nieland in Littmann / Bitz / Meincke, Das Einkommensteuerrecht, §§ 4, 5 Rdn. 224 ff.

203 Bei § 7 Abs. 2 EStDV wird darauf hingewiesen, daß eine Erweiterung des Einkommensbegriffes durch eine nur im Verordnungswege erlassene Vorschrift unter Berücksichtigung von § 51 EStG i. V. m. Art. 80 GG als zweifelhaft erscheint, vgl. Tipke / Lang, Lehrbuch, S. 304; a. A.: Herrmann / Heuer / Raupach, Kommentar, § 6 EStG Anm. 434.

204 Vgl. Lang, DStJG 4(1981), S. 45, 59.

205 Vgl. Schmidt, Kommentar, § 17 Anm. 3 a; BVerfG, Beschluß vom 7.10.1969, 2 BvL 3/66 und 2 BvR 701/64, BVerfGE 27, 111, 127, Strutz, Kommentar, § 30 Anm. 29; Begründung zu dem Entwurf eines Steueränderungsgesetzess vom 19.6.1964, BT-Drucks. IV/2400, S. 69; BFH-Urteil vom 8.10.1985, VIII R 234/84, BStBl. II 1986, 596, 598; Hörger in Littmann / Bitz / Meincke, Das Einkommensteuerrecht, § 17 Rdn. 4; Blümich / Ebling, Kommentar, § 17 EStG Rz. 4, 5.

206 Vgl. Begründung zu dem Entwurf eines Steueränderungsgesetzes vom 19.6.1964, BT-Drucks. IV/200, S. 70.

folgend der RFH dem Grundsatz der Individualbesteuerung noch Vorrang eingeräumt. Nach § 19 Abs. 2 Satz 2 EStG 1925[208] waren beispielsweise unentgeltlich erworbene Wirtschaftsgüter im Betriebsvermögen mit dem gemeinen Wert zum Zeitpunkt des unentgeltlichen Erwerbes zu bewerten[209]. Der RFH hielt eine derartige Bewertung auch im Fall des § 17 EStG für zwingend. In einer Entscheidung vom 21.7.1937 heißt es hierzu[210]:

> „Die Einkommensteuer erfaßt grundsätzlich und allgemein nur das Einkommen, d. h. vorliegendenfalls den Vermögenszuwachs, den der einzelne Steuerpflichtige selbst erlangt hat, und es ist nicht angängig, diesem Einkommen des Steuerpflichtigen einen Vermögenszuwachs zuzurechnen, der gar nicht in seiner Person, sondern in der eines Dritten eingetreten ist."[211]

Ebenso wie bei § 16 EStG stellt die Veräußerung i. S. d. § 17 Abs. 1 Satz 1 EStG lediglich das äußere Anknüpfungsmerkmal für den Steuerzugriff dar. Dies ergibt sich zum einen daraus, daß die steuerliche Erfassung derartiger Gewinne eine Ausnahme bildet, da sonstige private Veräußerungsgewinne nicht besteuert werden (vgl. aber §§ 22 Nr. 2, 23 EStG), obwohl auch dabei von einer entgeltlichen Marktteilnahme gesprochen werden kann. Zum anderen zeigt § 17 Abs. 4 EStG, daß der Steuerzugriff auch im Falle der Auflösung der Kapitalgesellschaft oder der Kapitalherabsetzung möglich ist. Im übrigen ist hier auch die Vorschrift des § 6 Abs. 1 AStG zu nennen, nach der bei Beendigung der unbeschränkten Steuerpflicht unter den dort genannten weiteren Voraussetzungen eine Veräußerung nach § 17 EStG fingiert wird. Diese gesetzliche Konzeption erhellt, daß der Vermögenszuwachs als solcher Zugriffsobjekt ist, da er eine erhöhte steuerliche Leistungsfähigkeit repräsentiert. Für die Besteuerung des Erben ergibt sich daraus die Konsequenz, daß die Frage der Zurechnung hinter die der Vermögenszuwachsbesteuerung als solche zurücktritt. Im Hinblick auf den Steuergegenstandsvergleich gilt daher das gleiche, wie in dem Fall des § 16 EStG.

Die grundsätzliche Erfassung privater Veräußerungsgewinne aus Spekulationsgeschäften nach §§ 22 Nr. 2, 23 EStG wird damit begründet, daß derartige Gewinne innerhalb verhältnismäßig kurzer Zeit erzielt werden[212]. Die Einbeziehung

---

207 Vgl. Wasmer, Zurechnung, S. 55.

208 Vgl. RGBl. I 1925, 189.

209 Vgl. hierzu auch: Wasmer, Zurechnung, S. 55, Fn. 125.

210 Vgl. VI A 377/37, RStBl. 1937, 1008, 1009.

211 Vgl. auch: RFH-Urteil vom 17.2.1937, VI A 485/36, RStBl. 1937, 963, 964; RFH-Urteil vom 14.12.1938, VI 732/38, RStBl. 1939, 212; anders hingegen: BFH-Urteil vom 13.7.1965, I 167/59 U, BStBl. III 1965, 640, 643; BFH-Urteil vom 25.11.1965, IV 216/64 S, BStBl. III 1966, 110, 111 f.; BFH-Urteil vom 5.12.1973, I R 68/71, BStBl. II 1974, 236, 237.

212 Vgl. BVerfG, Beschluß vom 9.7.1969, 2 BvL 20/65, BVerfGE 26, 302, 313; Schmidt / Heinicke, Kommentar, § 23 Anm. 2; BFH-Urteil vom 29.3.1989, X R 4/84, BStBl. II 1989, 652; BFH-Urteil vom 26.8.1975, VIII R 61/72, BStBl. II 1976, 64 f.; siehe auch: Tipke / Lang, Lehrbuch, S. 370, die grundsätzlich für eine Besteuerung von Gewinnen aus der Veräußerung von Wirtschaftsgütern des Privatvermögens eintreten.

des Erben in die Besteuerung sieht der BFH durch die bereits zuvor angesprochene „Fortsetzungsthese“ als gerechtfertigt an. In einer einschlägigen Entscheidung heißt es hierzu wörtlich[213]:

> „Der Erbe setzt nicht nur zivilrechtlich, sondern auch einkommensteuerrechtlich die Person des Erblassers fort. Er tritt in jeder Beziehung in dessen Rechtsstellung ein und ist wie der Rechtsvorgänger zu behandeln.“

Auf die Unzulänglichkeiten der „Fortsetzungsthese“ ist in der Literatur verschiedentlich hingewiesen worden[214]. Dabei wird insbesondere hervorgehoben, daß § 23 EStG keine geeignete gesetzliche Grundlage für die Zurechnung der steuerbegründenden Tatbestandsmerkmale Anschaffungszeitpunkt und -kosten an den Erben darstelle[215]. Die Besonderheit der Spekulationsgewinnbesteuerung gegenüber den Gewinnbesteuerungen nach §§ 16, 17 EStG besteht darin, daß es sich um einen subsidiären Tatbestand handelt[216]. D. h. die Besteuerung erfolgt nach §§ 22 Nr. 2, 23 EStG nur, wenn der Vermögenszuwachs nicht im Rahmen einer anderen Einkunftsart erfaßt werden kann. Da der Vermögenszuwachs nur besteuert wird, wenn er innerhalb der Spekulationsfristen realisiert wird, läßt sich der Steuerzugriff als Erfassung von Leistungsfähigkeit erklären, die in typisierender Weise durch die relativ kurzen Fristen deutlich wird. Dem Vermögenszuwachs haftet, ähnlich wie dem Erwerb von Erbschaften oder Schenkungen, etwas „Müheloses“ an. Für den Erbfall läßt sich dieser Aspekt aus einkommensteuerlicher Sicht jedoch nicht anwenden, da der Erbfall keine Anschaffung eines Spekulationsobjektes bedeutet, und somit die Besteuerung der späteren Gewinnrealisierung nur objektbezogen erklärt werden kann. Das entscheidende Besteuerungskriterium ist danach die dem Spekulationsobjekt anhaftende Leitungsfähigkeit infolge des kurzfristigen Vermögenszuwachses. Dieser Vermögenszuwachs basiert, wie die stillen Reserven im Betriebsvermögen, auf von außen kommenden wertbildenden Faktoren. Das Kriterium der Individualbesteuerung tritt dabei gegenüber der Objektbezogenheit zurück.

Ein ähnlicher Besteuerungsansatz läßt sich der Besteuerung von Dividenden aus Anteilen an Kapitalgesellschaften entnehmen. Einkünftebezieher ist gem. § 20 Abs. 1 Nr. 1 EStG derjenige Steuerpflichtige, der im Zeitpunkt des Gewinnausschüttungsbeschlusses (vgl. § 58 Abs. 4 AktG, § 29 Abs. 1 GmbHG) Inhaber der Anteile ist, da erst in diesem Zeitpunkt der Dividendenanspruch entsteht[217].

---

213 Vgl. BFH-Urteil vom 21.3.1969, VI R 208/67, BStBl. II 1969, 520, 521; zustimmend: Wacker in Littmann / Bitz / Meincke, Das Einkommensteuerrecht, § 23 Rdn. 22; Herrmann / Heuer / Raupach, Kommentar, § 23 EStG Anm. 25, § 1 EStG Anm. 16; a. A.: Ruppe, DStJG 10(1987), S. 45, 69; Wasmer, Zurechnung, S. 56 f.

214 Vgl. Wasmer, Zurechnung, S. 39 ff.; Meincke, DStJG 10(1987), S. 19, 29 ff.; Ruppe, DStJG 10(1987), S. 45, 53 ff.; Trzaskalik, StuW 1979, S. 97, 99 ff.

215 Vgl. Wasmer, Zurechnung, S. 56.

216 Vgl. § 23 Abs. 3 EStG.

217 Vgl. FG Hamburg, Urteil vom 15.8.1984, I 230/81, EFG 1985, 122, 123, rkr.; FG Baden-Württemberg, Außensenate Freiburg, Urteil vom 28.11.1984, II (III) 221/82, EFG 1985, 295, rkr.; Schmidt / Heinicke, Kommentar, § 20 Anm. 45 a bb; Heinicke,

Für den Fall der Rechtsnachfolge in den Anteil an der Kapitalgesellschaft, z. B. durch Veräußerung, bedeutet dies, daß keine zeitanteilige Aufteilung der noch zu beschließenden Dividendenzahlung erfolgt, sondern allein der Erwerber als Einkünftebezieher anzusehen ist[218]. Der Einkünfteerzielungstatbestand wird also nicht, wie bei sonstigen Einkünften aus Kapitalvermögen, durch die entgeltliche Überlassung von Kapital zur Nutzung geprägt, sondern durch die Gesellschafterstellung im Zeitpunkt des Gewinnausschüttungsbeschlusses[219]. Hieraus folgt, daß Steuergegenstand nicht die Marktteilnahme als solche ist, sondern die Zuordnung eines Wirtschaftsgutes zu einem bestimmten Zeitpunkt. Die Besteuerung steht allerdings unter der aufschiebenden Bedingung, daß ein entsprechender Gewinnausschüttungsbeschluß gefaßt wird. Da sich die Dividendenzahlung als laufende Auszahlung eines ansonsten in Form der Rücklagenzuführung eintretenden Vermögenszuwachses des Anteils an der Kapitalgesellschaft auffassen läßt, wird hierdurch die Parallele zur Spekulationsgewinnbesteuerung erkennbar. In beiden Fällen handelt es sich um eine zeitbezogene Vermögenszuwachsbesteuerung, die durch die Nachfolge in der Eigentümerstellung bezüglich des Spekulationsobjektes bzw. im Gesellschafterverhältnis unberührt bleibt. Dem Element des „Erwirtschaftens" kann somit nicht die entscheidende Bedeutung beigemessen werden. Bei der Spekulationsgewinnbesteuerung ist wie bei der Dividendenbesteuerung das maßgebliche Merkmal, daß sich ein dem Steuerpflichtigen zuzuordnendes Wirtschaftsgut innerhalb eines bestimmten Zeitraumes im Wert erhöht hat und diese Werterhöhung innerhalb dieses Zeitraumes realisiert wird. Bezogen auf den Erwerb von Todes wegen, handelt es sich daher um vergleichbare Besteuerungsmerkmale, da in beiden Fällen der Steuerzugriff auf den Vermögenszuwachs gerichtet ist. Wie auch bei den Veräußerungsgewinnen weichen die Steuergegenstände jedoch hinsichtlich Besteuerungszeitpunkt und -ausmaß voneinander ab. Zudem bedarf es für die Einkommensteuer der Realisierung.

(4) Rückständige Forderungen

Die einkommensteuerliche Erfassung der sog. rückständigen Forderungen bei dem Rechtsnachfolger basiert auf der Vorschrift des § 24 Nr. 2 zweiter Halbsatz EStG. Die Vorschrift stellt nach überwiegender Auffassung[220] eine Zurechnungs-

---

DStJG 10(1987), S. 99, 131; BFH-Urteil vom 12.10.1982, VIII R 72/79, BStBl. II 1983, 128, 129.

218 Vgl. FG Hamburg, Urteil vom 15.8.1984, I 230/81, EFG 1985, 122, 124, rkr.; Heinicke, DStJG 10(1987), S. 99, 131; Herrmann / Heuer / Raupach, Kommentar, § 20 EStG Anm. 375; Dötsch in Dötsch / Eversberg / Jost / Witt, Kommentar, § 20 EStG Rdn. 57.

219 Vgl. Heinicke, DStJG 10(1987), S. 99, 131.

220 Vgl. FG Hamburg, Urteil vom 9.2.1988, I 425/85, EFG 1988, 365, n. rkr.; Tipke, StuW 1980, S. 1, 9; Tipke / Lang, Lehrbuch, S. 373; Wacker in Littmann / Bitz / Meincke, Das Einkommensteuerrecht, § 24 Rdn. 104; Stadie, Zurechnung, S. 76; Ruppe, DStJG 10(1987), S. 45, 57; Heinicke, DStJG 10(1987), S. 99, 103; Schmidt / Seeger, Kommentar, § 24 Anm. 8 a; siehe auch: BFH-Urteil vom 19.12.1975, VI R 157/72, BStBl. II

fiktion dar und hat nicht nur klarstellende[221] bzw. Sicherungsfunktion[222]. Nach h. M. ist § 24 Nr. 2 EStG sowohl für den Gesamtrechtsnachfolger, als auch für den Einzelrechtsnachfolger anwendbar[223]. Im Hinblick auf den Rechtsnachfolger bedeutet die von der überwiegenden Auffassung angenommene Zurechnungsfiktion des § 24 Nr. 2 zweiter Halbsatz EStG eine Durchbrechnung des Subjektsteuerprinzips, da der Steuerpflichtige nicht die dem Einkommensbegriff immanente wirtschaftliche Tätigkeit ausgeführt hat. In der Literatur wird daher auch aus systematischen Gründen zum Teil vorgeschlagen, die dem Rechtsnachfolger zufließenden Einkünfte in die letzte Veranlagung des Rechtsvorgängers einzubeziehen[224], was allerdings zu erheblichen praktischen Schwierigkeiten führen dürfte[225]. Stattdessen werden die von dem Rechtsnachfolger bezogenen Einkünfte mit den von dem Rechtsvorgänger übernommenen Einkünftequalifizierungsmerkmalen als eigene Einkünfte in den Gesamtbetrag der von dem Rechtsnachfolger erzielten Einkünfte einbezogen[226].

Unabhängig von der Vorschrift des § 24 Nr. 2 EStG läßt sich feststellen, daß die dem Rechtsnachfolger zufließenden rückständigen Forderungen seine steuerliche Leitungsfähigkeit erhöhen. Aus der Sicht des Rechtsnachfolgers handelt es sich nicht um Einkünfteerzielung, da die Einkünfteerzielung bereits durch den Rechtsvorgänger erfolgte. Dieser hat z. B. seine Arbeitsleistung erbracht oder das Mietobjekt zur Nutzung überlassen. Die für die Einkünfteerzielung maßgebliche Marktteilnahme ist also bereits verwirklicht. Damit ist grundsätzlich der

1976, 322, 323; BFH-Urteil vom 25.3.1976, IV R 174/73, BStBl. II 1976, 487, 489; BFH-Urteil vom 11.8.1971, VIII R 76/70, BStBl. II 1972, 55.

221 So: Biergans, FR 1982, S. 525, 530; Blümich / Stuhrmann, Kommentar, § 24 EStG Rz. 60.

222 So: Trzaskalik, StuW 1979, S. 97, 109 f.; Crezelius, BB 1979, S. 1342, 1345; Wasmer, Zurechnung, S. 45.

223 Vgl. BFH-Urteil vom 25.3.1976, IV R 174/73, BStBl. II 1976, 487, 489; Herrmann / Heuer / Raupach, Kommentar, § 2 EStG Anm. 161 und § 24 EStG Anm. 12; Wacker in Littmann / Bitz / Meincke, Das Einkommensteuerrecht, § 24 Rdn. 104 m. w. N.; Schmidt / Seeger, Kommentar, § 24 Anm. 8 d; a. A.: Stadie, Zurechnung, S. 82 f.; allerdings soll die Vorschrift nicht im Fall der unentgeltlichen Rechtsnachfolge unter Lebenden anwendbar sein, vgl. BFH-Urteil vom 18.10.1989, I R 126/88, BStBl. II 1990, 377, 379; Heinicke, DStJG 10(1987), S. 99, 105 und Ruppe, DStJG 10(1987), S. 45, 61; Schmidt / Seeger, Kommentar, § 24 Anm. 8 d.

224 Vgl. Lang, Bemessungsgrundlage, S. 261; Trzaskalik, StuW 1979, S. 97, 109 f.; ähnlich: Biergans, FR 1982, S. 525, 530 f.

225 Vgl. Heinicke, DStJG 10(1987), S. 99, 104; Stadie, Zurechnung, S. 75; Wacker in Littmann / Bitz / Meincke, Das Einkommensteuerrecht, § 24 Rdn. 104.

226 Vgl. RFH-Urteil vom 25.6.1930, VI A 916/30, RStBl. 1930, 618, 619; RFH-Urteil vom 26.10.1933, VI A 2067/32, RStBl. 1934, 404; BFH-Urteil vom 1.3.1957, VI 57/55 U, BStBl. III 1957, 135, 136; BFH-Urteil vom 29.7.1960, VI 265/58 U, BStBl. III 1960, 404, 405; BFH-Urteil vom 11.8.1971, VIII R 76/70, BStBl. II 1972, 55; BFH-Urteil vom 19.12.1975, VI R 157/72, BStBl. II 1976, 322, 323; FG Hamburg, Urteil vom 9.2.1988, I 425/85, EFG 1988, 365, n. rkr.; Schmidt / Seeger, Kommentar, § 24 Anm. 8 d; Stadie, Zurechnung, S. 75; Ruppe, DStJG 10(1987), S. 45, 56 ff.; Wacker in Littmann / Bitz / Meincke, Das Einkommensteuerrecht, § 24 Rdn. 104.

Einkünfteerzielungstatbestand erfüllt. Denn dem Zufluß der Einkünfte kommt generell keine steuerbegründende Wirkung zu. Vielmehr entscheidet er über die zeitliche Zuordnung der Einkünfte gem. §§ 11 Abs. 1, 25 Abs. 1 EStG, nicht aber über die Begründung der Steuerpflicht[227]. Diese Aussage trifft allerdings nur auf solche „erwirtschaftete" Einkünfte zu, bei denen der Urheber als Normadressat vorhanden ist. Fällt der Urheber hingegen als Normadressat weg, ist dem Zufluß eine eigenständige Bedeutung beizumessen. Durch den Zufluß der von dem Rechtsvorgänger erwirtschafteten Einkünfte wird der Rechtsnachfolger zum neuen Normadressaten bestimmt. Eine nachträgliche Besteuerung des Rechtsvorgängers ist wegen der Vorschrift des § 25 Abs. 2 EStG nicht möglich[228]. Der Wegfall des bisherigen Normadressaten und die steuerbegründende Wirkung des Zuflusses bei dem Rechtsnachfolger bedingen sich daher gegenseitig. Der Zufluß bei dem Rechtsnachfolger substituiert damit die an sich erforderliche Marktteilnahme des Steuerpflichtigen. Deshalb werden dem Rechtsnachfolger durch § 24 Nr. 2 zweiter Halbsatz EStG nicht fremde Einkünfte zugeordnet, sondern eigene Einkünfte besonderer Art. Die Bedeutung der Vorschrift liegt also nicht in der Einkünfteverlagerung, sondern in einer Einkünftequalifizierungsfiktion. Durch § 24 Nr. 2 zweiter Halbsatz EStG wird ein unentgeltlicher Vermögenszufluß als Einkünfteerzielung fingiert, so daß z. B. der Erbe eines Arbeitnehmers Arbeitslohn bezieht[229] oder der Erbe eines Gewerbetreibenden Einkünfte aus Gewerbebetrieb[230], ohne daß in diesen Fällen die Einkünftebezieher selbst entgeltlich am Markt teilgenommen hätten. Diese Fiktion läßt sich aus dem Wortlaut des § 24 Nr. 2 EStG ableiten. Nach § 24 Nr. 2 EStG „gehören zu den Einkünften im Sinne des § 2 Abs. 1 auch Einkünfte aus einer ehemaligen Tätigkeit im Sinne des § 2 Abs. 1 Nr. 1 bis 4 oder aus einem früheren Rechtsverhältnis im Sinne des § 2 Abs. 1 Nr. 5 bis 7, und zwar auch dann, wenn sie dem Steuerpflichtigen als Rechtsnachfolger zufließen". Für § 24 Nr. 2 erster Halbsatz EStG ist allgemein anerkannt[231], daß die Regelung nur klarstellende Bedeutung hat, da der Steuerpflichtige entgeltlich am Markt teilgenommen hat und der spätere Zufluß insoweit nur den Besteuerungszeitpunkt festlegt. Damit betrifft die Regelung den Umfang der sachlichen Steuerpflicht[232]. Mit dem Gleichstellungsverweis im zweiten Halbsatz wird die in dem ersten Halbsatz „klargestellte" Rechtsfolge auch für den Fall der Rechtsnachfolge angeordnet. Dementsprechend kann der Regelungsbereich der Vorschrift nur einheitlich beurteilt werden. Der zweite Halbsatz betrifft also ebenfalls die sachliche Steuerpflicht. Soweit die Bedeutung des zweiten Halbsatzes in einer Zurechnungsfiktion i. S. einer Regelung über die subjektive

227 Vgl. Schmidt / Heinicke, Kommentar, § 11 Anm. 1 m. w. N.

228 Vgl. Ruppe, DStJG 10(1987), S. 45, 58.

229 Vgl. BFH-Urteil vom 29.7.1960, VI 265/58 U, BStBl. III 1960, 404, 405.

230 Vgl. BFH-Urteil vom 25.3.1976, IV R 174/73, BStBl. II 1976, 487.

231 Vgl. Tipke / Lang, Lehrbuch, S. 373; Blümich / Stuhrmann, Kommentar, § 24 Rz. 60; Wacker in Littmann / Bitz / Meincke, Das Einkommensteuerrecht, § 24 Rdn. 96.

232 Vgl. Wacker in Littmann / Bitz / Meincke, Das Einkommensteuerrecht, § 24 Rdn. 96; Schmidt / Seeger, Kommentar, § 24 Anm. 8 a.

Steuerpflicht gesehen wird, kann dem in Anbetracht der Gesetzessystematik nicht gefolgt werden. Es ist nicht ersichtlich, warum der Gesetzgeber im Rahmen des § 24 EStG, der mit „gemeinsame Vorschriften" überschrieben ist und im Gesetzesaufbau zu den Vorschriften über die sachlichen Voraussetzungen für die Besteuerung gehört (vgl. § 2 Abs. 1 Satz 2 EStG), die subjektive Steuerpflicht regeln sollte. Nach § 2 Abs. 1 Satz 2 EStG ist § 24 EStG im Zusammenhang mit dem Einkünfteerzielungstatbestand des § 2 Abs. 1 EStG zu sehen. Danach sind Einkünfte, die dem Steuerpflichtigen als Rechtsnachfolger i. S. d. § 24 Nr. 2 zweiter Halbsatz EStG zufließen, als Einkünfte nach § 2 Abs. 1 EStG anzusehen, die der Steuerpflichtige erzielt. Hieraus wird deutlich, daß § 24 Nr. 2 EStG von dem Vorliegen einer subjektiven Steuerpflicht ausgeht und in dem „Zufluß von erwirtschafteten Einkünften an den Rechtsnachfolger" die Fiktion der Einkünfteerzielung bestimmt. Für den Steuergegenstandsbegriff des EStG bedeutet dies eine Erweiterung, da der Steuerpflicht auch fremderwirtschaftete Einkünfte unterliegen, die dem Steuerpflichtigen in seiner Eigenschaft als Rechtsnachfolger zufließen. Bezogen auf den Einkünftekatalog des § 2 Abs. 1 EStG handelt es sich somit um eine „achte" Einkunftsart, deren Besonderheit in der Fremderwirtschaftung besteht, die bei dem Steuerpflichtigen aufgrund eines Rechtszuständigkeitswechsels zu einer Steigerung seiner steuerlichen Leitungsfähigkeit führt. Im Vergleich zu den erbschaftsteuerlichen Vermögensanfällen besteht daher Dekkungsgleichheit. Erfaßt werden in beiden Fällen Vermögenszuwächse aufgrund eines Rechtszuständigkeitswechsels, wobei die erbschaftsteuerlichen Vermögensanfälle weitergehend auch solche Erwerbe erfassen, die nicht fremderwirtschaftet sind. Hiergegen läßt sich nicht einwenden, die Steuergegenstände seien verschieden, weil die Erbschaftsteuer die Vermögensposition als solche, die Einkommensteuer hingegen erst die realisierte Forderung erfaßt. Hierbei handelt es sich um unterschiedliche Steuertechniken. Wegen des bei der Erbschaft-/Schenkungsteuer geltenden Stichtagsprinzips ist die Vermögensposition als solche heranzuziehen, während die laufend veranlagte Einkommensteuer auf den Zuflußzeitpunkt abstellen kann. In Ihren Kernbereichen überschneiden sich daher die Steuergegenstände.

bb) Analyse der übrigen Doppelbelastungsfälle

(1) Renten und andere wiederkehrende Bezüge gem. § 22 EStG

Nach § 22 Nr. 1 Satz 1 EStG werden Einkünfte aus wiederkehrenden Bezügen besteuert, soweit sie nicht zu den in § 2 Abs. 1 Nr. 1 bis 6 EStG bezeichneten Einkunftsarten gehören. Die Vorschrift hat damit gegenüber allen anderen Einkunftsarten einen subsidiären Charakter[233]. Wiederkehrende Bezüge als Oberbegriff i. S. d. § 22 Nr. 1 Satz 1 EStG sind „Geld- und / oder Sachleistungen, die

233 Vgl. Schmidt / Heinicke, Kommentar, § 22 Anm. 2; Stephan in Littmann / Bitz / Meincke, Das Einkommensteuerrecht, § 22 Rdn. 8.

in gewissen Zeitabständen wiederkehren und einer Person aufgrund eines einheitlichen Rechtsgrundes mehrmals hintereinander mit gewisser Regelmäßigkeit, wenn auch nicht unbedingt in gleicher Höhe, zufließen, ohne daß es sich dabei um Kaufpreisraten handelt"[234]. Da es bei dieser Definition nicht entscheidend darauf ankommt, daß die wiederkehrenden Bezüge auf einer wirtschaftlichen Betätigung des Steuerpflichtigen beruhen, werden auch unentgeltlich zugewandte Renten und andere wiederkehrende Bezüge erfaßt. Im Hinblick auf den Umfang der Besteuerung muß zwischen Leibrenten i. S. d. § 22 Nr. 1 Satz 3 Buchstabe a EStG und den anderen wiederkehrenden Bezügen unterschieden werden. Leibrenten unterliegen nach § 22 Nr. 1 Satz 3 Buchstabe a EStG nur mit ihrem Ertragsanteil der Besteuerung, während in den sonstigen Fällen in vollem Umfang Steuerpflicht besteht[235]. Der Beschränkung der Besteuerung von Leibrenten auf den Ertragsanteil liegt der Gedanke zugrunde, daß der Erwerb des Rentenstammrechts lediglich die Vermögenssphäre berührt. Das Rentenstammrecht entspricht wirtschaftlich betrachtet einer zu verzinsenden und zu tilgenden Kapitalforderung in Höhe des Kapitalwertes der Rente. Die Rentenzahlungen werden daher in einen steuerpflichtigen Zinsanteil und in einen nicht der Einkommensteuer unterliegenden Kapitalrückzahlungsanteil aufgeteilt[236]. Mit dieser Argumentation läßt sich die Leibrentenbesteuerung in den allgemeinen Einkommensbegriff einordnen, da es sich um eine entgeltliche Kapitalnutzung handelt.

Bei den anderen unentgeltlich zugewandten Bezügen liegen keine erwirtschafteten Vermögensmehrungen durch den Erwerber vor. Die Einbeziehung in den Steuergegenstand wird mit der durch den regelmäßigen Zufluß einhergehenden Stärkung der wirtschaftlichen Leistungsfähigkeit begründet[237]. Erfaßt wird jedoch nur diejenige gesteigerte Leistungsfähigkeit, die sich als Nutzung eines Rechtsver-

---

[234] Vgl. Biergans, Renten, S. 1; Jansen / Wrede, Renten, Rdn. 11; Stephan in Littmann / Bitz / Meincke, Das Einkommensteuerrecht, § 22 Rdn. 14; Bader / Lammsfuß / Rinne, Besteuerung der Renten, Rdn. 20; Blümich / Stuhrmann, Kommentar, § 22 EStG Rz. 27 f.

[235] Vgl. BFH-Urteil vom 12.11.1985, IX R 2/82, BStBl. II 1986, 261, 263; Zeitrenten können hiernach nicht wie Leibrenten behandelt werden, vgl. auch: BFH-Urteil vom 10.10.1963, VI 288/62 U, BStBl. III 1963, 584; BFH-Urteil vom 25.11.1980, VIII R 71/76, BStBl. II 1981, 358, 359; kritisch hierzu: Stephan in Littmann / Bitz / Meincke, Das Einkommensteuerrecht, § 22 Rdn. 62 m. w. N.; Blümich / Stuhrmann, Kommentar, § 22 EStG Rz. 119; Gérard in Lademann / Söffing / Brockhoff, Kommentar, § 22 Anm. 67.

[236] Vgl. Blümich / Stuhrmann, Kommentar, § 22 EStG Rz. 85; Stephan in Littmann / Bitz / Meincke, Das Einkommensteuerrecht, § 22 Rdn. 81; siehe auch: FG Berlin, Urteil vom 13.9.1985, III 452/83, EFG 1986, 292, rkr.; RFH-Urteil vom 7.5.1930, VI A 827/27, RStBl. 1930, 578, 579.

[237] Vgl. BFH-Urteil vom 13.3.1974, I R 180/72, BStBl. II 1974, 423, 424; Herrmann / Heuer / Raupach, Kommentar, § 22 EStG Anm. 5 (1); die Einbeziehung der wiederkehrenden Bezüge in den Einkommensbegriff entspricht der Quellentheorie, vgl. John, Einkommensteuer, S. 37; nach BFH-Urteil vom 26.4.1977, VIII R 2/75, BStBl. II 1977, 631, 632, ist es fraglich, ob es dem Sinn und Zweck der Vorschrift entspricht, eine Leistung, die bei einmaliger Zahlung nicht steuerbar wäre, nur deshalb zur Besteuerung heranzuziehen, weil sie — mehr oder weniger zufällig — wiederholt erbracht wird.

hältnisses darstellt[238]. Mit anderen Worten nur solche sich wiederholenden Vermögensmehrungen, die auf einem einheitlichen Entschluß bzw. Rechtsgrund basieren. Der Begünstigte kann in diesen Fällen sicher damit rechnen, für eine gewisse Dauer wiederholt Zuwendungen zu erhalten. Die „gesicherte Rechtsposition" ist also Anknüpfungsmerkmal für die Besteuerung. Der final geprägte Einkommensbegriff wird dadurch um eine rein formale Komponente erweitert. Die Rechtsprechung bezeichnet diese Komponente als „äußere Form der Gewährung in wiederkehrenden Bezügen"[239]. Mit dieser formalistischen Betrachtung läßt sich die Rechtsprechungsthese von den verschiedenen Tatbeständen nicht begründen. Der Hinweis auf die „äußere Form der Gewährung in wiederkehrenden Bezügen" bleibt an der Oberfläche und verdeckt den wirklichen Anknüpfungspunkt der Einkommensteuer. Entscheidend ist die Einräumung dieser Rechtsposition. Die Wiederholung der Bezüge allein vermag den Begriff der wiederholenden Bezüge nicht zu begründen[240]. Damit aber entsprechen sich die Tatbestände von Einkommensteuer und Erbschaft-/Schenkungsteuer. Denn auch bei der Erbschaft-/Schenkungsteuer wird der Vermögenszuwachs in Form der Einräumung der vermögenswerten Position erfaßt. Dem einkommensteuerlichen Zufluß kommt daneben nur eine steuererhebungstechnische Bedeutung zu.

Die Doppelbelastung von Leibrenten im Falle der Jahresversteuerung nach § 23 ErbStG beruht auf einer erbschaftsteuerlichen Besonderheit. Grundsätzlich wird in der unentgeltlichen Begründung einer Leibrente eine im Vermögensbereich liegende Überlassung von Kapital gesehen[241], so daß einkommensteuerlich lediglich der in den Rentenzahlungen enthaltene Zinsanteil erfaßt wird, während die Erbschaftsteuer das erworbene Rentenstammrecht — also das Kapital — besteuert. Die Besonderheit des § 23 ErbStG besteht nun darin, daß diese Vorschrift eine der jeweiligen jährlichen Rentenzahlung entsprechende Steuerteilzahlung ermöglicht. Grundlage der Besteuerung ist sowohl im Fall der Einmalzahlung als auch im Fall der Jahresversteuerung der Jahreswert der Rente[242]. Während die nach §§ 13 ff. BewG vorzunehmende Kapitalwertermittlung zu einer Abzinsung nach den üblichen mathematischen Grundsätzen für die Rentenberechnung führt[243], gilt dies im Fall des § 23 ErbStG nicht. Vielmehr ist auf den Jahreswert der Rente der Steuersatz anzuwenden, der sich bei einer Versteuerung nach dem Kapitalwert ergeben hätte[244]. Gegenüber der Einmalversteuerung ergibt sich somit

---

[238] Vgl. BFH-Urteil vom 20.7.1971, VIII 24/65, BStBl. II 1972, 170, 171.

[239] Vgl. RFH-Urteil vom 7.5.1930, VI A 827/27, RStBl. 1930, 578, 579; RFH-Urteil vom 6.2.1941, IV 200/40, RStBl. 1941, 418; RFH-Urteil vom 26.6.1941, IIIe 43/40, RStBl. 1941, 766; BFH-Urteil vom 20.7.1971, VIII 24/65, BStBl. II 1972, 170, 171.

[240] Vgl. BFH-Urteil vom 20.7.1971, VIII 24/65, BStBl. II 1972, 170, 171.

[241] Vgl. Herrmann / Heuer / Raupach, Kommentar, § 22 EStG Anm. 27 (1).

[242] Vgl. Michel in Meincke / Michel, Kommentar, § 23 Anm. 5; ders. in Inf. 1977, S. 163, 164; Troll, Kommentar, § 23 Rdn. 4; Moench, Kommentar, § 23 Rz. 6.

[243] Vgl. Rössler / Troll, Kommentar, § 13 BewG Rdn. 1.

[244] Vgl. Michel in Meincke / Michel, Kommentar, § 23 Anm. 6.

eine zusätzliche Erfassung des Ertragsanteils. Hierin liegt im wirtschaftlichen Ergebnis eine Doppelbelastung.

Im Hinblick auf den Steuergegenstand ist zu klären, ob die Vorschrift des § 23 ErbStG zu einer Erweiterung der erbschaftsteuerlichen Steuergegenstandsbegriffe führt. Nach Auffassung des BFH handelt es sich bei der Vorschrift nicht um eine Teilzahlungsregelung hinsichtlich der ursprünglichen Erbschaftsteuerschuld, sondern um eine Steuerleistung, die als dauernde Last aus der Vermögenssphäre in die Einkommenssphäre gerückt sei[245].

Troll hingegen betont, daß die Vorschrift in ihrer Wirkungsweise auf eine besondere Art von Stundung der Erbschaftsteuer hinausläuft, so daß die Ertragsanteilsbesteuerung den Charakter von Stundungszinsen hätte. Gleichwohl soll es sich nicht um eine Stundungsvorschrift, sondern um eine eigene Berechnungsvorschrift handeln[246]. Diese Auffassung wird durch die systematische Stellung der Vorschrift als Teil der Steuerfestsetzungs- und Erhebungsvorschriften bestätigt. Hinzu kommt, daß die Regelung antragsabhängig ist, so daß die Wirkungen von der Ausübung des Wahlrechtes durch den Erwerber abhängen. Der Sinn der Vorschrift ist demnach darin zu sehen, die Steuerzahlung nach der jeweiligen Leistungsfähigkeit ausrichten zu können[247]. Im Ergebnis folgt hieraus, daß § 23 ErbStG den Steuergegenstandsbegriff des ErbStG unberührt läßt[248]. Somit sind die Steuergegenstandsbegriffe verschieden, da das EStG die entgeltliche Kapitalnutzung und das ErbStG den Erwerb der Rechtsposition besteuert.

(2) Nießbrauchsrechte und Erbbauzinsen

Soweit wiederkehrende Bezüge wegen der Subsidiarität des § 22 EStG zu einer der übrigen Einkunftsarten gehören, kann es ebenfalls zu einer Doppelbelastung kommen. Zu nennen sind hierbei an erster Stelle Nießbrauchsgestaltungen, bei denen der Nießbraucher aufgrund des unentgeltlich eingeräumten Nießbrauchsrechts einkommensteuerpflichtige Einkünfte erzielt und diese wiederkehrenden Bezüge mit ihrem Kapitalwert (oder zusätzlich mit ihrem Ertragswert, vgl. § 23 ErbStG) auch der Erbschaftsteuer unterliegen.

Der Nießbrauch gem. §§ 1030 ff. BGB stellt das höchstpersönliche Recht dar, grundsätzlich sämtliche Nutzungen des belasteten Gegenstandes zu ziehen[249]. Einkommensteuerlich wird der Nießbrauchsberechtigte nur dann als Einkünftebe-

---

245 Vgl. BFH-Urteil vom 15.11.1957, VI 79/55 U, BStBl. III 1958, 103, 104; BFH-Urteil vom 5.4.1965, VI 339/63 U, BStBl. III 1965, 360, 361; zustimmend: Herrmann / Heuer / Raupach, Kommentar, § 10 EStG Anm. 60 „Erbschaftsteuer" m. w. N.

246 Vgl. Kommentar, § 23 Rdn. 2.

247 Vgl. Michel in Meincke / Michel, Kommentar, § 23 Anm. 1; Troll, Kommentar, § 23 Rdn. 2.

248 Vgl. Michel in Meincke / Michel, Kommentar, § 23 Anm. 5.

249 Vgl. Petzoldt in Münchener Kommentar, vor § 1030 Rdn. 1; Lohr, Nießbrauch, S. 19; Mittelbach / Richter, Nießbrauch, S. 1.

zieher angesehen, wenn er aufgrund der ihm entgeltlich oder unentgeltlich[250] eingeräumten Rechtsstellung den Einkünfteerzielungstatbestand durch seine entgeltliche Marktteilnahme erfüllt[251]. So führt beispielsweise der unentgeltlich eingeräumte Nießbrauch an einem Betriebsvermögen dann zu Einkünften aus Gewerbebetrieb bei dem Nießbraucher, wenn dieser aufgrund seiner Rechtsposition im eigenen Namen Unternehmerinitiative entfaltet und Unternehmerrisiko trägt[252]. Dieser sog. Unternehmensnießbrauch ist von dem bloßen Ertragsnießbrauch zu unterscheiden[253], bei dem nicht der Nießbraucher, sondern der Eigentümer den Einkünfteerzielungstatbestand erfüllt. Es handelt sich insoweit um eine Vorausabtretung von Einkünften durch den Eigentümer[254]. Bei dem Nießbraucher können allerdings sonstige Einkünfte gem. § 22 Nr. 1 Satz 1 EStG in Form der Gewinnanteile gegeben sein[255].

Erbschaftsteuerlich führt die Nießbrauchsbestellung zu einem entsprechenden Vermögensanfall[256]. Entscheidend ist die als Erwerb von Todes wegen oder Schenkung unter Lebenden erfolgende Einräumung einer Rechtsposition, die dem Begünstigten einen Anspruch auf wiederkehrende Nutzungen oder Leistungen verschafft[257]. In Betracht kommen die Einräumung von unentgeltlichen Nießbrauchspositionen in Form des Vermächtnis- oder Zuwendungsnießbrauchs[258].

Somit läßt sich einmal feststellen, daß die Steuergegenstandsbegriffe verschieden sind, da auf der einen Seite die entgeltliche Marktteilnahme und auf der anderen Seite der Erwerb der Rechtsposition als solche besteuert werden. Einkommensteuerlich ist aber auch die Einräumung der Nießbrauchsposition von Bedeutung, da diese Dispositionsmöglichkeit des Nießbrauchers die Einkünftezurechnung bewirkt[259]. In diesem Teilbereich stimmen die Steuergegenstände also überein.

---

250 Insoweit ist die einkommensteuerliche Behandlung der erzielten Einkünfte unabhängig von dem Entstehungsgrund des Nießbrauchsrechtes, vgl. hierzu: Lohr, Nießbrauch, S. 189 m. w. N.

251 Vgl. Mittelbach / Richter, Nießbrauch, S. 37 f.; Meyer, Nießbrauch, S. 84 f.; Ruppe, DStJG 1(1978), S. 7, 21; Lohr, Nießbrauch, S. 194; BFH-Urteil vom 13.5.1980, VIII R 63/79, BStBl. II 1981, 295, 296; BFH-Urteil vom 13.5.1980, VIII R 75/79, BStBl. II 1981, 297, 298; BFH-Urteil vom 13.5.1980, VIII R 128/78, BStBl. II 1981, 299, 300; BFH-Urteil vom 26.4.1983, VIII R 205/80, BStBl. II 1983, 502, 504; BFH-Urteil vom 5.7.1984, IV R 57/82, BStBl. II 1986, 322, 323.

252 Vgl. BFH-Urteil vom 28.2.1961, I 25/61 U, BStBl. III 1961, 252 f.; BFH-Urteil vom 11.4.1973, IV R 67/69, BStBl. II 1973, 528, 530; BFH-Urteil vom 4.11.1980, VIII R 55/77, BStBl. II 1981, 396, 397; Schmidt, Kommentar, § 15 Anm. 31 b.

253 Vgl. Schmidt, Kommentar, § 15 Anm. 31 b.

254 Vgl. Meyer, Nießbrauch, S. 85; Lohr, Nießbrauch, S. 49 ff.

255 Vgl. Lohr, Nießbrauch, S. 335; FG Köln, Urteil vom 8.10.1987, 7 K 408/82, EFG 1988, 179.

256 Vgl. Lohr, Nießbrauch, S. 384 ff.

257 Vgl. Meincke in Meincke / Michel, Kommentar, § 9 Anm. 43, § 7 Anm. 8 und § 3 Anm. 32; Troll, Kommentar, § 3 Rdn. 137 und § 7 Rdn. 15.

258 Vgl. Lohr, Nießbrauch, S. 384 ff.

259 Vgl. Lohr, Nießbrauch, S. 189.

Ein weiteres Beispiel der wiederkehrenden Bezüge, die wegen der Subsidiarität des § 22 EStG zu einer anderen Einkunftsart gehören, stellen Erbbauzinszahlungen dar. Diese können ebenfalls, wie die Leitentscheidung erkennen läßt[260], mit Einkommensteuer und Erbschaftsteuer doppelt belastet sein. Nach überwiegender Auffassung[261] werden Erbbauzinszahlungen als Vermietungs- oder Verpachtungseinkünfte in den Steuergegenstandsbegriff einbezogen. Diese Beurteilung ist im Hinblick auf die Besonderheiten des Erbbaurechtes allerdings nicht unumstritten. Ein Teil des Schrifttums[262] sieht in den Erbbauzinszahlungen unter Hinweis auf den Wortlaut des § 9 Abs. 1 ErbbRVO[263] ein Entgelt für die Bestellung des Erbbaurechtes. Mit der Erbbaurechtsbestellung hat danach der Grundstückseigentümer seine Leistung in vollem Umfang erbracht. Während der Erbbauberechtigte seine Gegenleistung durch laufende Zahlung des Erbbauzinses erbringt. Die Erbbaurechtsbestellung ist demzufolge als Anschaffungsgeschäft zu werten[264]; die Erbbauzinszahlungen wären danach nicht steuerbar[265], soweit sich das Grundstück im Privatvermögen befindet[266]. Für den Rechtsnachfolger des Erbbauverpflichteten hätte dies die Konsequenz, daß er die laufenden Zinszahlungen unentgeltlich erhält und eine Steuerpflicht dieser Zahlungen nur durch eine Erweiterung des Einkommensbegriffes möglich wäre. Diese Auslegung entspricht der zivilrechtlichen Beurteilung des Erbbaurechtes, nach der die Erbbaurechtsbestellung gegen Zahlung von Erbbauzinsen einem Rechtskauf gleicht[267]. Es handelt sich daher um ein grundstücksgleiches Recht[268]. Der Erbbauzins stellt in diesem Fall eine dingliche Belastung des Erbbaurechtes dar[269].

---

260 Vgl. BFH-Urteil vom 26.11.1986, II R 190/81, BStBl. II 1987, 175, 177.

261 Vgl. hierzu: Stephan in Littmann / Bitz / Meincke, Das Einkommensteuerrecht, § 21 Rdn. 74; BFH-Urteil vom 20.11.1980, IV R 126/78, BStBl. II 1981, 398, 399; BFH-Urteil vom 20.1.1983, IV R 158/80, BStBl. II 1983, 413, 416; FG Münster, Urteil vom 6.3.1986, IV 6462/85 E, EFG 1987, 184, rkr.; Blümich / Stuhrmann, Kommentar, § 21 EStG Rz. 40; das gleiche gilt für das Entgelt bei einer Nießbrauchsbestellung an einem Grundstück, vgl. BFH-Urteil vom 27.6.1978, VIII R 54/74, BStBl. II 1979, 332, 333.

262 Vgl. Nieland in Littmann / Bitz / Meincke, Das Einkommensteuerrecht, §§ 4, 5 Rdn. 837 „Erbbaurecht"; de Haan-Gast, DB 1976, S. 1347, 1348 f.; Martin, DB 1982, S. 1077 f.

263 Verordnung über das Erbbaurecht vom 15.1.1919, RGBl. 1919, 72.

264 Vgl. de Haan-Gast, DB 1976, S. 1347, 1349; Nieland in Littmann / Bitz / Meincke, Das Einkommensteuerrecht, §§ 4, 5 Rdn. 837.

265 A. A.: Martin, DB 1982, S. 1077, 1081.

266 Vgl. BFH-Urteil vom 19.1.1982, VIII R 102/78, BStBl. II 1982, 533, für den Fall, daß das Erbbaurecht ein auf dem Grundstück bereits befindliches Gebäude mitumfaßt; siehe aber Nieland in Littmann / Bitz / Meincke, Das Einkommensteuerrecht, §§ 4, 5 Rdn. 837 „Erbbaurecht", der die Erbbauzinsen möglicherweise zu den Einkünften aus Kapitalvermögen zählt.

267 Vgl. von Oefele in Münchener Kommentar, § 1 ErbbRVO, Rdn. 5; Nieland in Littmann / Bitz / Meincke, Das Einkommensteuerrecht, §§ 4, 5 Rdn. 837 „Erbbaurecht"; Martin, DB 1982, S. 1077.

268 Vgl. Palandt / Bassenge, Kommentar, Überblick vor § 1012 Rdn. 3 ; Ingenstau, Kommentar, § 11 Rdn. 2; von Oefele in Münchener Kommentar, § 1 ErbbRVO Rdn. 5; BGH-Urteil vom 22.2.1974, V ZR 67/72, BGHZ 62, 179, 180 f.

269 Vgl. Ingenstau, Kommentar, § 9 Rdn. 2.

Die einkommensteuerliche Rechtsprechung und ihr folgend das überwiegende Schrifttum sehen hingegen in der Erbbaurechtsbestellung die Begründung eines Dauerrechtsverhältnisses, bei dem sich die Leistung des Grundstückseigentümers in Gestalt einer fortlaufenden Duldung der Nutzung des Grundstücks durch den Erbbauberechtigten und andererseits die Gegenleistung des Erbbauberechtigten in Gestalt der laufenden Zinszahlungen nach dem Grundsatz der „schwebenden Geschäfte" ausgewogen gegenüberstehen[270]. Unter Zugrundelegung der im Einkommensteuerrecht geltenden wirtschaftlichen Betrachtungsweise[271] wird das Erbbaurechtsverhältnis einem Miet- und Pachtverhältnis gleichgestellt[272]. Für den Rechtsnachfolger bedeutet dies, daß er mit dem Zeitpunkt des Erbfalles eigene Einkünfte in Gestalt der Erbbauzinszahlungen erzielt, da er das Grundstück im Rahmen des Erbbaurechtsverhältnisses dem Erbbauberechtigten zur Nutzung überläßt. Es handelt sich bei dieser Betrachtungsweise um eine entgeltliche Verwertung von Leistungen am Markt. Eine Erweiterung des Steuergegenstandsbegriffes liegt insoweit nicht vor.

Der BFH-Rechtsprechung ist jedoch entgegenzuhalten, daß die wirtschaftliche Betrachtungsweise nicht zu einer unzulässigen Tatbestandserweiterung führen darf[273]. Mit dem Begriff der wirtschaftlichen Betrachtungsweise werden zwei Problemkreise angesprochen. Zum einen geht es um die Auslegung der von den Steuergesetzen verwendeten Begriffe und zum anderen um das Verhältnis von gesetzlichem Tatbestand und Sachverhalt[274]. Die Begriffsauslegung hat sich an dem im Steuerrecht gegebenen Normzweck zu orientieren[275]. Der Begriff der Vermietung und Verpachtung i. S. d. § 21 EStG ist daher nicht deckungsgleich mit den entsprechenden zivilrechtlichen Begriffen[276]. Vielmehr wird hiervon jede

---

[270] Vgl. BFH-Urteil vom 17.4.1985, I R 132/81, BStBl. II 1985, 617, 618; BFH-Urteil vom 20.1.1983, IV R 158/80, BStBl. II 1983, 413, 415; BFH-Urteil vom 20.11.1980, IV R 126/78, BStBl. II 1981, 398 f.; Fabri, Grundsätze, S. 123 f.; Pankow / Schmidt-Wendt in Beck'scher Bilanz-Kommentar, § 255 Rdn. 325 Stichwort „Erbbaurecht" m. w. N.; mit dieser Auffassung steht allerdings das BFH-Urteil vom 10.6.1983, VI R 15/80, BStBl. II 1983, 642, nicht in Einklang. Der Leitsatz lautet: „Bestellt ein Arbeitgeber seinem Arbeitnehmer ein Erbbaurecht zu einem unangemessen niedrigen Erbbauzins, so sind die Vorteile, die sich aus dem unentgeltlichen Teil der Erbbaurechtsbestellung ergeben, diesem im Jahr der Bestellung des Erbbaurechts zugeflossen"; ebenso: FG Baden-Württemberg, Außensenate Stuttgart, Urteil vom 5.11.1981, VI 64/78, EFG 1982, 299, 300, rkr.; kritisch hierzu: Herrmann / Heuer / Raupach, Kommentar, § 19 EStG Anm. 400 Stichwort „Erbbaurecht".

[271] Vgl. BFH-Urteil vom 22.9.1982, II R 61/80, BStBl. II 1983, 179, 180; Schmidt / Seeger, Kommentar, § 2 Anm. 13 a; Biergans / Stockinger, FR 1982, S. 1, 25, 27 f.

[272] Vgl. BFH-Urteil vom 20.1.1983, IV R 158/80, BStBl. II 1983, 413, 415 f; Fabri, Grundsätze, S. 124; Schmidt / Drenseck, Kommentar, § 21 Anm. 7.

[273] Vgl. Tipke / Kruse, Kommentar, § 4 AO Tz. 109.

[274] Vgl. Tipke / Kruse, Kommentar, § 4 AO Tz. 106; Grimm, DStZ 1978, S. 283, 286 ff.

[275] Vgl. Tipke / Lang, Lehrbuch, S. 93; Tipke / Kruse, Kommentar, § 4 AO Tz. 107; Schmidt / Seeger, Kommentar, § 2 Anm. 13 a.

Überlassung des Gebrauchs oder der Nutzung eines Gegenstandes erfaßt[277]. Die Grenze zur nichtsteuerbaren Vermögensebene ist dabei überschritten, wenn das bestehende Herrschaftsrecht ganz oder zum Teil übertragen wird[278]. Soweit sich hieraus die normzweckbedingte Auslegung der Begriffe Vermietung und Verpachtung entnehmen läßt, ist dieser wirtschaftliche Gehalt mit dem des Sachverhaltes zu vergleichen[279]. Dabei ist der zivilrechtlichen Gestaltung eine Indizwirkung für das Steuerrecht beizumessen[280]. Im Hinblick auf das Erbbaurechtsverhältnis betont der BFH, daß der wirtschaftliche Gehalt darin liegt, „daß der Grundstückseigentümer das Grundstück einem anderen auf Zeit zur Nutzung, nämlich zum Errichten eines Bauwerkes gegen Entgelt, überläßt"[281] bzw. daß es sich um ein Dauerrechtsverhältnis handele[282]. Diese Sachverhaltserweiterung geht über eine zulässige Auslegung hinaus. Der Kern des Erbbaurechtsverhältnisses besteht nicht in der befristeten Nutzungsüberlassung des Grundstückes, sondern in der Einräumung einer eigentümerähnlichen Position. Denn der Erbbauberechtigte erwirbt, anders als ein Mieter oder Pächter, ein grundstücksgleiches Recht, das ihm die Nutzung und den Gebrauch des Grundstücks wie einem Eigentümer ermöglicht[283] (vgl. § 1 Abs. 1 ErbbRVO). Diese Rechtsposition versetzt den Erbbauberechtigten in die Lage, das Grundstück wie ein Eigentümer zu bebauen, so daß es an einer synallagmatischen Verknüpfung von Nutzungsgewährung und Zinszahlung fehlt[284]. Die Position des Erbbauberechtigten wird z. B. durch die Vorschrift des § 12 Abs. 1 ErbbRVO besonders deutlich. Der Erbbauberechtigte wird mit der Erbbaurechtsbestellung Eigentümer der zum Zeitpunkt der Erbbaurechtsbestellung auf dem Grundstück bereits vorhandenen oder später von ihm errichteten Gebäude[285]. Die Einräumung einer eigentümerähnlichen Position durch die Erbbaurechtsbestellung läßt sich nicht mit der Nut-

---

276 Vgl. BVerfG, Beschluß vom 10.4.1987, 1 BvR 883/86, DB 1987, S. 2287, 2288; siehe auch: § 21 Abs. 1 Nr. 4 EStG.

277 Vgl. Schmidt / Drenseck, Kommentar, § 21 Anm. 1a m. w. N.; Blümich / Stuhrmann, Kommentar, § 21 EStG Rz. 1; BFH-Beschluß vom 11.3.1976, IV B 62/75, BStBl. II 1976, 535, 536 f.; BFH-Urteil vom 18.8.1977, VIII R 7/74, BStBl. II 1977, 796, 797; BFH-Urteil vom 12.9.1985, VIII R 306/81, BStBl. II 1986, 252, 253.

278 Vgl. Schmidt / Drenseck, Kommentar, § 21 Anm. 1 a; BFH-Urteil vom 12.9.1985, VIII R 306/81, BStBl. II 1986, 252, 254; BFH-Urteil vom 18.8.1977, VIII R 7/74, BStBl. II 1977, 796, 797.

279 Vgl. Tipke / Kruse, Kommentar, § 4 AO Tz. 108; Grimm, DStZ 1978, S. 283, 289 f.

280 Vgl. Ruppe, DStJG 1(1978), S. 7, 11; Grimm, DStZ 1978, S. 283, 286.

281 Vgl. BFH-Urteil vom 11.10.1963, VI 251/62 U, BStBl. III 1963, 564; ähnlich: BFH-Urteil vom 20.1.1983, IV R 158/80, BStBl. II 1983, 413, 415.

282 Vgl. BFH-Urteil vom 20.1.1983, IV R 158/80, BStBl. II 1983, 413, 415; BFH-Urteil vom 17.4.1985, I R 132/81, BStBl. II 1985, 617, 618; BFH-Urteil vom 20.11.1980, IV R 126/78, BStBl. II 1981, 398 f.

283 Vgl. BFH-Urteil vom 26.11.1986, II R 190/81, BStBl. II 1987, 175, 176.

284 Vgl. Nieland in Littmann / Bitz / Meincke, Das Einkommensteuerrecht, §§ 4, 5 Rdn. 837 „Erbbaurecht".

285 Vgl. Palandt / Bassenge, Kommentar, § 12 ErbbRVO Rdn. 2; von Oefele in Münchener Kommentar, § 12 ErbbRVO Rdn. 2.

zungsüberlassung durch Miete oder Pacht vergleichen. Von Bedeutung ist auch die Tatsache, daß der Erbbauzins nach § 9 Abs. 1 ErbbRVO ein reallastartiges Recht darstellt[286]. Der ErbbRVO liegt daher die Wertung zugrunde, daß die Erbbaurechtsbestellung gegen laufende Erbbauzinszahlungen einer Grundstücksveräußerung gegen Einräumung einer Hypothek entspricht (vgl. §§ 1107, 1115 BGB). Insofern ist auch zu beachten, daß die von den Parteien gewählte zivilrechtliche Gestaltung insoweit von Bedeutung ist, als es sich nicht um einen Mißbrauchsfall nach § 42 AO handelt. Wenn also die zivilrechtliche Wertung für das Erbbaurechtsverhältnis ein Anschaffungsgeschäft beinhaltet, das der nichtsteuerbaren Vermögensebene zuzurechnen ist, so hat auch im Steuerrecht diese von den Parteien gewollte Rechtsfolge zu gelten[287]. Die Einordnung des Erbbaurechtsverhältnisses als Miet- und Pachtverhältnis läßt sich danach nicht mit der normzweckbedingten Auslegung der Begriffe Vermietung und Verpachtung rechtfertigen, sondern stellt eine unzulässige Subsumtion des Sachverhaltes unter die Einkunftsart Vermietung und Verpachtung dar. Eine zutreffende Subsumtion hat unter Beachtung des wirtschaftlichen Gehaltes, das Erbbaurechtsverhältnis wirtschaftlich gleichgelagerten Fällen zuzuordnen. Folgerichtig ist die von *Nieland*[288] aufgeworfene Frage, ob dann nicht eine Besteuerung nach § 20 Abs. 1 Nr. 5 EStG in Betracht kommt, zu bejahen. Die Erbbauzinszahlungen sind dabei in einen Zinsanteil und einen nichtsteuerbaren Kapitalrückzahlungsanteil aufzuteilen[289]. Diese Beurteilung entspricht der erbschaftsteuerlichen Behandlung. Das ErbStG knüpft anders als das EStG grundsätzlich an das Bürgerliche Recht an[290]. Hierauf gestützt, wertet der BFH jede Bestellung eines Erbbaurechts für Zwecke der Erbschaftsteuer als Aufspaltung und teilweise Übertragung von Grundstückseigentumsrechten und behandelt den Erbbauzinsanspruch wie einen Kaufpreisanspruch[291]. Diesen Kaufpreisanspruch hätte der Erbe für Zwecke der Erbschaftsteuer unentgeltlich erworben, während er einkommensteuerlich nach Auffassung des BFH die Zinszahlungen erst noch erwirtschaften müßte.

---

[286] Vgl. von Oefele in Münchener Kommentar, § 9 ErbbRVO Rdn. 4.

[287] Vgl. auch: BFH-Urteil vom 15.5.1986, IV R 119/84, BStBl. II 1986, 609, 610: hiernach wird anhand der gewählten zivilrechtlichen Gestaltung das Vorliegen von steuerpflichtigen Einkünften und nichtsteuerbaren Zuwendungen entschieden.

[288] Vgl. in Littmann / Bitz / Meincke, Das Einkommensteuerrecht, §§ 4, 5 Rdn. 837 „Erbbaurecht".

[289] Vgl. hierzu: Biergans, Renten, S. 44 ff.

[290] Vgl. Meincke in Meincke / Michel, Kommentar, Einf. Anm. 7; ders. in StuW 1978, S. 352; Crezelius, Erbschaft- und Schenkungsteuer, S. 36 f.; Moench, Kommentar, Einf. Rz. 58; BFH-Urteil vom 22.9.1982, II R 61/80, BStBl. II 1983, 179, 180; BFH-Urteil vom 10.11.1982, II R 111/80, BStBl. II 1983, 116, 117; BFH-Urteil vom 26.11.1986, II R 190/81, BStBl. II 1987, 175, 176; nach BVerfG, Beschluß vom 15.5.1984, 1 BvR 464/81 u. a., BStBl. II 1984, 608, 613, soll offensichtlich auch die wirtschaftliche Betrachtungsweise gelten, kritisch hierzu: Kapp, BB 1984, S. 1413, 1414.

[291] Vgl. BFH-Urteil vom 26.11.1986, II R 190/81, BStBl. II 1987, 175, 176; siehe auch: BFH-Urteil vom 26.11.1986, II R 32/83, BStBl. II 1987, 101, 102.

Die unzutreffende Einordnung der Erbbauzinsen als Einkünfte aus Vermietung und Verpachtung beinhaltet in formeller Hinsicht keine Begriffserweiterung hinsichtlich der Einkünfteerzielung, da die Sachverhaltsauslegung nach der BFH-Rechtsprechung zu einer entgeltlichen Marktteilnahme führt. Materiell werden jedoch durch die vom BFH zur Auslegung herangezogene wirtschaftliche Betrachtungsweise nicht erwirtschaftete Vermögensmehrungen (= Kapitalrückzahlungsanteil) als erwirtschaftete Einkünfte umqualifiziert. Damit liegt im Ergebnis eine Steuergegenstandserweiterung vor, die sich bei zutreffender Auslegung nicht ergeben hätte. Allerdings ist zu beachten, daß die Doppelbelastungsproblematik ihre wesentliche Ursache auf der Sachverhaltsebene hat. Die zur Sachverhaltsauslegung heranzuziehende wirtschaftliche Betrachtungsweise liegt anders als bei der Begriffsauslegung auf der Schnittstelle zwischen Besteuerungsgut und Besteuerungsgegenstand. Hieraus wird deutlich, daß der Steuergegenstandsvergleich insoweit von unterschiedlichen Basisgrößen ausgehen muß. Die Verschiedenheit der Steuergegenstände in formeller Hinsicht basiert daher auf diesen unterschiedlichen Größen. Für den Gleichartigkeitsvergleich läßt sich diese Verschiedenheit danach nicht als Beurteiligungskriterium heranziehen. Vielmehr sind im Rahmen des Besteuerungsgütervergleiches die die Basisgrößen kennzeichnenden Merkmale zu untersuchen.

Soweit man der zivilrechtlichen Beurteilung des Erbbaurechtsverhältnisses folgt, erfaßt das Einkommensteuergesetz gem. § 20 Abs. 1 Nr. 5 lediglich den Ertragsanteil, während das Erbschaftsteuergesetz den Kapitalanteil besteuert. Hierin liegt keine Steuergegenstandsüberschneidung, da auf der einen Seite eine entgeltliche Nutzung von Kapital und auf der anderen Seite der unentgeltliche Erwerb der Kapitalforderung erfaßt werden.

cc) Zwischenergebnis

Aus der Analyse der Doppelbelastungsfälle folgt eine Modifizierung der Steuergegenstandsbeschreibung und ihrer Bedeutung für die Verschiedenheitsthesen. Die Doppelbelastungsfälle im Bereich des Betriebsvermögens (§ 16 EStG, § 7 Abs. 1 EStDV, § 7 Abs. 2 EStDV) lassen erkennen, daß der Steuergegenstand nicht der marktbezogene Umsatzakt, sondern ein dem Gewerbebetrieb anhaftender Vermögenszuwachs ist. Der Realisierung dieses Zuwachses kommt neben der Betriebsaufgabe, Entnahme oder Einbringung lediglich Bedeutung für den Besteuerungszeitpunkt zu. Damit sind das Einkommen und die erbschaftsteuerlichen Vermögensanfälle in diesen Kernbereichen deckungsgleich. Die Abweichungen hinsichtlich des Besteuerungszeitpunktes und des Ausmaßes der Besteuerung betreffen Fragen der Steuertechnik bzw. der Saldogrößen Einkünfte und Bereicherung.

Auch in den Fällen des § 17 EStG und des § 22 Nr. 2 i. V. m. § 23 EStG handelt es sich dem Grunde nach um eine Vermögenszuwachsbesteuerung. Der Gewinnrealisierung innerhalb eines bestimmten Zeitraumes kommt bei § 23 EStG allerdings eine tatbestandsbegründende Wirkung zu. Sie dient dazu, den Ausnahmefall der Besteuerung von Vermögenszuwächsen im Privatvermögen zu beschreiben. Damit steht auch hierbei der die steuerliche Leistungsfähigkeit repräsentierende Vermögenszuwachs im Vordergrund.

Im Fall des § 24 Nr. 2 EStG liegt eine besondere Einkunftsart vor. Sie besteht in dem Erwerb von fremderwirtschafteten Einkünften. Damit gleichen sich die Steuergegenstände insoweit.

Im Bereich der wiederkehrenden Bezüge gilt es zu differenzieren. Soweit es sich um Einkünfte gem. § 22 EStG handelt, ist ebenfalls von einer Vermögenszuwachsbesteuerung auszugehen. Demgegenüber liegt in den Nießbrauchsfällen eine entgeltliche Marktteilnahme vor, allerdings mit der Besonderheit, daß die Einräumung der Rechtsposition zu den tatbestandsbegründenden Elementen zählt. Die von der Leitentscheidung behandelten Erbbauzinsen lassen sich im Rahmen dieses Vergleiches nicht einordnen, da durch die wirtschaftliche Betrachtungsweise einerseits und die zivilrechtliche andererseits die Basisgröße „Sachverhalt" unterschiedlich ausgelegt wird, so daß der Verschiedenheit der Steuergegenstände keine entscheidende Aussagekraft zukommt.

Im Ergebnis ist damit festzuhalten, daß sich die Steuergegenstände gleichen, soweit bei dem Einkommen eine Vermögenszuwachsbesteuerung gegeben ist.

d) Saldogrößen „Einkommen" und „Bereicherung"

aa) Ausgangspunkt und Bedeutung der Untersuchung

Wie oben bereits angesprochen, wird durch den Begriff der „Einkünfte" die Saldogröße aus Vermögensmehrungen und Vermögensminderungen bezeichnet. § 2 Abs. 2 EStG definiert die Einkünfte als den Gewinn bzw. den Überschuß der Einnahmen über die Werbungskosten. Die Vorschrift ist Ausdruck des Nettoprinzips[292], wonach nur die realisierten Reineinkünfte erfaßt werden[293]. Die Analyse der Doppelbelastungsfälle hat allerdings gezeigt, daß in bestimmten Fällen auch nichtrealisierte Vermögensmehrungen den Einkünftebegriff erfüllen. Das „Einkommen" ergibt sich gem. § 2 Abs. 4 EStG als Saldo aus der Summe der Einkünfte vermindert um bestimmte Abzugsbeträge. Eine vergleichbare Saldogröße weist das Erbschaft-/Schenkungsteuergesetz mit dem Begriff der „Bereicherung" i. S. d. § 10 Abs. 1 Satz 1 ErbStG auf. Vorstehend ist allerdings dargelegt worden, daß die Bereicherung bei den Erwerben von Todes wegen generell nicht zum Tatbestand gehört (vgl. b) cc)), während sie bei den freigebigen

292 Vgl. Lang, Bemessungsgrundlage, S. 60 f. und S. 183 ff.; Schmidt / Seeger, Kommentar, § 2 Anm. 4; Meincke in Littmann / Bitz / Meincke, Das Einkommensteuerrecht, § 2 Rdn. 35; zur Auffassung des BVerfG: vgl. Tipke / Lang, Lehrbuch, S. 203; BFH-Urteil vom 13.3.1974, I R 180/72, BStBl. II 1974, 423, 424.

293 Vgl. Tipke / Lang, Lehrbuch, S. 203; Biergans, Einkommensteuer, S. 906.

Zuwendungen steuerbegründendes Merkmal ist. Aber auch für die Erwerbe von Todes wegen i. S. d. § 3 ErbStG ist die Vorschrift des § 10 Abs. 1 Satz 1 ErbStG in einem unmittelbaren Zusammenhang zu sehen[294], da hierdurch hervorgehoben wird, daß jeder Vermögensanfall nur der Besteuerung unterliegt, soweit er zu einer Bereicherung führt. Insoweit hat die Vorschrift eine doppelte Funktion. Sie betrifft zwar in erster Linie die Bemessungsgrundlage. Gleichwohl kommt ihr aber auch Bedeutung für den Steuergegenstand zu. Aufgrund dieser Nähe zum Steuergegenstand soll sie bereits an dieser Stelle in den Vergleich einbezogen werden.

Die Saldogröße „Bereicherung" i. S. d. § 10 Abs. 1 Satz 1 ErbStG trägt dem Bereicherungsprinzip Rechnung[295], das hier ebenfalls als Nettoprinzip ausgestaltet ist[296]. Ein Vergleich der Saldogrößen Einkommen und Bereicherung als solcher ist nicht möglich, da es sich hierbei um eine Quantifizierung der Steuergegenstände handelt. Demzufolge hat der Vergleich auf der Vorstufe — der Ermittlung und Bewertung der Einzelkomponenten — anzusetzen. Untersucht werden insoweit die wesentlichen Ermittlungs- und Bewertungskriterien. Ein derartiger Vergleich läßt einen näheren Schluß auf die Vergleichbarkeit der Saldogrößen zu, da sich hierin das jeweils erfaßte Maß an steuerlicher Leistungsfähigkeit widerspiegelt. Zudem wird Klarheit darüber gewonnen, ob das „Einkommen", anders als die „Bereicherung", in besonderer Weise die persönlichen Verhältnisse des Steuerpflichtigen berücksichtigt, wie es von der Leitentscheidung[297] vorgetragen wird.

bb) Ermittlung dem Grunde nach

(1) Verwirklichung des Nettoprinzips durch die Saldogrößen

(a) Einkommen

Die Ermittlung der Reineinkünfte erfolgt nicht einheitlich, sondern für die Einkünfte aus Land- und Forstwirtschaft, Gewerbebetrieb und Selbständiger Arbeit nach den Gewinnermittlungsvorschriften (§ 2 Abs. 2 Nr. 1 EStG) und für die Einkünfte aus Nichtselbständiger Arbeit, Kapitalvermögen, Vermietung und Verpachtung sowie für die Sonstigen Einkünfte nach § 22 EStG nach dem Überschuß der Einnahmen über die Werbungskosten (§ 2 Abs. 2 Nr. 2 EStG)[298].

---

[294] Vgl. Meincke in Meincke / Michel, Kommentar, § 3 Anm. 7.

[295] Vgl. Michel in Meincke / Michel, Kommentar, § 10 Anm. 1.

[296] Vgl. Kapp, Kommentar, § 10 Rz. 6.

[297] Vgl. BFH-Urteil vom 26.11.1986, II R 190/81, BStBl. II 1987, 175, 177.

[298] Vgl. Tipke / Lang, Lehrbuch, S. 233 ff., sehen hierin eine Spaltung des Einkünftebegriffes, die zwei Einkommensbegriffe schafft und damit gegen den Gleichheitssatz verstößt (ebenso: Tipke, Die dualistische Einkünfteermittlung, S. 391, 397 ff.; Lang, Systematisierung, S. 151 ff.; Merkenich, Einkünfteermittlung, S. 50 f. m. w. N.; siehe auch: Blümich / Schachian, Kommentar, § 7 Anm. 2 , hiernach gibt es sogar drei Einkommensbegriffe). Hauptansatzpunkt für diese These ist die unterschiedliche einkommen-

Einen Sonderfall, auf den hier nicht näher eingegangen werden soll, stellt die Durchschnittsbesteuerung im Rahmen der Einkünfte aus Land- und Forstwirtschaft gem. § 13a EStG dar.

Diese dualistische Einkünfteermittlung geht auf Bestrebungen von „Handel und Gewerbe" im 19. Jahrhundert zurück, nach denen die ursprünglich auch für Unternehmer vorgesehene Überschußrechnung durch die Gewinnermittlung ersetzt werden sollte, um dadurch eine Angleichung an die kaufmännische Buchführung herbeizuführen[299]. Nachdem der Dualismus auf diese Weise Eingang in die Einkommensteuergesetze gefunden hatte, rechtfertigte der Gesetzgeber[300] die unterschiedliche Einkünfteermittlung mit den Besonderheiten der sie betreffenden Einkunftsarten. Bei den Einkunftsarten die der Gewinnermittlung unterlagen, wurde darauf hingewiesen, daß hierbei Vermögen zur Erzielung der Einkünfte eingesetzt werde, so daß der Anfangs- und Endbestand miteinander zu vergleichen seien. Dies gelte für die Überschußeinkünfte nicht, da hierbei kein Vermögenseinsatz erfolge, oder zumindest, wie bei Kapitalerträgen, die Vermögenssubstanz für die Einkünfteermittlung nicht entscheidend sei[301].

Die nach heute geltendem Recht gem. § 2 Abs. 2 Nr. 1 EStG durchzuführende Gewinnermittlung hat grundsätzlich durch Betriebsvermögensvergleich (vgl. §§ 4 Abs. 1, 5 Abs. 1 EStG) zu erfolgen. Ausnahmsweise läßt § 4 Abs. 3 EStG für Selbständige und Kleinunternehmer die Gewinnermittlung durch Gegenüberstellung der Betriebseinnahmen und der Betriebsausgaben zu[302]. Erfaßt werden nur solche Vermögenszu- und -abgänge, die mit dem Betrieb zusammenhängen. Anderenfalls handelt es sich um Einlagen und Entnahmen (vgl. § 4 Abs. 1 Sätze 2, 5 EStG), deren Wirkungen im Rahmen der Gewinnermittlung zu neutralisieren sind. Diese Regelung entspricht dem objektiven Leistungsfähigkeitsprinzip, da Zu- oder Abgänge, die nicht im Rahmen einer Einkunftsart liegen, nicht unter

---

steuerliche Behandlung der Gewinne oder Verluste aus der Veräußerung von Wirtschaftsgütern des Privatvermögens (mit Ausnahme der §§ 17, 23 EStG werden diese von der Einkommensteuer nicht erfaßt) und des Betriebsvermögens. Nach Meincke (in Littmann / Bitz / Meincke, Das Einkommensteuerrecht, § 2 Rdn. 101) ist dieser Argumentation entgegenzuhalten, daß die Frage der Nichtbesteuerung von Gewinnen und Verlusten aus der Veräußerung von Wirtschaftsgütern des Privatvermögens (von den Ausnahmen nach § 17, 23 EStG abgesehen) nicht auf dem Dualismus der Einkünfteermittlungsvorschriften basiert, sondern Folge der Einkunftsabgrenzung nach § 2 Abs. 1 EStG ist. Nach Kirchhof (NJW 1987, S. 3217, 3225 f.; ders. in Kirchhof / Söhn, Kommentar, § 2 Rdn. A 113, 665, 676; siehe auch: Meincke in Littmann / Bitz / Meincke, Das Einkommensteuerrecht, § 2 Rdn. 102) steht einer derartigen Überstrapazierung des Leistungsfähigkeitsprinzips auch der Gedanke entgegen, die Privatsphäre vor zu weitgehenden staatlichen Eingriffen zu schützen (Abschirmung der Privatsphäre gegen staatliches Beobachten).

299 Vgl. Tipke, Die dualistische Einkünfteermittlung, S. 391, 393 f.

300 Vgl. Begründung zu dem Entwurf eines Reichseinkommensteuergesetzes vom 23.4.1925, Verhandlungen des Reichstages, III. Wahlperiode 1924, Band 400, Nr. 795, S. 40 f.

301 Vgl. hierzu: Tipke, Die dualistische Einkünfteermittlung, S. 391, 395 f.; siehe auch: Kirchhof in Kirchhof / Söhn, Kommentar, § 2 Rdn. A 437.

302 Vgl. Tipke / Lang, Lehrbuch, S. 237 f.

den Einkommensbegriff subsumiert werden können. Im Rahmen des Betriebsvermögensvergleiches sind Vermögensmehrungen generell nur zu erfassen, sobald sie realisiert sind (Ausfluß des Realisationsgrundsatzes, vgl. § 252 Abs. 1 Nr. 4 HGB)[303]. So ist z. B. bei Lieferung von Waren Realisationszeitpunkt der Übergang des wirtschaftlichen Eigentums[304]. Insoweit sind auch aufschiebend bedingte Forderungen zu berücksichtigen, soweit sie hinreichend konkretisiert erscheinen[305]. Wie die Analyse der Doppelbelastungsfälle gezeigt hat, werden zum Teil auch nichtrealisierte Vermögensmehrungen erfaßt. Für Vermögensabgänge gilt das zuvor Gesagte entsprechend, wobei diese allerdings schon zu berücksichtigen sind, wenn eine Vermögenseinbuße droht[306].

Während die Umschreibung der Einkunftsarten festlegt, welche Vermögensmehrungen in die Gewinnermittlung als Betriebseinnahmen einzubeziehen sind, werden die zu berücksichtigenden Vermögenseinbußen durch den Begriff der Betriebsausgaben bestimmt (vgl. § 4 Abs. 4 EStG). Das Gesetz definiert Betriebsausgaben als die Aufwendungen, die durch den Betrieb veranlaßt sind. Hierdurch werden alle die Aufwendungen erfaßt, die in einem tatsächlichen oder wirtschaftlichen Zusammenhang mit dem Betrieb stehen[307]. Umstritten ist allerdings, inwieweit der betriebliche Zusammenhang nur kausale oder auch finale Elemente enthält[308]. Der Abzug der Betriebsausgaben verwirklicht das objektive Leistungsfähigkeitsprinzip in Gestalt des Nettoprinzips[309]. Allerdings wird dieses Prinzip nicht lückenlos realisiert, da § 4 Abs. 5 EStG bestimmte, die Leistungsfähigkeit mindernde Aufwendungen vom Abzug ausschließt. Durch das Abzugsverbot soll der Nähe der Aufwendungen zur privaten Lebensführung Rechnung getragen werden[310].

Vermögenszu- und -abgänge werden im Rahmen der Überschußrechnung (§ 2 Abs. 2 Nr. 2 EStG) und bei § 4 Abs. 3 EStG nach dem Zu- und Abflußprinzip berücksichtigt (vgl. § 11 Abs. 1 Satz 1, § 11 Abs. 2 Satz 1 EStG). Anders als

---

303 Vgl. Nieland in Littmann / Bitz / Meincke, Das Einkommensteuerrecht, §§ 4, 5 Rdn. 387; Schmidt, Kommentar, § 5 Anm. 60; BFH-Urteil vom 9.7.1986, I R 218/82, BStBl. II 1987, 14; siehe auch: Tipke / Lang, Lehrbuch, S. 316 ff., zu den Ausnahmen.

304 Vgl. Nieland in Littmann / Bitz / Meincke, Das Einkommensteuerrecht, §§ 4, 5 Rdn. 392; Tipke / Lang, Lehrbuch, S. 310; Schmidt, Kommentar, § 5 Anm. 61 a, b m. w. N.

305 Vgl. BFH-Urteil vom 17.1.1963, IV 335/59 S, BStBl. III 1963, 257, 258; Sarx / Pankow in Beck'scher Bilanz-Kommentar, § 247 Rdn. 77.

306 Vgl. Nieland in Littmann / Bitz / Meincke, Das Einkommensteuerrecht, §§ 4, 5 Rdn. 395; Tipke / Lang, Lehrbuch, S. 282, 308.

307 Vgl. Schmidt / Heinicke, Kommentar, § 4 Anm. 92 b.

308 Vgl. zum Streitstand: Wolff-Diepenbrock in Littmann / Bitz / Meincke, Das Einkommensteuerrecht, §§ 4, 5 Rdn. 1633 f.; Blümich / Müller-Gatermann / Dankmeyer, Kommentar, § 4 EStG Rz. 12.

309 Vgl. Wolff-Diepenbrock in Littmann / Bitz / Meincke, Das Einkommensteuerrecht, §§ 4, 5 Rdn. 1635.

310 Vgl. Wolff-Diepenbrock in Littmann / Bitz / Meincke, Das Einkommensteuerrecht, §§ 4, 5 Rdn. 1660.

bei den Gewinnermittlungsvorschriften verwendet das Gesetz den Begriff der Werbungskosten für die Vermögensabgänge. § 9 Abs. 1 Satz 1 EStG definiert Werbungskosten als Aufwendungen zur Erwerbung, Sicherung und Erhaltung der Einnahmen. Wie bei dem Betriebsausgabenbegriff bestehen auch hier unterschiedliche Auffassungen zu der Frage, ob Werbungskosten kausal oder final geprägt sind[311]. Der Abzug der Werbungskosten entspricht dem Nettoprinzip[312]. Eine folgerichtige Ergänzung des Nettoprinzips stellt § 12 EStG dar. Diese Vorschrift ist für alle Einkunftsarten anwendbar und ordnet für solche Aufwendungen der privaten Lebensführung, die Berührung mit Betriebsausgaben oder Werbungskosten haben, ein Abzugsverbot an[313].

Soweit die Ermittlung der Reineinkünfte zu einem Überhang der Vermögensabgänge gegenüber den Vermögenszugängen führt (=Verlust) oder falls der Verlust durch die Abzugsbeträge gem. § 2 Abs. 3 EStG entsteht, kann dieser Verlust im Rahmen des § 10d EStG rück- und vorgetragen werden. Das Gesetz ermöglicht diese Verlustberücksichtigung, um einen Ausgleich für die sich durch die Abschnittsbesteuerung (vgl. § 2 Abs. 7 EStG) bei schwankendem Einkommen ergebenden Nachteile zu gewähren. In gewisser Weise wird dadurch die Besteuerung des Lebenseinkommens, als Idealziel der Besteuerung nach der Leitungsfähigkeit, erreicht[314]. Das Gesetz enthält allerdings auch Vorschriften, die den Verlustabzug/-ausgleich untersagen (vgl. §§ 2a, 13 Abs. 5, 15 Abs. 4, 15a, 18 Abs. 5, 20 Abs. 1 Nr. 4 Satz 2, 21 Abs. 1 Satz 2, 22 Nr. 3 letzter Satz, 23 Abs. 4 letzter Satz, 50 Abs. 2 Satz 2 EStG)[315].

Die Saldogröße Einkünfte ist nicht auf den einzelnen Umsatzakt beschränkt, sondern als Gesamtsaldo auf das Jahr bezogen zu ermitteln (vgl. §§ 4 Abs. 1 Satz 1, 25 Abs. 1, 2 Abs. 7 Satz 2 EStG).

(b) Bereicherung

Gesetzestechnisch wird die Bereicherung durch das in § 10 Abs. 1 Sätze 2 ff. ErbStG beschriebene Berechnungsverfahren ermittelt. Bei Erwerben von Todes wegen bestimmt sich der Wert nach § 10 Abs. 1 Satz 2 ErbStG[316]. Dabei werden die einzelnen Vermögensgegenstände mit ihrem Steuerwert nach § 12 ErbStG angesetzt. Von dem so ermittelten Betrag werden die Nachlaßverbindlichkeiten gem. § 10 Abs. 3 bis 9 ErbStG ebenfalls mit ihren Steuerwerten nach § 12 ErbStG

---

311 Vgl. Schmidt / Drenseck, Kommentar, § 9 Anm. 2 d; Blümich / Müller-Gatermann / Dankmeyer, Kommentar, § 4 EStG Rz. 12.

312 Vgl. Wolff-Diepenbrock in Littmann / Bitz / Meincke, Das Einkommensteuerrecht, § 9 Rdn. 3 m. w. N.

313 Vgl. Tischer in Littmann / Bitz / Meincke, Das Einkommensteuerrecht, § 12 Rdn. 2.

314 Vgl. Tipke / Lang, Lehrbuch, S. 206.

315 Vgl. hierzu: Tipke / Lang, Lehrbuch, S. 207 ff.

316 Vgl. Michel in Meincke / Michel, Kommentar, § 10 Anm. 16; Moench, Kommentar, § 10 Rz. 3.

abgezogen[317]. Bei den abzugsfähigen Nachlaßverbindlichkeiten nach § 10 Abs. 5 ErbStG handelt es sich um vom Erblasser herrührende Schulden (= Erblasserschulden) und solche Verbindlichkeiten, die sich aus Anlaß des Erbfalls ergeben (= Erbfallverbindlichkeiten)[318]. Durch den Ausschluß des Schuldenabzuges gem. § 10 Abs. 6 ErbStG, soweit die Schulden und Lasten in wirtschaftlichem Zusammenhang mit Vermögensgegenständen stehen, die nicht der Besteuerung nach diesem Gesetz unterliegen[319], soll die echte Bereicherung des Erwerbers erfaßt werden[320]. Diese Regelungen tragen in besonderem Maße dem Bereicherungsprinzip Rechnung[321], das hier als Nettoprinzip ausgestaltet ist[322].

Bei Schenkungen unter Lebenden gibt es keine besondere Regelung zur Ermittlung der Bereicherung. Vielmehr gelten die allgemeinen Grundsätze[323]. Demzufolge ist nach bürgerlich-rechtlichen Bewertungsgrundsätzen zu prüfen, ob eine Bereicherung i. S. d. §§ 516 Abs. 1 BGB, 7 Abs. 1 Nr. 1 ErbStG vorliegt. Falls dies der Fall ist, muß in einem zweiten Schritt geprüft werden, ob ein steuerpflichtiger Erwerb i. S. d. § 10 ErbStG gegeben ist[324]. Die Saldogröße „Bereicherung" repräsentiert hiernach steuerliche Leistungsfähigkeit unabhängig von der jeweils vorhandenen Vermögensart. Demzufolge werden sowohl liquide Mittel als auch illiquide Vermögensarten als Maßgröße steuerlicher Leistungsfähigkeit berücksichtigt.

(c) Zwischenergebnis

Die Saldorechnungen im Einkommensteuergesetz und im Erbschaft-/Schenkungsteuergesetz lassen erkennen, daß sie an dem Nettoprinzip als Grundlage der objektiven Leistungsfähigkeit ausgerichtet sind. Neben dieser Parallele weisen die Saldogrößen gewisse Unterschiede in bezug auf die repräsentierte Vermögensart auf. Während das Einkommen generell steuerliche Leistungsfähigkeit in Form von liquiden Mitteln darstellt, umfaßt die Bereicherung jedwede Vermögensart. In den Doppelbelastungsfällen hat sich allerdings gezeigt, daß auch das Einkom-

---

317 Vgl. Michel in Meincke / Michel, Kommentar, § 10 Anm. 3; Troll, Kommentar, § 10 Rdn. 15; Kapp, Kommentar, § 10 Rz. 6; Moench, Kommentar, § 10 Rz. 3.

318 Vgl. Michel in Meincke / Michel, Kommentar, § 10 Anm. 30; Moench, Kommentar, § 10 Rz. 50.

319 Vgl. zu den Möglichkeiten eines Verzichtes gem. § 13 Abs. 3 Satz 2 ErbStG: Michel in Meincke / Michel, Kommentar, § 10 Anm. 65 und § 13 Anm. 59.

320 Vgl. Regierungsbegründung zu dem Entwurf eines Zweiten Steuerreformgesetzes vom 4.5.1972, BT-Drucks. VI/3418, S. 66.

321 Vgl. Meincke / Michel, Kommentar, § 10 Anm. 1; siehe auch: Kapp, Kommentar, § 10 Rz. 6, der vom Nettoprinzip spricht.

322 Vgl. Kapp, Kommentar, § 10 Rz. 6.

323 Vgl. Michel in Meincke / Michel, Kommentar, § 10 Anm. 6; Troll, Kommentar, § 10 Rdn. 15; Moench, Kommentar, § 10 Rz. 4.

324 Vgl. Meincke in Meincke / Michel, Kommentar, § 7 Anm. 5 ff.; Troll, Kommentar, § 10 Rdn. 15; Moench, Kommentar, § 10 Rz. 4; siehe zur gemischten Schenkung / Auflagenschenkung auch: Meincke in Meincke / Michel, Kommentar, § 7 Anm. 7 und Michel in Meincke / Michel, Kommentar, § 10 Anm. 7 ff.

men illiquide Vermögensarten erfaßt. Ingesamt gesehen handelt es sich daher um gleichartige Maßgrößen.

(2) Berücksichtigung von Frei- und Abzugsbeträgen bei der Saldoberechnung

(a) Einkommen

Im Rahmen der Einkünfteermittlung werden die positiven Werte allerdings nicht immer in vollem Umfang in die Berechnung einbezogen. Vielmehr enthält das Einkommensteuergesetz eine ganze Reihe von Frei- und Abzugsbeträgen, die eine partielle Steuerfreistellung bedeuten. Einschränkungen erfährt der Einkommensbegriff z. B. durch die Steuerbefreiungsvorschriften der §§ 3 ff. EStG[325], die zu einer Ausgrenzung von Einnahmen und Einkunftsteilbeträgen aus der Summe der Einkünfte führen[326]. § 3 EStG hat zum Teil allerdings nur klarstellenden Charakter, da bestimmte Steuerfreistellungen bereits durch die Umschreibung der Einkunftsarten erreicht werden, wie z. B. die Transferleistungen des Staates[327]. Darüber hinaus enthält das Einkommensteuergesetz eine ganze Reihe von Freibeträgen, Freigrenzen und Pauschbeträgen[328], die die für ihre Entstehung ursächlichen Motive und Begründungen teilweise kaum erkennen lassen[329]. Unter *Freibeträgen* versteht man bestimmte, gesetzlich festgesetzte in Geld bemessene Beträge, die bei Vorliegen gewisser Voraussetzungen von den Besteuerungsgrundlagen abgezogen werden können. In Höhe dieser Beträge entfällt die Besteuerung ganz[330]. Ein Beispiel hierfür ist der Freibetrag für Abfindungen gem. § 3 Nr. 9 EStG. *Freigrenzen* stellen bis zu einer betragsmäßigen Grenze einen Freibetrag dar; wird dieser Betrag überschritten, entfällt die Steuerbefreiung in vollem Umfang[331]. Als Beispiele sind zu nennen: §§ 22 Nr. 3 Satz 2, 23 Abs. 4 Satz 2, 46 Abs. 2 Satz 1 Nr. 1 EStG. Als *Pauschbetrag* bezeichnet man einen Abzugsbetrag, der eine Annäherung an bestimmte, in Wirklichkeit bestehende Größenverhältnisse darstellt, wobei ein Abzug der tatsächlichen, den Pauschbe-

---

325 Vgl. zu den Beweggründen für die einzelnen Steuerbefreiungen: Meincke in Littmann / Bitz / Meincke, Das Einkommensteuerrecht, § 3 Rdn. 3 und Tipke / Lang, Lehrbuch, S. 221 ff.

326 Vgl. Meincke in Littmann / Bitz / Meincke, Das Einkommensteuerrecht, § 3 Rdn. 2; Babrowski, Steuerbefreiung, S. 68.

327 Vgl. hierzu: Tipke / Lang, Lehrbuch, S. 222; Meincke in Littmann / Bitz / Meincke, Das Einkommensteuerrecht, § 3 Rdn. 2.

328 Vgl. Übersicht bei Herrmann / Heuer / Raupach, Kommentar, Dok. 2 Anm. 1.

329 Vgl. Tipke / Lang, Lehrbuch, S. 224; Tipke, StuW 1980, S. 1, 3 f.; Knief, Steuerfreibeträge, S. 75 f.

330 Vgl. Knief, Steuerfreibeträge, S. 14, 17; ebenso: Babrowski, Steuerbefreiung, S. 72; Lang, Systematisierung, S. 106; Traxel, Freibeträge, S. 3; Hoffmann, Steuervorteile, Rdn. 3.

331 Vgl. Traxel, Freibeträge, S. 3; Knief, Steuerfreibeträge, S. 15; Lang, Systematisierung, S. 106; Babrowski, Steuerbefreiung, S. 71; Hoffmann, Steuervorteile, Rdn. 5.

trag übersteigenden Aufwendungen zulässig ist[332]. Entsprechende Beispiele sind: §§ 9a, 10c, 33b Abs. 1 bis 3 EStG.

Trotz der unterschiedlichen Terminologie fehlt den Freibeträgen, Freigrenzen und Pauschbeträgen eine ebensolche materielle Abgrenzung[333]. Von einer Austauschbarkeit der Begriffe scheint auch der Gesetzgeber auszugehen, wenn er z. B. im Rahmen des Steuerreformgesetzes 1990[334] den Weihnachts- und Arbeitnehmerfreibetrag gem. § 19 Abs. 3, 4 EStG durch einen erhöhten Werbungskostenpauschbetrag gem. § 9a Satz 1 Nr. 1 EStG ersetzt.

Gemessen an ihrem Normzweck lassen sich Freibeträge, Freigrenzen und Pauschbeträge, ebenso wie sonstige Steuernormen, in Fiskalzweck-, Sozialzweck- und Vereinfachungszwecknormen einteilen. *Fiskalzwecknormen* dienen dazu, den Finanzbedarf des Staates zu decken. Sie treffen konkrete Steuerwürdigkeitsentscheidungen nach Kriterien austeilender Gerechtigkeit. Sie sind überwiegend am Leistungsfähigkeitsprinzip orientiert[335]. *Sozialzwecknormen* sind lenkende Normen, die gesellschafts- oder wirtschaftspolitisch motiviert sind[336]. *Vereinfachungsnormen* sollen aus technisch-ökonomischen Gründen das Besteuerungsverfahren vereinfachen und dabei Überkompliziertheit und Undurchführbarkeit des Gesetzes vermeiden[337].

Bei den im Rahmen der Steuergegenstandsermittlung zu berücksichtigenden Abzugsbeträgen handelt es sich ganz überwiegend um Sozialzweck- und Vereinfachungsnormen. Fiskalisch motivierte Abzugsbeträge spielen demgegenüber bei der Steuerbemessungsgrundlage eine besondere Rolle. Im einzelnen lassen sich folgende Sozialzwecknormen aufzählen: § 3 Nr. 9 EStG[338], § 3 Nr. 15 EStG[339],

---

332 Vgl. Knief, Steuerfreibeträge, S. 15 f.; Traxel, Freibeträge, S. 3; Babrowski, Steuerbefreiung, S. 73; Lang, Systematisierung, S. 107.

333 Vgl. hierzu: Traxel, Freibeträge, S. 4; Tipke / Lang, Lehrbuch, S. 224.

334 Vom 25.7.1988, BGBl. I 1988, 1093.

335 Vgl. Tipke / Lang, Lehrbuch, S. 20; Traxel, Freibeträge, S. 9; siehe auch: Kirchhof, StuW 1985, S. 319, 325; Vogel, StuW 1977, S. 97, 107; ders. in BayVBl. 1980, S. 523, 524.

336 Vgl. Tipke / Lang, Lehrbuch, S. 20; Traxel, Freibeträge, S. 10; siehe auch Babrowski, Steuerbefreiung, S. 45 f.

337 Vgl. Tipke / Lang, Lehrbuch, S. 21; Traxel, Freibeträge, S. 10.

338 Es handelt sich um eine Höchstbetragsregelung, die gestaffelt nach Alter und Dauer des Dienstverhältnisses Abfindungszahlungen bis zu DM 24.000,–, DM 30.000,– bzw. DM 36.000,– steuerfrei stellt. Die Vorschrift ist ein Ausgleich für die soziale Härte des Verlustes des Arbeitsplatzes. Sie greift aber auch ein, wenn der Arbeitnehmer durch die Kündigung keine Nachteile hat, vgl. hierzu: Meincke in Littmann / Bitz / Meincke, Das Einkommensteuerrecht, § 3 Rdn. 42; Traxel, Freibeträge, S. 109.

339 Hiernach sind Heirats- und Geburtsbeihilfen, die ein Arbeitgeber an einen Arbeitnehmer zahlt, bis zu einem Betrag von DM 700,– steuerfrei. Der Vorschrift kommt Subventionscharakter zu, vgl. hierzu Traxel, Freibeträge, S. 114, denn Bedürftigkeit braucht nicht vorzuliegen, vgl. hierzu: Meincke in Littmann / Bitz / Meincke, Das Einkommensteuerrecht, § 3 Rdn. 97; Blümich / Wehmeyer, Kommentar, § 3 EStG Rz. 80.

§ 3 Nr. 26 EStG[340], § 3b Abs. 1 EStG[341], § 8 Abs. 3 Satz 2 EStG[342], § 13 Abs. 3 EStG[343], § 14a Abs. 1 bis 3 EStG[344], § 14a Abs. 4, 5 EStG[345], § 16 Abs. 4 EStG[346], § 17 Abs. 3 EStG[347], § 19 Abs. 2 EStG (Versorgungsfreibetrag)[348], § 19a Abs 1 EStG[349], § 20 Abs. 4 EStG (Sparer-Freibetrag)[350].

---

340 Die Steuerfreistellung soll das ehrenamtliche Engagement im gemeinnützigen, mildtätigen oder kirchlichen Bereich fördern und einen Anreiz für die Übernahme dieser Tätigkeiten geben, vgl. hierzu: Meincke in Littmann / Bitz / Meincke, Das Einkommensteuerrecht, § 3 Rdn. 137; siehe auch: BT-Drucks. 8/3688, S. 16; Traxel, Freibeträge, S. 116. Die Vorschrift liegt daher auf der gleichen Linie wie § 10b EStG. Nicht abschließend geklärt ist allerdings, ob es sich hierbei um einen Freibetrag in Form einer Höchstbetragsregelung (DM 2.400,– jährlich) handelt, oder ob derartige Aufwandsentschädigungen insgesamt steuerfrei sind und die Höchstbetragsregelung lediglich die unwiderlegbare Vermutung für das Vorliegen von Aufwandsentschädigungen enthält, vgl. hierzu: Traxel, Freibeträge, S. 116 f.

341 Mit dieser Vorschrift werden bestimmte Zuschläge zum Arbeitslohn bis zu gewissen Höchstbeträgen von der Besteuerung ausgenommen. Durch diese Vorschrift soll dem Arbeitnehmer ein finanzieller Ausgleich für die besonderen Erschwernisse und Belastungen, die mit Sonntags-, Feiertags- und Nachtarbeiten verbunden sind, gewährt werden, vgl. hierzu: Meincke in Littmann / Bitz / Meincke, Das Einkommensteuerrecht, § 3b Rdn. 2; Traxel, Freibeträge, S. 121 f.; BFH-Urteil vom 26.10.1984, VI R 199/80, BStBl. II 1985, 57, 58; zur Kritik an dieser Vorschrift und den verfassungsrechtlichen Bedenken: Meincke in Littmann / Bitz / Meincke, Das Einkommensteuerrecht, § 3b Rdn. 3 f.

342 Der sog. Belegschaftsrabatt-Freibetrag beträgt DM 2.400,– und wird nur Arbeitnehmern unter bestimmten Umständen gewährt. Es handelt sich um eine Subventionsnorm, vgl. zur Kritik: Tipke / Lang, Lehrbuch, S. 325 m. w. N.

343 Für Einkünfte aus Land- und Forstwirtschaft enthält § 13 Abs. 3 EStG einen Freibetrag von DM 2.000,– bzw. bei Ehegatten in Höhe von DM 4.000,–. Es handelt sich hierbei um eine Subventionsnorm, vgl. Tipke / Lang, Lehrbuch, S. 224; Traxel, Freibeträge, S. 225.

344 Es handelt sich um einen Freibetrag von höchstens DM 90.000,– . Ziel dieser Regelung ist die Förderung des Strukturwandels in der Landwirtschaft, vgl. Traxel, Freibeträge, S. 195 m. w. N.

345 Hiernach werden Freibeträge von höchstens DM 120.000,– bzw. DM 90.000,– gewährt. § 14a Abs. 4 EStG bezweckt die Sicherung von land- und forstwirtschaftlichen Betrieben durch Erleichterung der Abfindung weichender Erben; § 14a Abs. 5 EStG soll es kleineren land- und forstwirtschaftlichen Betrieben erleichtern, alte Betriebsschulden durch die Veräußerung von betrieblichem Grund und Boden zu tilgen, vgl. Schmidt / Seeger, Kommentar, § 14a Anm. 1; Traxel, Freibeträge, S. 200.

346 Der Freibetrag für Veräußerungsgewinne nach § 16 Abs. 4 EStG beträgt höchstens DM 30.000,– bzw. DM 120.000,–. In ihrem Geltungsbereich soll die Vorschrift bestimmten natürlichen Personen aus sozialen Gründen eine persönliche Steuervergünstigung gewähren, vgl. Hörger in Littmann / Bitz / Meincke, Das Einkommensteuerrecht, § 16 Rdn. 238; Traxel, Freibeträge, S. 183 ff. Das Gleiche gilt für §§ 14 Satz 2, 18 Abs. 3 EStG, vgl. Traxel, Freibeträge, S. 187; Hörger in Littmann / Bitz / Meincke, Das Einkommensteuerrecht, § 16 Rdn. 239.

347 Der Freibetrag für Gewinne aus der Veräußerung von wesentlichen Beteiligungen an Kapitalgesellschaften beträgt höchstens DM 20.000,–. Wie bei § 16 Abs. 4 EStG handelt es sich auch bei § 17 Abs. 3 EStG um Steuervergünstigungen aus sozialen Gründen, vgl. Traxel, Freibeträge, S. 190.

348 Hiernach wird ein Freibetrag von höchstens DM 4.800,– gewährt. Die Vorschrift bietet einen Ausgleich dafür, daß Versorgungsbezüge im Gegensatz zu Sozialversicherungsrenten in vollem Umfang versteuert werden müssen, vgl. Thomas in Littmann /

Zu den der Vereinfachung dienenden Abzugsbeträgen gehören[351]:

— Steuerbefreiung gem. § 3 Nr. 51 EStG
— Pauschbeträge für Werbungskosten gem. § 9a EStG
— Freigrenze gem. § 22 Nr. 3 Satz 2 EStG
— Freigrenze gem. § 23 Abs. 4 Satz 2 EStG
— Freigrenze gem. § 46 Abs. 2 Satz 1 Nr. 1 EStG

Die sozialpolitisch motivierten Abzugsbeträge stellen eine Durchbrechung des Leistungsfähigkeitsprinzips dar. Hierdurch finden gesellschafts- oder wirtschaftspolitische Zielsetzungen Eingang in das Einkommensteuergesetz.

Die Summe der Einkünfte wird nach § 2 Abs. 3 EStG um den Altersentlastungsbetrag sowie den Ausbildungsplatz-Abzugsbetrag gekürzt[352]. Bei den Abzugsbeträgen gem. § 24a EStG[353], § 24b EStG[354] handelt es sich um Sozialzwecknormen. Nach der gesetzlichen Wertung sind im Rahmen der Steuergegenstandser-

---

Bitz / Meincke, Das Einkommensteuerrecht, § 19 Rdn. 391; Blümich / Wehmeyer, Kommentar, § 19 EStG Rz. 123; Traxel, Freibeträge, S. 142.

349 Es wird für unentgeltlich oder verbilligt an Arbeitnehmer überlassene Vermögensbeteiligungen ein Freibetrag von bis zu DM 500,– / Jahr gewährt. Die Vorschrift dient damit der Vermögensbildung der Arbeitnehmer, vgl. Traxel, Freibeträge, S. 164; Barein in Littmann / Bitz / Meincke, Das Einkommensteuerrecht, § 19a Rdn. 1; Schmidt / Drenseck, Kommentar, § 19a Anm. 1.

350 Der Freibetrag beträgt DM 600,– und bei Ehegatten DM 1.200,–. Der Freibetrag soll die Kapitalerträge aus einem bestimmten Sockelvermögen steuerlich schonen, um die besonders förderungswürdige eigenverantwortliche Vorsorge der Bürger durch Sparen auch künftig zu erhalten. Zusätzliches Motiv dürfte die Geldentwertung gewesen sein, vgl. Tischer in Littmann / Bitz / Meincke, Das Einkommensteuerrecht, § 20 Rdn. 312; Tipke / Lang, Lehrbuch, S. 225; Begründung zu dem Entwurf eines Dritten Steuerreformgesetzes vom 9.1.1974, BT-Drucks. 7/1470, S. 220; Schmidt / Heinicke, Kommentar, § 20 Anm. 51; vgl. im übrigen: Traxel, Freibeträge, S. 168 f.

351 Vgl. Traxel, Freibeträge, S. 201 ff.

352 Zudem erfolgt ein Abzug der nach § 34c Abs. 2 und 3 EStG anrechenbaren bzw. abziehbaren ausländischen Steuer.

353 Der Altersentlastungsbetrag betrug früher höchstens DM 3.000,–. Ab dem Veranlagunszeitraum 1990 hat sich dieser Betrag auf DM 3.720,– erhöht, vgl. Steuerreformgesetz 1990 vom 25.7.1988, BGBl. I 1988, 1093. Die Erhöhung stellt einen Ausgleich für die Aufhebung des Altersfreibetrages gem. § 32 Abs. 8 EStG dar, vgl. Entwurf eines Steuerreformgesetzes 1990 der Fraktion der CDU / CSU und der FDP vom 19.4.1988, BT-Drucks. 11/2157, S. 147. Die Vorschrift dient als Ausgleich für die unterschiedliche steuerliche Belastung der Alterseinkünfte, vgl. Traxel, Freibeträge, S. 146 m. w. N.; Stephan in Littmann / Bitz / Meincke, Das Einkommensteuerrecht, § 24a Rdn. 1; Blümich / Stuhrmann, Kommentar, § 24a EStG Rz. 1; Begründung zu dem Entwurf eines Dritten Steuerreformgesetzes vom 9.1.1974, BT-Drucks. 7/1470, S. 219, 279.

354 Der Abzugsbetrag ist zeitlich beschränkt für begünstigte Mittel, die der Steuerpflichtige bis zum 31.12.1990 erhalten hat. Es handelt sich um eine Subventionsnorm mit berufs- und arbeitsmarktpolitischer Zielsetzung, vgl. Stephan in Littmann / Bitz / Meincke, Das Einkommensteuerrecht, § 24b Rdn. 1; § 24b EStG steht insoweit mit der Regelung des § 3c EStG in Widerspruch, da trotz Steuerfreistellung der ungeschmälerte Abzug der Ausbildungskosten zugelassen wird, vgl. hierzu: Stephan in Littmann / Bitz / Meincke, Das Einkommensteuerrecht, § 24b Rdn. 1 und Blümich / Stuhrmann, Kommentar, § 24b EStG Rz. 6.

mittlung gemäß § 2 Abs. 4 EStG auch Sonderausgaben und außergewöhnliche Belastungen zu berücksichtigen. Diese Zuordnung erscheint im Hinblick darauf, daß der Steuergegenstand die Maßgröße objektiver und die Bemessungsgrundlage die Maßgröße subjektiver Leistungsfähigkeit darstellen[355], zweifelhaft[356]. Zum Teil werden die Abzugsposten als unvermeidbare Privatausgaben, die außerhalb der Einkommenserzielung liegen, angesehen[357], und daher ein Abzug im Rahmen der Maßgröße subjektiver Leistungsfähigkeit angenommen[358]. Der BFH und ein Großteil der Literatur sehen hingegen in den Sonderausgaben private Aufwendungen i. S. d. § 12 Nr. 1 EStG, die z. B. aus wirtschafts-, bildungs- oder kulturpolitischen Gründen ausnahmsweise zum Abzug zugelassen sind[359], und über deren Abzug der Gesetzgeber frei entscheiden könne[360]. § 33 EStG soll demgegenüber eine Billigkeitsregelung darstellen, durch die unbillige Härten bei der Besteuerung verhindert werden sollen[361]. Die Vorschrift sei hiernach entsprechend ihrer systematischen Stellung im Gesetz den Tarifvorschriften zuzuordnen[362]. Trotz dieser

---

355 Vgl. Tipke / Lang, Lehrbuch, S. 209; Lang, Bemessungsgrundlage, S. 67; Kirchhof in Kirchhof / Söhn, Kommentar, § 2 Rdn. A 127, 129; nach Schneider, StuW 1984, S. 356, 358 ff., ist die Differenzierung zwischen objektiver und subjektiver Leistungsfähigkeit ungeeignet, dem Grundsatz der Gleichmäßigkeit der Besteuerung gerecht zu werden. Die Bemessungsgrundlage soll daher das Markteinkommen, als Ausdruck objektiver Leistungsfähigkeit erfassen. Sonderausgaben, außergewöhnliche Belastungen und Freibeträge sind hingegen Ausdruck eines „Umverteilungs-Werturteils"; ihr Abzug hat von der Einkommensteuerschuld zu erfolgen; siehe auch: Biergans / Wasmer, FR 1985, S. 57, 62 und Meincke in Littmann / Bitz / Meincke, Das Einkommensteuerrecht, § 2 Rdn. 30.

356 Vgl. Meincke in Littmann / Bitz / Meincke, Das Einkommensteuerrecht, § 2 Rdn. 30; Tipke / Lang, Lehrbuch, S. 376.

357 Vgl. BVerfG, Urteil vom 3.11.1982, 1BvR 620/78, 1335/78, 1104/79 und 363/80, BVerfGE 61, 319, 343 f.; BVerfG, Beschluß vom 22.2.1984, 1 BvL 10/80, BVerfGE 66, 214, 223; BVerfG, Beschluß vom 4.10.1984, 1 BvR 789/79, BVerfGE 67, 290, 297; BVerfG, Beschluß vom 17.10.1984, 1 BvR 527/80, 528/81 und 441/82, BVerfGE 68, 143, 152 f.; Regierungsbegründung zu dem Entwurf eines Dritten Steuerreformgesetzes vom 9.1.1974, BT-Drucks. 7/1470, S. 215.

358 Vgl. Söhn in Kirchhof / Söhn, Kommentar, § 10 Rdn. A 17; ders. in StuW 1985, S. 395, 401; Tipke / Lang, Lehrbuch, S. 209 ff. und S. 376; Lang, Bemessungsgrundlage, S. 67; diese Autoren sehen insoweit auch die „Summe der Einkünfte" gem. § 2 Abs. 3 EStG als Steuergegenstand an; siehe auch für außergewöhnliche Belastungen: Lang, Bemessungsgrundlage, S. 583; Jakob / Jüptner, StuW 1983, S. 206, 208.

359 Vgl. Nachweise bei Söhn in Kirchhof / Söhn, Kommentar, § 10 Rdn. A 16 Fn. 3; ders. in StuW 1985, S. 395 Fn. 2.

360 Vgl. Regierungsbegründung zu dem Entwurf eines Dritten Steuerreformgesetzes vom 9.1.1974, BT-Drucks. 7/1470, S. 215.

361 Vgl. BFH-Urteil vom 11.5.1979, VI R 37/76, BStBl. II 1979, 558, 559; BFH-Urteil vom 3.6.1982, VI R 41/79, BStBl. II 1982, 749, 750; ebenso: Borggreve in Littmann / Bitz / Meincke, Das Einkommensteuerrecht, § 33 Rdn. 2; Blümich / Oepen, Kommentar, § 33 EStG Rz. 22.

362 Vgl. BFH-Urteil vom 30.7.1982, VI R 67/79, BStBl. II 1982, 744, 745; ebenso: Borggreve in Littmann / Bitz / Meincke, Das Einkommensteuerrecht, § 33 Rdn. 1a m. w. N.; Blümich / Oepen, Kommentar, § 33 EStG Rz. 20; a. A.: Tipke / Lang, Lehrbuch, S. 380; Schmidt / Drenseck, Kommentar, § 33 Anm. 1; Jakob / Jüptner, StuW 1982, S. 206, 207 f.; Herrmann / Heuer / Raupach, Kommentar, § 33 EStG Anm. 8.

Kontroverse läßt sich die Zuordnung der Abzugsbeträge in den Einkommensbegriff jedenfalls mit dem verfassungsrechtlichen Gebot der Steuergerechtigkeit begründen, nach dem auch zwangsläufige Aufwendungen, die außerhalb der Sphäre der Einkommenserzielung anfallen, wegen ihrer Bedeutung für die wirtschaftliche Leistungsfähigkeit berücksichtigt werden müssen[363]. Dieser Grundgedanke wird durch den Katalog der Sonderausgaben in §§ 10 ff. EStG im wesentlichen realisiert. So handelt es sich bei den einzelnen Abzugsbeträgen gem. § 10 Abs. 1 Nr. 1 bis 7 EStG dem Grunde nach um zwangsläufige und unvermeidbare Aufwendungen[364], wenngleich die Abzugsbeträge zum Teil der Höhe nach beschränkt sind (vgl. §§ 10 Abs. 1 Nr. 1, 10 Abs. 1 Nr. 3, 10 Abs. 1 Nr. 7, 10 Abs. 3 EStG). Daneben werden auch solche Aufwendungen zum Abzug zugelassen, die nicht zwangsläufig und unvermeidbar sind[365]. Einen Sonderfall stellt insoweit die Vorschrift des § 10a EStG dar. Es handelt sich um eine Sozialzwecknorm[366]. Im übrigen gewährt § 10c EStG aus Vereinfachungsgründen bestimmte Sonderausgaben-Pauschbeträge[367].

Außergewöhnliche Belastungen sind zwangsläufige Aufwendungen, die im Verhältnis zu den Aufwendungen der überwiegenden Mehrzahl der Steuerpflichtigen gleicher Einkommensverhältnisse, gleicher Vermögensverhältnisse und gleichen Familienstandes größer sind (vgl. § 33 Abs. 1 EStG). Die Zwangsläufigkeit der Aufwendungen definiert das Gesetz dahingehend, daß der Steuerpflichtige sich ihnen aus rechtlichen, tatsächlichen oder sittlichen Gründen nicht entziehen kann, soweit die Aufwendungen notwendig und angemessen sind (vgl. § 33 Abs. 2 Satz 1 EStG). Zum Abzug zugelassen werden nach § 33 Abs. 1 EStG nur die Aufwendungen, die die zumutbare Belastung übersteigen (vgl. § 33 Abs. 3 EStG)[368]. Gesetzlich normierte Fälle außergewöhnlicher Belastungen enthalten die §§ 33a bis c EStG[369].

---

363 Vgl. BVerfG, Beschluß vom 23.11.1976, 1 BvR 150/75, BVerfGE 43, 108, 120; BVerfG, Urteil vom 3.11.1982, 1 BvR 620/78, 1335/78, 1104/79 und 363/80, BVerfGE 61, 319, 344; BVerfG, Beschluß vom 22.2.1984, 1 BvL 10/80, BVerfGE 66, 214, 223; BVerfG, Beschluß vom 17.10.1984, 1 BvR 527/80, 528/81 und 441/82, BVerfGE 68, 143, 152 f.; BVerfG, Beschluß vom 4.10.1984, 1 BvR 789/79, BVerfGE 67, 290, 297; Söhn in Kirchhof / Söhn, Kommentar, § 10 Rdn. A 17 a. E.; siehe auch: Meincke in Littmann / Bitz / Meincke, Das Einkommensteuerrecht, § 2 Rdn. 30.

364 Vgl. hierzu: Söhn, StuW 1985, S. 395, 403 ff.

365 Vgl. freiwillige Unterhaltsleistungen gem. § 10 Abs. 1 Nr. 1 EStG (vgl. Söhn, StuW 1985, S. 395, 403); freiwillig begründete Renten gem. § 10 Abs. 1 Nr. 1a EStG; § 10b EStG (vgl. Herrmann / Heuer / Raupach, Kommentar, § 10b EStG Anm. 4 m. w. N.); § 10e EStG (vgl. Schmidt / Drenseck, Kommentar, § 10e Anm. 2b; Blümich / Erhard, Kommentar, § 10e EStG Rz. 2).

366 Vgl. hierzu: Traxel, Freibeträge, S. 131.

367 Vgl. hierzu: Traxel, Freibeträge, S. 209 ff.

368 Kritisch: Tipke / Lang, Lehrbuch, S. 380; Lang, Bemessungsgrundlage, S. 618 f.

369 - Ausbildungsfreibeträge gem. § 33a Abs. 2 EStG: für Kinder vor Vollendung des 18. Lebensjahres wird ein Freibetrag in Höhe von DM 1.800,– und darüber hinaus von DM 2.400,– gewährt, der sich bei auswärtiger Unterbringung auf DM 4.200,– erhöht. Die Ausbildungsfreibeträge gelten typisierend Aufwendungen des Steuerpflichtigen für

(b) Bereicherung

Nach § 10 Abs. 1 Satz 1 ErbStG gilt als steuerpflichtiger Erwerb die Bereicherung des Erwerbers, soweit sie nicht steuerfrei ist (§§ 5, 13, 16, 17 und 18). Der Klammerzusatz macht deutlich, daß im Rahmen der Saldoberechnung bestimmte Frei- und Abzugsbeträge zu berücksichtigen sind. In systematischer Hinsicht gilt es zwischen den Freibeträgen gem. § 13 ErbStG und den übrigen zu unterscheiden. § 13 ist bereits bei der Ermittlung des Vermögensanfalls zu beachten, während die übrigen Beträge erst bei der Saldogröße Bereicherung abzuziehen sind[370]. Dies gilt für Schenkungen unter Lebenden insoweit, als es um die im zweiten Schritt gem. § 10 ErbStG zu ermittelnde Bereicherung geht[371]. Demgegenüber bleiben die Freibeträge bei der zuerst gem. § 7 ErbStG nach bürgerlich-rechtlichen Bewertungsgrundsätzen zu ermittelnden Bereicherung unberücksichtigt.

Bei den Frei- und Abzugsbeträgen handelt es sich im wesentlichen um Sozialzwecknormen und daneben um Vereinfachungsnormen. Als Sozialzwecknormen sind zu nennen:

— *§ 5 Abs. 1 Satz 1 ErbStG (Zugewinnausgleichsfreibetrag):* die Vorschrift soll der größeren Steuergerechtigkeit dienen, indem der Freibetrag nach der zivilrechtlichen Ausgleichsforderung bemessen wird[372].

— *§ 13 ErbStG*[373]: die einzelnen Regelungen des § 13 ErbStG stellen sachliche Steuerbefreiungen dar[374], die zum Teil als Höchstbetragsregelungen ausgestaltet sind. Die Vorschriften sind sozialpolitisch motiviert[375] und beinhalten eine Förderung der Allgemeinheit bzw. der öffentlichen Interessen[376].

---

die Ausbildung seiner Kinder ab und verwirklichen dadurch das Prinzip der Besteuerung nach der Leistungsfähigkeit (vgl. Traxel, Freibeträge, S. 85);
- Hinterbliebenen-Pauschbetrag gem. § 33b Abs. 4 EStG: dieser Pauschbetrag beträgt DM 720,–. Die Vorschrift hat lediglich Billigkeitscharakter, da es auf die Bedürftigkeit nicht ankommt (vgl. Traxel, Freibeträge, S. 171; Blümich / Oepen, Kommentar, § 33b EStG Rz. 33; Regierungsbegründung zu dem Entwurf eines Dritten Steuerreformgesetzes vom 9.1.1974, BT-Drucks. 7/1470, S. 282); daneben sind noch folgende Vereinfachungsnormen zu nennen: Freibeträge gem. § 33a Abs. 1 EStG 1953 i.V.m. § 52 Abs. 22 EStG; Pauschbeträge gem. §§ 33b Abs. 1 bis 3, 33c Abs. 4 EStG (vgl. hierzu: Traxel, Freibeträge, S. 222 ff.).

370 Vgl. Michel in Meincke / Michel, Kommentar, § 10 Anm. 2.

371 Vgl. Meincke in Meincke / Michel, Kommentar, § 7 Anm. 5.

372 Vgl. Regierungsbegründung zu dem Entwurf eines Zweiten Steuerreformgesetzes vom 4.5.1972, BT-Drucks. VI/3418, S. 63; Megow / Michel, Kommentar, § 5 Anm. 1; Meincke in Meincke / Michel, Kommentar, § 5 Anm. 2; Kapp, Kommentar, § 5 Rz. 26; vgl. zur Berechnung der Ausgleichsforderung des § 5 Abs. 1 ErbStG: Meincke in StuW 1981, S. 219, 221; ders. in Meincke / Michel, Kommentar, § 5 Anm. 18 a; Raudszus, DStR 1987, S. 323 ff.; Bopp, DB 1975, S. 1000 f.

373 Vgl. zu den einzelnen Regelungen und ihre Geltung bei Schenkungen: Naarmann, Das Verhältnis, S. 191 ff.

374 Vgl. Michel in Meincke / Michel, Kommentar, § 13 Anm. 1; Troll, Kommentar, § 13 Rdn. 1; Moench, Kommentar, § 13 Rz. 1.

375 Vgl. Knief, Steuerfreibeträge, S. 69.

— *§ 16 Abs. 1 ErbStG* gilt sowohl für Erwerbe von Todes wegen als auch für Schenkungen unter Lebenden[377]. Die Freibeträge sind sozialpolitisch begründet[378]. Der Gesetzgeber wollte hierdurch eine Schonung der kleinen und mittleren Erwerbe erreichen[379]. Die Höhe der Freibeträge ist nach dem Verwandtschaftsgrad des Erwerbers zu dem Erblasser / Schenker gestaffelt. Damit wird die jeweilige „Nähe" des Erwerbers zu dem Vermögen des Erblassers / Schenkers berücksichtigt und der Gedanke des sog. Familienvermögens in gewisser Weise verwirklicht. Für die Freibeträge gem. § 16 Abs. 1 Nr. 4 und Nr. 5 ErbStG dürfte wegen der geringen Höhe jedoch eher der Vereinfachungsgedanke im Vordergrund stehen[380].

— *§ 17 Abs. 1, 2 ErbStG:* die besonderen Freibeträge für Ehegatten und Kinder gelten nur bei Erwerben von Todes wegen[381]. Sie tragen dem Versorgungsgedanken Rechnung[382], indem denjenigen Ehegatten und Kindern Freibeträge gewährt werden, denen aus Anlaß des Todes des Erblassers keine erbschaftsteuerfreien Versorgungsbezüge zustehen[383]. Bei den Freibeträgen für Kinder steht insbesondere der Gesichtspunkt der Sicherung der Ausbildung im Vordergrund[384]. Ursprünglich waren die Freibeträge mit der Beseitigung der steuerlichen Nachteile durch die Ungleichbehandlung von gesetzlichen und privaten Versorgungsbezügen gerechtfertigt worden; dieses Argument ist durch die neuere BFH-Rechtsprechung entkräftet worden[385].

---

376 Vgl. Naarmann, Das Verhältnis, S. 191 ff.

377 Vgl. Naarmann, Das Verhältnis, S. 138; Michel in Meincke / Michel, Kommentar, § 16 Anm. 2; Kapp, Kommentar, § 16 Rz. 14; Moench, Kommentar, § 16 Rz. 5.

378 Vgl. Knief, Steuerfreibeträge, S. 69.

379 Vgl. Regierungsbegründung zu dem Entwurf eines Zweiten Steuerreformgesetzes vom 4.5.1982, BT-Drucks. VI/3418, S. 70; ebenso: Naarmann, Das Verhältnis, S. 264, der auch eine umverteilungspolitische Zielsetzung anführt; vgl. auch: BFH-Urteil vom 28.11.1967, II 72/63, BStBl. II 1968, 239, 244 zu § 16 ErbStG 1959: Grund der Vergünstigung ist die Erwägung, daß die zweimalige steuerliche Belastung beim Übergang von einem Ehegatten auf den anderen und von diesem auf die Abkömmlinge unbillig wäre.

380 Vgl. Begründung zu dem Entwurf eines Gesetzes zur Neuordnung von Steuern vom 29.4.1954, Bundestag, 2. Wahlperiode, Drucks. 481, S. 117; siehe auch: Naarmann, Das Verhältnis, S. 264.

381 Vgl. Michel in Meincke / Michel, Kommentar, § 17 Anm. 1; Naarmann, Das Verhältnis, S. 141; Moench, Kommentar, § 17 Rz. 7.

382 Vgl. Megow / Michel, Kommentar, § 17 Anm. 2; Naarmann, Das Verhältnis, S. 142.

383 vgl. Michel in Meincke / Michel, Kommentar, § 17 Anm. 1; Regierungsbegründung zu dem Entwurf eines Zweiten Steuerreformgesetzes vom 4.5.1972, BT-Drucks. VI/3418, S. 70 f.; BFH-Beschluß vom 27.10.1982, II B 77/81, BStBl. II 1983, 114, 116; BFH-Urteil vom 14.7.1982, II R 16/81, BStBl. II 1983, 19, 20 f.

384 Vgl. Regierungsbegründung zu dem Entwurf eines Zweiten Steuerreformgesetzes vom 4.5.1972, BT-Drucks. VI/3418, S. 71.

385 Vgl. hierzu: Tipke / Lang, Lehrbuch, S. 484; Petzoldt, Kommentar, § 17 Rdn. 1; BFH-Urteil vom 20.5.1981, II R 11/81, BStBl. II 1981, 715; BFH-Urteil vom 20.5.1981, II R 33/78, BStBl. II 1982, 27; BFH-Urteil vom 13.12.1989, II R 23/85, BStBl. II

— *§ 18 ErbStG*: auch diese Vorschrift ist sozialpolitisch motiviert und dient der Förderung bestimmter Personenvereinigungen.

Zu den Vereinfachungsnormen zählen § 16 Abs. 2 ErbStG[386] und § 10 Abs. 5 Nr. 3 ErbStG[387]. Die zuletzt genannte Vorschrift stellt einen Pauschbetrag dar, der von dem Steuergegenstand abgezogen wird. Er gilt nur für Erwerbe von Todes wegen[388].

(c) Zwischenergebnis

Aus der Berücksichtigung der Frei- und Abzugsbeträge läßt sich entnehmen, daß übereinstimmend jeweils überwiegend Sozialzwecknormen vorhanden sind. Allerdings folgt hieraus auch die unterschiedliche gesetzgeberische Zielsetzung. Das Einkommen unterliegt in besonderer Weise wirtschaftspolitischen Entscheidungen, während bei der Bereicherung der Familienverband — die nächsten und nahen Angehörigen — in bezug auf die kleinen und mittleren Erwerbe begünstigt werden sollen. Damit werden umgekehrt größere Erwerbe von entfernt oder nichtverwandten Personen nicht begünstigt. Die Frei- und Abzugsbeträge lassen sich daher im Regelfall nicht mit Leistungsfähigkeitsaspekten begründen. Eine Ausnahme hiervon gilt jedoch für die Berücksichtigung von Sonderausgaben und außergewöhnlichen Belastungen. Diese betreffen die Leistungsfähigkeit, sind jedoch aufgrund ihrer Zwangsläufigkeit und Unvermeidbarkeit nicht Ausdruck subjektiver, sondern objektiver Leistungsfähigkeit.

Daneben ist von Bedeutung, daß sowohl das Einkommen, als auch die Bereicherung persönliche Verhältnisse berücksichtigen. Bei dem Einkommen sind es solche Verhältnisse, die sich auf die Leistungsfähigkeit des Steuerpflichtigen auswirken, wie z. B. §§ 24a, 24b, 33 EStG. Bei der Bereicherung hingegen kommt es auf den Verwandtschaftsgrad an, anhand dessen die Schonung von bestimmten Erwerben gegenüber anderen Erwerben ausgerichtet wird, wie z. B. bei § 16 ErbStG. Insgesamt gesehen spiegeln die Frei- und Abzugsbeträge die unterschiedliche Gesetzeskonzeption wider. Das Einkommen dient in besonderer Weise der Finanzierung der Lebensführung. Die Bereicherung hingegen ist ein zusätzlicher Vermögenszuwachs, der unter sozialpolitischer Abwägung besteuert wird.

1990, 322; BFH-Urteil vom 13.12.1989, II R 31/89, BStBl. II 1990, 325; BVerfG, Beschluß vom 9.11.1988, 1 BvR 243/86, BVerfGE 79, 106.

386 Vgl. Regierungsbegründung zu dem Entwurf eines Zweiten Steuerreformgesetzes vom 4.5.1972, BT-Drucks. VI/3418, S. 70; Begründung zu dem Entwurf eines Gesetzes zur Neuordnung von Steuern vom 29.4.1954, Bundestag, 2. Wahlperiode, Drucks. 481, S. 117.

387 Vgl. Megow / Michel, Kommentar, § 10 Anm. 16; Begründung zu dem Entwurf eines Gesetzes zur Änderung und Vereinfachung des Einkommensteuergesetzes und anderer Gesetze vom 21.2.1980, BT-Drucks. 8/3688, S. 23.

388 Vgl. Naarmann, Das Verhältnis, S. 118 f.

cc) Ermittlung der Höhe nach

(1) Einkommensteuerliche Bewertung

Im Rahmen der Einkünfteermittlung geht es hier um die Bewertung der Einzelkomponenten Betriebseinnahmen / Einnahmen und Betriebsausgaben / Werbungskosten. Diese sind generell mit ihrem objektiven Wert anzusetzen[389]. Soweit es sich um Vermögenszu- oder -abgänge in Geld handelt, sind diese mit dem Nennbetrag anzusetzen. Bei Sacheinnahmen ist der gesetzlichen Bewertungsregel des § 8 Abs. 2 EStG folgend von dem Marktpreis auszugehen[390]. Im übrigen wirkt sich auch die bei dem Betriebsvermögensvergleich gem. §§ 4 Abs. 1, 5 EStG vorzunehmende Bewertung der einzelnen Wirtschaftsgüter auf die Saldogröße „Einkünfte" mittelbar aus.

§ 6 EStG ist als zentrale Vorschrift anzusehen, die die subsidiär geltenden allgemeinen Bewertungsvorschriften des Bewertungsgesetzes verdrängt (vgl. § 1 Abs. 2 BewG). Ergänzt wird § 6 EStG durch die handelsrechtlichen Bewertungsvorschriften der §§ 252 bis 256 HGB, die insoweit gelten, als § 6 EStG nichts anderes vorsieht (vgl. § 5 Abs. 1 EStG)[391]. Der Vorschrift kommt unmittelbare Bedeutung nur für den Wertansatz der einzelnen Wirtschaftsgüter im Rahmen des Betriebsvermögensvergleiches nach §§ 4 Abs. 1, 5 Abs. 1 EStG zu. In Einzelfällen kann auch eine eingeschränkte Anwendbarkeit im Bereich der Gewinnermittlung nach § 4 Abs. 3 EStG und bei den Überschußeinkünften in Betracht kommen[392]. Grundsätzlich hat eine getrennte Bewertung jedes einzelnen, in den Betriebsvermögensvergleich einzubeziehenden Wirtschaftsgutes zu erfolgen[393]. In bestimmtem Umfang werden jedoch aus Gründen der Bewertungsvereinfachung auch Durchschnitts-, Verbrauchsfolge- und Festbewertungen zugelassen[394]. Bewertungsstichtag ist der Schluß des Wirtschaftsjahres nach § 4 Abs. 1 Satz 1 EStG. Bewertungsmaßstab sind in erster Linie die Anschaffungs- oder Herstellungskosten[395]. Sie dienen insbesondere als Bemessungsgrundlage für die

---

389 Vgl. Schmidt / Heinicke, Kommentar, § 4 Anm. 84, 94 a; siehe auch: BFH-Urteil vom 22.7.1988, III R 175/85, BStBl. II 1988, 995, 996 ff.

390 Vgl. BFH-Urteil vom 22.7.1988, III R 175/85, BStBl. II 1988, 995, 999; Schmidt / Heinicke, Kommentar, § 8 Anm. 12 b.

391 Vgl. BFH-Urteil vom 30.11.1988, I R 114/84, BStBl. II 1990, 117, 118; Schmidt / Glanegger, Kommentar, § 6 Anm. 5 a; siehe auch: Meincke in Littmann / Bitz / Meincke, Das Einkommensteuerrecht, § 6 Rdn. 62 ff. und Meincke, StuW 1990, S. 15 ff. zu der Frage, inwieweit das Maßgeblichkeitsprinzip bzw. der Grundsatz der umgekehrten Maßgeblichkeit auch für die Bewertung gelten; sowie Tanzer, DStJG 7(1984), S. 55, 65 ff.

392 Vgl. Meincke in Littmann / Bitz / Meincke, Das Einkommensteuerrecht, § 6 Rdn. 4 f. m. w. N.

393 Vgl. Schmidt / Glanegger, Kommentar, § 6 Anm. 10; Meincke in Littmann / Bitz / Meincke, Das Einkommensteuerrecht, § 6 Rdn. 7, 49 ff.; Herrmann / Heuer / Raupach, Kommentar, § 6 Anm. 86.

394 Vgl. Abschn. 36 Abs. 4 EStR, §§ 6 Abs. 1 Nr. 2 a, 52 Abs. 7 EStG, Abschn. 36 Abs. 3, 36 Abs. 5 EStR; vgl. hierzu: Schmidt / Glanegger, Kommentar, § 6 Anm. 66 ff.; Meincke in Littmann / Bitz / Meincke, Das Einkommensteuerrecht, § 6 Rdn. 294 ff.

395 Vgl. § 6 Abs. 1 Nr. 1, 2 EStG; vgl. hierzu: Mathiak, DStJG 7(1984), S. 97, 98.

Abschreibungen nach § 7 EStG und haben über § 4 Abs. 3 Satz 3 EStG bei der Gewinnermittlung nach § 4 Abs. 3 EStG ebenso Bedeutung, wie über § 9 Abs. 1 Nr. 7 EStG für die Überschußeinkünfte. Die Anschaffungs- bzw. Herstellungskosten sind ferner bei dem Sonderausgabenabzug gem. § 10e EStG und bei der Ermittlung der Veräußerungsgewinne gem. §§ 17 Abs. 2, 23 Abs. 4 EStG sowie der Bewertung von unentgeltlich zugewandten Einzelwirtschaftsgütern nach § 7 Abs. 2 EStDV zu beachten. Nach § 6 Abs. 1 Nr. 1 Satz 1 EStG sind Wirtschaftsgüter des Anlagevermögens, die der Abnutzung unterliegen, mit den Anschaffungs- oder Herstellungskosten, vermindert um die Absetzungen für Abnutzung nach § 7 EStG, anzusetzen. Wahlweise kann auch der niedrigere Teilwert herangezogen werden. Teilwert ist der Wert, den ein Erwerber des ganzen Betriebes im Rahmen des Gesamtkaufpreises für das einzelne Wirtschaftsgut ansetzen würde, wobei davon auszugehen ist, daß der Erwerber den Betrieb fortführt (vgl. § 6 Abs. 1 Nr. 1 Sätze 2, 3 EStG). Nach § 6 Abs. 1 Nr. 2 Sätze 1, 2 EStG sind Wirtschaftsgüter des nicht abnutzbaren Anlagevermögens und des Umlaufvermögens mit den Anschaffungs- oder Herstellungskosten anzusetzen. Wahlweise kann auch hierbei der niedrigere Teilwert angesetzt werden. Die Anschaffungs- und Herstellungskosten stellen eine bewertungsmäßige Obergrenze dar[396]. Dieses sogenannte Anschaffungskostenprinzip führt dazu, daß die Aktivierung der angeschafften oder hergestellten Wirtschaftsgüter erfolgsneutral durchgeführt wird[397]. Lediglich antizipative Verluste können durch Teilwertabschreibungen berücksichtigt werden. Darüber hinausgehende Verluste und evtl. sich bildende stille Reserven werden erst im Veräußerungs-, Betriebsaufgabe- oder Entnahmefall erfaßt. Insoweit stellen die ursprünglichen Anschaffungs- oder Herstellungskosten die Ausgangsgröße für die spätere Erfassung der stillen Reserven dar. Soweit hierbei die stillen Reserven in anderer Weise als durch Veräußerung aufzudecken sind, tritt der gemeine Wert an die Stelle des Veräußerungserlöses (vgl. §§ 16 Abs. 3 Satz 3, 17 Abs. 4 Satz 2 EStG).

Geldbestände und Geldforderungen sind mit dem Nennwert zu bewerten[398]. Bei Geldforderungen kann eine Teilwertabschreibung in Betracht kommen, z. B. wegen Uneinbringlichkeit, Zweifelhaftigkeit oder Unverzinslich- bzw. Niedrigverzinslichkeit[399]. Verbindlichkeiten sollen nach § 6 Abs. 1 Nr. 3 EStG unter sinngemäßer Anwendung der Vorschriften der Nr. 2 ebenfalls mit den Anschaffungs- oder Herstellungskosten anzusetzen sein. Maßgeblich ist daher der Nenn-

---

396 Vgl. § 6 Abs. 1 Nr. 2 Satz 3 EStG; vgl. auch: Pankow / Lienau / Feyel in Beck'scher Bilanz-Kommentar, § 253 Rdn. 11; Mathiak, DStJG 7(1984), S. 97, 101; eine Ausnahme gilt für land- und forstwirtschaftliche Betriebe, vgl. § 6 Abs. 1 Nr. 2 Satz 4 EStG.

397 Vgl. Lang, DStJG 4(1981), S. 45, 85; Meincke in Littmann / Bitz / Meincke, Das Einkommensteuerrecht, § 6 Rdn. 26; anders im Fall des Tauschs.

398 Vgl. Meincke in Littmann / Bitz / Meincke, Das Einkommensteuerrecht, § 6 Rdn. 318; Mathiak, DStJG 7(1984), S. 95, 105 f.; BFH-Urteil vom 30.11.1988, I R 114/84, BStBl. II 1990, 117, 118.

399 Vgl. hierzu: Meincke in Littmann / Bitz / Meincke, Das Einkommensteuerrecht, § 6 Rdn. 322 ff.; BFH-Urteil vom 30.11.1988, I R 114/84, BStBl. II 1990, 117, 118.

betrag[400]. Entnahmen und Einlagen sind nach § 6 Abs. 1 Nr. 4, 5 EStG mit dem Teilwert zu bewerten.

Für die Gewinnermittlung nach § 4 Abs. 3 EStG und die Überschußeinkünfte gilt als Bewertungszeitpunkt der Zu- bzw. Abflußzeitpunkt gem. § 11 EStG. D. h. der Zeitpunkt, in dem der Steuerpflichtige die wirtschaftliche Verfügungsmacht erlangt bzw. verliert. Da die Gewinnermittlung nach § 4 Abs. 3 EStG durch Gegenüberstellung der Betriebseinnahmen und der Betriebsausgaben zu erfolgen hat, spielen die Anschaffungskosten von abnutzbaren und nicht abnutzbaren Wirtschaftsgütern des Anlagevermögens nur als Bemessungsgrundlage für Abschreibungen nach § 7 EStG und im Falle der Veräußerung bzw. Entnahme dieser Wirtschaftsgüter für die Ermittlung des Veräußerungs- bzw. Entnahmegewinnes eine Rolle (vgl. § 4 Abs. 3 Sätze 3 ff. EStG)[401]. Entnahmen und Einlagen sind mit dem Teilwert nach § 6 EStG zu bewerten[402]. Anschaffungs- oder Herstellungskosten für Wirtschaftsgüter des Umlaufvermögens führen im Abflußzeitpunkt nach § 11 Abs. 2 Satz 1 EStG zu Betriebsausgaben in Höhe ihres Nennbetrages. Werden betriebliche Leistungen des Steuerpflichtigen durch Sachleistungen abgegolten, liegt eine Betriebseinnahme in Höhe des Verkehrswertes der Sachleistung vor[403].

(2) Erbschaftsteuerliche Bewertung

Wie bereits bei der Darstellung der Saldogröße „Bereicherung“ ausgeführt, richtet sich die im Rahmen des § 7 ErbStG zu prüfende Bereicherung nach den bürgerlich-rechtlichen Bewertungsgrundsätzen[404]. Demzufolge ist im Regelfall von dem gemeinen Wert[405] bzw. Verkehrswert[406] auszugehen. Soweit sich hiernach eine Bereicherung ergibt, ist wie bei den Erwerben von Todes wegen die Bereicherung gem. § 10 Abs. 1 Satz 1 ErbStG mit den nach § 12 ErbStG anzusetzenden Werten zu ermitteln. Bei Schenkungen unter Lebenden stellt allerdings

400 Vgl. Meincke in Littmann / Bitz / Meincke, Das Einkommensteuerrecht, § 6 Rdn. 341; Schmidt / Glanegger, Kommentar, § 6 Anm. 90; Mathiak, DStJG 7(1984), S. 95, 105; siehe aber: Meincke, Abzinsungsverbot für Darlehensschulden, S. 293, 296 ff. zu der Zulässigkeit einer Abzinsung.

401 Vgl. Wolff-Diepenbrock in Littmann / Bitz / Meincke, Das Einkommensteuerrecht, §§ 4, 5 Rdn. 2197, 2199.

402 Vgl. Wolff-Diepenbrock in Littmann / Bitz / Meincke, Das Einkommensteuerrecht, §§ 4, 5 Rdn. 2201.

403 Vgl. FG Baden-Württemberg, Außensenate Stuttgart, Urteil vom 10.7.1980, VI 502/77, EFG 1981, 75, 76, rkr.; Schmidt / Heinicke, Kommentar, § 4 Anm. 81 c aa.

404 Vgl. RFH-Gutachten vom 21.5.1931, I D 1/30, RFHE 29, 137, 154; Meincke in Meincke / Michel, Kommentar, § 7 Anm. 5; BFH-Urteil vom 25.9.1953, III 229/52 U, BStBl. III 1953, 308, 309; Kapp, Kommentar, § 7 Rz. 7.

405 Vgl. BFH-Urteil vom 25.9.1953, III 229/52 U, BStBl. III 1953, 308, 309; Moench, Kommentar, § 7 Rz. 18.

406 Vgl. Meincke in Meincke / Michel, Kommentar, § 7 Anm. 5; ders. in Nachlaßbewertung, S. 183 f.; Kapp, Kommentar, § 7 Rz. 7.

die nach bürgerlich-rechtlichen Grundsätzen ermittelte Bereicherung den Höchstwert der nach §§ 10, 12 ErbStG zugrundezulegenden Bereicherung dar[407]. Die Vorschrift des § 12 ErbStG dient der Verwirklichung des in § 10 ErbStG enthaltenden Grundsatzes, die tatsächliche Bereicherung der Besteuerung zu unterwerfen[408]. Gem. § 12 Abs. 1 ErbStG richtet sich die Bewertung generell nach den allgemeinen Bewertungsvorschriften des Bewertungsgesetzes, soweit sich aus § 12 Abs. 2 bis 6 ErbStG nichts anderes ergibt. Besonderheiten bestehen danach für die Bewertung von Grundbesitz, Mineralgewinnungsrechten, Betriebsvermögen sowie für ausländischen Grundbesitz und ausländisches Betriebsvermögen. Bewertungsstichtag ist grundsätzlich der für die Entstehung der Steuer maßgebende Zeitpunkt (vgl. §§ 9, 11 ErbStG). Bewertungsobjekt ist nach § 2 Abs. 1 BewG die wirtschaftliche Einheit. Es gilt somit der Grundsatz der Gesamtbewertung[409]. Was als wirtschaftliche Einheit zu gelten hat, ist nach den Anschauungen des Verkehrs zu entscheiden (vgl. § 2 Abs. 1 Satz 3 BewG). Eine Ausnahme hiervon ergibt sich aus § 98a BewG. Hiernach sind die Wirtschaftsgüter des Betriebsvermögens einzeln zu bewerten.

Ausgangsgröße für die Bewertung ist der gemeine Wert nach § 9 BewG. Dieser Wert ist immer dann zugrunde zu legen, wenn nichts anderes vorgeschrieben ist[410]. § 9 Abs. 2 BewG definiert den gemeinen Wert als den Wert, der durch den Preis bestimmt wird, der im gewöhnlichen Geschäftsverkehr nach der Beschaffenheit des Wirtschaftsgutes bei einer Veräußerung zu erzielen wäre. Dabei sind alle Umstände, die den Preis beeinflussen, zu berücksichtigen. Ungewöhnliche oder persönliche Verhältnisse sind nicht zu berücksichtigen. Maßstab ist daher der erzielbare Veräußerungserlös[411]. Besondere Wertermittlungsvorschriften enthalten die § 11 (Wertpapiere und Anteile), § 12 (Kapitalforderungen und Schulden) und die §§ 13 bis 16 BewG (wiederkehrende Nutzungen und Leistungen). Im Ergebnis handelt es sich hierbei ebenfalls um am gemeinen Wert ausgerichtete Werte[412]. Der Bestimmung des § 10 Satz 1 BewG, nach der Wirtschaftsgüter, die einem Unternehmen dienen, in der Regel mit dem Teilwert anzusetzen sind, kommt lediglich im Rahmen der Wertermittlung des Betriebsvermögens nach § 12 Abs. 5 ErbStG praktische Bedeutung zu[413]. Nach § 12 Abs. 2 ErbStG sind Grundbesitz und Mineralgewinnungsrechte mit dem Einheitswert anzusetzen, der nach dem Zweiten Teil des BewG auf den Zeitpunkt festgestellt ist, der der Entstehung der Steuer vorangegangen ist oder mit ihr zusammenfällt. Grundbesitz umfaßt land- und fortwirtschaftliches Vermögen, Grundvermögen

---

407 Vgl. Troll, Kommentar, § 10 Rdn. 15; Naarmann, Das Verhältnis, S. 121 f.

408 Vgl. Michel in Meincke / Michel, Kommentar, § 12 Anm. 3.

409 Vgl. Tipke / Lang, Lehrbuch, S. 453.

410 Vgl. § 9 Abs. 1 BewG.

411 Vgl. Michel in Meincke / Michel, Kommentar, § 12 Anm. 28; Rössler / Troll, Kommentar, § 9 BewG Rdn. 3; Kapp, Kommentar, § 12 Rz. 79.

412 Vgl. Michel in Meincke / Michel, Kommentar, § 12 Anm. 26.

413 Vgl. Michel in Meincke / Michel, Kommentar, § 12 Anm. 33.

und Betriebsgrundstücke (vgl. § 19 Abs. 1 Nr. 1 BewG). Die Einheitswerte sollen für Grundbesitz und Mineralgewinnungsrechte alle 6 Jahre allgemein festgestellt werden (Hauptfeststellung, vgl. § 21 Abs. 1 Satz 1 Nr. 1 BewG). Da die letzte Hauptfeststellung der Einheitswerte für Grundbesitz auf den 1. 1. 1964 stattgefunden hat, ist für Grundstücke i. S. d. § 70 BewG und Betriebsgrundstücke i. S. d. § 99 Abs. 1 Nr. 1 BewG der Einheitswert um 40 % zu erhöhen[414].

Maßgeblicher Bewertungsmaßstab ist bei land- und forstwirtschaftlichem Vermögen der Ertragswert (vgl. § 36 Abs. 1 BewG) und bei Grundvermögen der gemeine Wert[415]. Für Betriebsgrundstücke kommt eine alternative Bewertung nach § 99 Abs. 3 BewG zur Anwendung[416]. Durch die fehlende Aktualisierung der Grundbesitzeinheitswerte wird der Grundsatz des § 10 ErbStG, die tatsächliche Bereicherung zu erfassen, nicht in vollem Umfang verwirklicht[417]. Dies gilt auch insoweit als der in § 21 Abs. 1 Nr. 1 BewG vorgesehene Bewertungsrhythmus 6 Jahre beträgt[418]. Der Einheitswert von Mineralgewinnungsrechten richtet sich nach dem gemeinen Wert, der nach besonderen Richtlinien ermittelt wird, die von bestimmten Oberfinanzdirektionen aufgestellt werden (vgl. Abschn. 23 Abs. 4 VStR). Der Einheitswert des Betriebsvermögens ergibt sich aus der Summe der einzeln bewerteten Wirtschaftsgüter, abzüglich der Summe der Betriebsschulden und der sonst zulässigen Abzüge (vgl. § 98a BewG). Bewertungsmaßstab ist hierbei der Teilwert (vgl. §§ 10, 109 BewG).

(3) Zwischenergebnis

Die Bewertung stellt ein wesentliches Element im Rahmen der Ermittlung der Saldogrößen „Einkommen“ und „Bereicherung“ dar. Anhand der jeweils gegebenen Bewertungsmethoden läßt sich erkennen, welches Maß an steuerlicher Leistungsfähigkeit erfaßt wird. Generell repräsentieren sowohl das „Einkommen“ als auch die „Bereicherung“ den wirklichen Wert der zugrundeliegenden Leistungsfähigkeit, da die Vermögenszu- und -abgänge mit ihren Verkehrswerten berücksichtigt werden. Diese Grundaussage muß allerdings in mehrfacher Hinsicht modifiziert werden. Eine Abweichung ergibt sich aus den unterschiedlichen Bewertungszeitpunkten. Während die Zeitpunkte gem. § 11 EStG und gem. §§ 9, 11 ErbStG im wesentlichen übereinstimmend zu einer zeitnahen Erfassung führen, gilt dies bei der auf den Schluß eines Wirtschaftsjahres vorzunehmenden

[414] Vgl. Art. 2 des Gesetzes zur Reform des Erbschaft- und Schenkungsteuerrechts vom 17.4.1974, BGBl. I 1974, 933.

[415] Vgl. Gürsching / Stenger, Kommentar, § 20 Anm. 2.

[416] Vgl. Rössler / Troll, Kommentar, § 99 BewG Rdn. 15.

[417] Vgl. zu den sich hieraus ergebenden verfassungsrechtlichen Bedenken: Michel in Meincke / Michel, Kommentar, § 12 Anm. 3; Troll, Kommentar, § 12 Rdn. 109; Balke, Einheitswert, S. 92 ff.; BFH-Beschluß vom 11.6.1986, II B 49/83, BStBl. II 1986, 782 f.; Meincke in Meincke / Michel, Kommentar, Einf. Anm. 6; Moench, Kommentar, § 12 Rz. 5 ff.

[418] Vgl. Balke, Einheitswert, S. 102 f.; Kapp, Kommentar, § 12 Rz. 273.

Bewertung gem. § 4 Abs. 1 Satz 1 EStG nicht. Ebenfalls keine zeitnahe Erfassung stellt die erbschaftsteuerliche Einheitsbewertung dar, soweit bereits festgestellte Einheitswerte herangezogen werden. Neben diesen zeitbezogenen Abweichungen sind auch inhaltliche Abweichungen feststellbar. Hierzu zählt insbesondere das einkommensteuerliche Anschaffungskostenprinzip, das Wertsteigerungen unberücksichtigt läßt, während Wertminderungen in Form von Abschreibungen auch dann angerechnet werden, wenn diese sich noch nicht realisiert haben. Bei der Bereicherung ist in diesem Zusammenhang die Einheitsbewertung des Grundbesitzes zu nennen. Diese führt bei den heutigen Grundstückswerten nur noch teilweise zur Erfassung der hierin liegenden Leistungsfähigkeit. Insgesamt gesehen läßt sich danach nicht allgemeingültig von einer gleichartigen oder nicht gleichartigen Bewertung sprechen. Die Nähe bzw. Distanz der Bewertungen zueinander hängt von den im Einzelfall zu berücksichtigenden Einzelkomponenten ab.

IV. Zusammenfassung der Einzelergebnisse und Bedeutung der Erkenntnisse für die Ausgangsfrage

Einkommensteuer und Erbschaft-/Schenkungsteuer stammen aus unterschiedlichen Quellen. Ihre Entstehung verdanken sie übereinstimmend der Finanznot des Staates bzw. der Einzelstaaten. Ansatzpunkt der Besteuerung war jeweils die Erfassung der Leistungsfähigkeit in Form von Einkommen oder erbschaft- und schenkungsteuerlichen Vermögensanfällen. Die Nähe der Steuern hat sich im Laufe der Entwicklung mehrfach gezeigt. Zu nennen ist beispielsweise die Diskussion über die Erfassung des sog. fundierten Einkommens Ende des 19. Jahrhunderts in Preußen, bei der steuertechnische Erwägungen den Ausschlag zugunsten der Erbschaftsteuer gaben. Ein noch deutlicheres Beispiel stellt das EStG 1920[419] dar, das im wesentlichen auf der Grundlage der Reinvermögenszugangstheorie basierte. Danach erfaßte das Einkommen auch Erbschaften und Schenkungen[420]. Die hieraus an sich resultierende Doppelbelastung wurde durch eine besondere Steuerbefreiungsvorschrift[421] vermieden. Die weitere Entwicklung bis zu den heutigen Gesetzesfassungen hat eine Abgrenzung der Steuergegenstände voneinander durch die Beschreibung von Einkunftsarten versucht. Das Einkommen als Steuergegenstandsbegriff des EStG und der Vermögensanfall als Steuergegenstandsbegriff des ErbStG lassen sich hiernach grundsätzlich als verschieden kennzeichnen. Dabei sind es nicht die Merkmale entgeltlich / unentgeltlich oder regelmäßig / einmalig, die die Steuergegenstandsbegriffe zutreffend voneinander abheben. Vielmehr stehen sich die einkommensteuerliche entgeltliche Marktteilnahme und die erbschaft-/schenkungsteuerlichen formalisierten Erwerbe bzw. freigebigen Zuwendungen gegenüber. Trotz der Verschiedenheit im

419 Vgl. RGBl. I 1920, 359.

420 Vgl. § 5 EStG 1920, RGBl. I 1920, 359, 360.

421 Vgl. § 12 Nr. 1 EStG 1920, RGBl. I 1920, 359, 363.

formal-juristischen Sinn besteht eine gewisse Nähe der Steuergegenstände zueinander, die sich bei der Abgrenzung von nachträglicher Entlohnung und letztwilliger Verfügung zeigt. Hierbei ist im Rahmen einer Marktteilnahme-Beziehung (Dienstverhältnis) ein formalisierter Erwerb (z. B. Vermächtnis) eingebettet, so daß der Erwerb entweder der Einkommensteuer oder der Erbschaftsteuer unterfällt. Diese Nähe der Steuergegenstände ist in den Doppelbelastungsfällen zum Teil als Gleichheit festzustellen. Hierbei tritt die entgeltliche Marktteilnahme hinter die Erfassung des Vermögenszuwachses zurück. Der Umsatzakt stellt demzufolge nicht das entscheidende Tatbestandsmerkmal dar. Ebenso wie bei der Erbschaft-/Schenkungsteuer wird eine gesteigerte Leistungsfähigkeit erfaßt, die nicht von demjenigen erwirtschaftet wurde, dem sie zugute kommt. Eine Ausnahme hiervon bilden Nießbrauchsfälle sowie Erbbaurechtsverhältnisse. In diesen Fällen besteht die Doppelbelastung trotz verschiedener Steuergegenstände.

Die quantifizierten Steuergegenstände in Form des Einkommens und der Bereicherung verwirklichen eine Erfassung der objektiven Leistungsfähigkeit, indem sie als Nettogrößen ausgestaltet sind. Allerdings bestehen zum Teil Unterschiede hinsichtlich der Vermögensart des repräsentierten Vermögenszuwachses. Generell läßt sich sagen, daß das Einkommen zumeist liquide Mittel und die Bereicherung jedwede Vermögensart erfassen. In den Doppelbelastungsfällen umfaßt das Einkommen allerdings ebenso wie die Bereicherung illiquide Mittel. Da sich der Vermögensartunterschied demnach nicht als Grundsatz feststellen läßt, handelt es sich um gleichartige Maßgrößen. Differenzierungen ergeben sich allerdings insoweit, als es um die Berücksichtigung von Frei- und Abzugsbeträgen geht. Diese lassen sich überwiegend als Sozialzwecknormen qualifizieren. Während bei den einkommensteuerlichen Abzugsbeträgen wirtschaftspolitische Zielsetzungen erkennbar werden, liegt der Schwerpunkt der erbschaftsteuerlichen Abzugsbeträge auf einer gesellschaftspolitischen Ebene. Hierdurch wird die unterschiedliche Funktion der Abzugsbeträge erkennbar. Auf der einen Seite stehen Wirtschaftslenkungsmaßnahmen und auf der anderen Seite der Schutz des „Familienvermögens“. Daneben werden in beiden Fällen, anders als es offenbar die Leitentscheidung sieht[422], persönliche Verhältnisse berücksichtigt. Bei der Einkommensteuer sind dies insbesondere die Anzahl der Kinder und bei der Erbschaft-/Schenkungsteuer der Verwandtschaftsgrad gegenüber dem Erblasser/Schenker.

Bezieht man die Bewertungsmethoden in den Vergleich ein, so wird auch hierdurch die Verwirklichung der Leistungsfähigkeitsbesteuerung deutlich, da diese generell am tatsächlichen Wert ausgerichtet sind. Allerdings bestehen insofern Abweichungen, als es um den Bewertungszeitpunkt und um bestimmte Erwerbe geht. Zu nennen sind die Grundbesitzeinheitswerte im ErbStG und das Anschaffungskostenprinzip im EStG. In beiden Fällen wird eine an der tatsächlichen Leistungsfähigkeit ausgerichtete Besteuerung nicht erreicht.

---

422 Vgl. BFH-Urteil vom 26.11.1986, II R 190/81, BStBl. II 1987. 175, 177.

Unter Berücksichtigung der vorstehenden Ausführungen läßt sich der „Zwei-Ebenen-These" nicht zustimmen. Neben den Abweichungen weisen die Steuergegenstände von Einkommensteuer und Erbschaft-/Schenkungsteuer derartig viele Übereinstimmungen auf, daß die Betonung einer generellen Verschiedenheit unberechtigt erscheint. Dies gilt erst recht in den Doppelbelastungsfällen, in denen übereinstimmend eine Vermögenszuwachsbesteuerung vorliegt.

B. Vergleich der Besteuerungsgüter

I. Begriffsbestimmung

Eingangs ist darauf hingewiesen worden, daß durch die Bestimmung der Steuergegenstände das zugrundeliegende Besteuerungsgut erkennbar wird. Es gilt demnach den Sachverhalt zu ermitteln, der jene spezifische Wirtschaftskraft repräsentiert, die dem Gesetzgeber den Zugriff durch die Steuergegenstände ermöglicht[423]. Der Begriff des Sachverhaltes ist in diesem Zusammenhang ebenso zu verstehen, wie er in § 174 Abs. 1 Satz 1 AO als Tatbestandsmerkmal Verwendung findet. Die Vorschrift ermöglicht die Aufhebung oder Änderung eines fehlerhaften Steuerbescheides, wenn ein bestimmter Sachverhalt in mehreren Steuerbescheiden zuungunsten eines oder mehrerer Steuerpflichtiger berücksichtigt worden ist, obwohl er nur einmal hätte berücksichtigt werden dürfen (sog. widerstreitende Steuerfestsetzungen). Hierbei handelt es sich um eine verfahrensrechtliche Norm, die eine Doppelbesteuerung aufgrund materiell-rechtlich unzulässiger Steuerkollision beseitigen soll[424]. Der Normzweck ist ebenso, wie der Gleichartigkeitsvergleich, auf die Vermeidung von Doppelbelastungen gerichtet. Der Begriff des Sachverhaltes ist nach h. M. in dem einzelnen Lebensvorgang zu sehen, an den das Gesetz steuerliche Folgen knüpft[425]. Vereinzelt wird allerdings als entscheidender Sachverhalt nur der Teil des Lebensvorganges angesehen, der die für die konkrete Steuerfestsetzung relevanten Besteuerungsgrundlagen enthält[426]. Die Kontroverse betrifft das Verhältnis der Tatbestandsmerkmale „bestimmter Sachverhalt" und „obwohl er nur einmal hätte berücksichtigt werden dürfen" zueinander. Nach der Mindermeinung kommt dem zweiten Merkmal

---

423 Vgl. Lang, Sytematisierung, S. 38.

424 Vgl. Becker / Riewald / Koch, Kommentar, § 152 Anm. 5 a; Schwarz / Frotscher, Kommentar, § 174 Rdn. 2 g; Tipke / Kruse, Kommentar, § 174 AO Tz. 1; Koch / Förster, Kommentar, § 174 Rdn. 3.

425 Vgl. Klein / Orlopp, Kommentar, § 174 Anm. 3; Tipke / Kruse, Kommentar, § 174 AO Tz. 2; Schwarz / Frotscher, Kommentar, § 174 Rdn. 2 a; Koch / Förster, Kommentar, § 174 Rdn. 3/1; FG Münster, Urteil vom 8.12.1981, VI 393/77 E, EFG 1982, 352, 352 (das Urteil ist durch BFH-Urteil vom 14.2.1984, VIII R 41/82, BStBl. II 1984, 550 bestätigt worden, ohne daß zu der Frage des § 174 AO Stellung genommen worden wäre); BFH-Beschluß vom 6.12.1979, IV B 56/79, BStBl. II 1980, 314, 316.

426 Vgl. Klein / Orlopp, Kommentar, § 174 Anm. 3; v. Wedelstädt, DB 1981, S. 1254, 1256.

praktisch keine eigenständige Bedeutung mehr zu[427]. Im übrigen kann dieser Auffassung nicht gefolgt werden, da durch die „steuerfestsetzungsbezogene" Begriffsbestimmung[428] der einheitliche Lebensvorgang in die konkreten Anwendungsbereiche der Steuergegenstände zerteilt wird und somit seine Aussagekraft für den Gleichartigkeitsvergleich verliert. Im folgenden wird daher als Sachverhalt der einzelne Lebensvorgang verstanden, der den Steuerzugriff ermöglicht.

II. Besteuerungsgüter des EStG und des ErbStG

Die Kernbereiche der Steuergegenstände sind durch die entgeltliche Marktteilnahme einerseits und die freigebigen Zuwendungen bzw. die formalisierten Erwerbe von Todes wegen andererseits gekennzeichnet. Das Besteuerungsgut des EStG läßt sich demzufolge als die Einkommenserzielung bestimmen[429], d. h. als die Tätigkeiten und der Vermögenseinsatz des Einkommensbeziehers[430]. Besteuerungsgut des Erbschaft-/Schenkungsteuergesetzes ist demgegenüber die Zuordnung von Vermögenswerten infolge Freigebigkeit bzw. fingierter Freigebigkeit bei den Erwerben von Todes wegen. Hieraus folgt, daß die Steuergegenstände des ErbStG das zugrundeliegende Besteuerungsgut in einer umfassenden Weise erfassen, während der Steuergegenstand des EStG das entsprechende Besteuerungsgut nur unvollständig abdeckt, da z. B. private Veräußerungsgewinne nicht besteuert werden (Ausnahmen: §§ 17, 23 EStG).

Beide Besteuerungsgüter verkörpern eine Zunahme an wirtschaftlicher Leistungsfähigkeit. Diese Leistungsfähigkeit ist der innere Grund für die Besteuerung[431]. Die Einkommensteuer ist seit jeher mit dem Grundsatz der Besteuerung nach der Leistungsfähigkeit gerechtfertigt worden[432]. Demgegenüber lassen sich bei der Erbschaft-/Schenkungsteuer im Laufe der Entwicklung verschiedene An-

---

427 Vgl. Schwarz / Frotscher, Kommentar, § 174 Rdn. 2c.

428 Vgl. v. Wedelstädt, DB 1981, S. 1254, 1256.

429 Vgl. BVerfG, Beschluß vom 6.12.1983, 2 BvR 1275/79, BVerfGE 65, 325, 351.

430 Vgl. Lang, Systematisierung, S. 38.

431 Vgl. hierzu: Tipke / Lang, Lehrbuch, S. 57 ff.; Schanz, Finanz-Archiv, 13. Jahrgang (1896), 1. Band, S. 1, 5 f.; sowie vorstehend A II 2, 3.

432 Vgl. Begründung zu dem Entwurf eines Einkommensteuergesetzes vom 3.11.1890, Finanz-Archiv, 7. Jahrgang (1890), 2. Band, S. 266; Begründung zu dem Entwurf eines Reichseinkommensteuergesetzes vom 29.11.1919, Verhandlungen der verfassunggebenden Nationalversammlung, Band 340, Nr. 1624, S. 15; Begründung zu dem Entwurf eines Dritten Steuerreformgesetzes vom 9.1.1974, BT-Drucks. 7/1470, S. 211 f.; Schanz, Finanz-Archiv, 13. Jahrgang (1896), 1. Band, S. 1, 5 f.; Strutz, Kommentar, Einl. S. 45 f.; Andel, Einkommensteuer, S. 331, 332; Walz, Steuergerechtigkeit, S. 163; Blümich / Stuhrmann, Kommentar, § 2 EStG Rz. 4; Herrmann / Heuer / Raupach, Kommentar, Einf. ESt. Anm. 42; Biergans / Wasmer, FR 1985, S. 57; siehe auch: BFH-Beschluß vom 25.6.1984, GrS 4/82, BStBl. II 1984, 751, 766, danach ist Zweck des EStG, Mittel für die öffentliche Hand zu beschaffen und dabei den Steuerpflichtigen entsprechend seiner Leistungsfähigkeit heranzuziehen.

satzpunkte erkennen[433]. Überholt ist mittlerweile die Auffassung, die Erbschaftsteuer sei Ausdruck für ein staatliches Miterbrecht[434]. Als ebenfalls nicht tragfähig hat sich der der Erbschaftsteuer beigemessene Kontroll- oder Nachholsteuercharakter [435] erwiesen. Die hierfür vorgetragene Argumentation, die bislang nichteinkommenversteuerten Beträge, die hinterzogen wurden, würden erfaßt, und es ließe sich auf diese Weise eine Kontrolle der Steuermoral der Bürger ermöglichen, ist nicht überzeugend. Denn die Erbschaftsteuer wird auch dann geschuldet, wenn keine Einkommen- oder Vermögensteuer hinterzogen wurde[436]. Im übrigen dürfte eine Steuer als Kontrollmittel zur Klärung steuerrechtlicher Verfehlungen rechtsstaatlich bedenklich sein[437]. Nach einer weiteren, bis heute vertretenen Auffassung wird die Erbschaft-/Schenkungsteuer als ein Mittel zur Umverteilung angesehen, durch das Startungleichheiten zwischen den Bürgern ausgeglichen werden sollen[438]. Auf der anderen Seite wird die Rechtfertigung der Erbschaft-/Schenkungsteuer, wie die der Einkommensteuer, in dem Leistungsfähigkeitsprinzip gesehen[439]. Eine einseitige Betonung allein des Umverteilungs- oder Leistungsfähigkeitsaspektes vermag nicht zu überzeugen. Denn die Erbschaft-/Schenkungsteuer vereinigt beide Aspekte in sich. Bezogen auf das Besteuerungsgut ist jedoch der innere Zusammenhang zwischen Umverteilungszweck und Leistungsfähigkeitsprinzip zu beachten. Eine auf die Umverteilung von Vermögenswerten zielende Erbschaft-/Schenkungsteuer bedarf eines an dem Leistungsfähigkeitsprinzip ausgerichteten Besteuerungsgutes bzw. Besteuerungsgegenstandes. Zuzustimmen ist insoweit der von *Lang* vertretenen Auffassung, nach der die Umverteilungszielsetzung das Leistungsfähigkeitsprinzip ergänzt[440]. Das Besteuerungsgut der Erb-

433 Vgl. hierzu: Mönter, Steuerreform, S. 83 ff.; Schanz, Erbschaftsteuer, S. 794, 802 ff; Crezelius, Erbschaft- und Schenkungsteuer, S. 22 ff.

434 Vgl. Wagner, Politische Ökonomie, S. 566 ff., 589; Kipp, Kommentar, Einl. Anm. I 1 c, d; vgl. hierzu: Crezelius, Erbschaft- und Schenkungsteuer, S. 23; Mönter, Steuerreform, S. 83 f.; Fischer, StuW 1978, S. 345, 348 f.

435 Vgl. Nachweise bei: Fischer, StuW 1978, S. 345, 347, Fn. 23.

436 Vgl. Tipke / Lang, Lehrbuch, S. 476.

437 Vgl. Fischer, StuW 1978, S. 345, 347.

438 Vgl. Schneider, StuW 1979, S. 38, 41; Lang, Bemessungsgrundlage, S. 51; Nohl, Vermögensredistribution, S. 91 ff.; Tipke / Lang, Lehrbuch, S. 162, 475 f.; siehe hierzu: Mönter, Steuerreform, S. 84 f.

439 Vgl. Oberhauser, Erbschaft- und Schenkungsteuern, S. 487, 491; Tipke / Lang, Lehrbuch, S. 162; Lang, Bemessungsgrundlage, S. 51; Megow / Michel, Kommentar, Einl. S. 33; Schulz, B., Erbschaftsteuer, S. 25; Crezelius, Erbschaft- und Schenkungsteuer, S. 26; Moench, Kommentar, Einf. Rz. 10; Mönter, Steuerreform, S. 51; Begründung zu dem Entwurf eines Zweiten Steuerreformgesetzes vom 10.3.1972, BR-Drucks. 140/72, S. 59; Schanz, Erbschaftsteuer, S. 794, 795; kritisch hierzu: Fischer, StuW 1978, S. 345 ff.; darüber hinaus wird auch auf sozial- und gesellschaftspolitische Gründe (wie z. B. fundiertes arbeitsloses Einkommen; retardierendes Moment zur Vermögensakkumulation) abgestellt, vgl. Begründung zu dem Entwurf eines Zweiten Steuerreformgesetzes vom 4.5.1972, BT-Drucks. VI/3418, S. 49; Walz, Steuergerechtigkeit, S. 49; kritisch hierzu: Moench, Kommentar, Einf. Rz. 10; vereinzelt wird der einzige Rechtfertigungsgrund in dem Finanzbedarf des Staates gesehen, vgl. Leisner, Verfassungsrechtliche Grenzen, S. 27.

440 Vgl. Bemessungsgrundlage, S. 51, hiernach kann die Umverteilungszielsetzung zur Rechtfertigung von Mehrfachbelastungen des tranferierten Vermögens mit Einkom-

schaft-/Schenkungsteuer ist daher ebenfalls an dem Prinzip der Leistungsfähigkeit als einem grundlegenden Prinzip der Besteuerung ausgerichtet[441]. Allerdings ist ganz offensichtlich, daß mit den Besteuerungsgütern verschiedene Lebensvorgänge angesprochen werden, deren Folge auch die unterschiedlichen Steuergegenstände sind[442].

Für die Doppelbelastungsfälle bedarf diese Aussage jedoch einer Modifizierung. Bereits die Steuergegenstandsuntersuchung hat die Inhomogenität der einkommensteuerlichen Besteuerung aufgezeigt. Die erforderliche Lebensvorgangsermittlung läßt sich daher nur einzelfallbezogen für jeden Doppelbelastungsfall durchführen. Bei den betrieblichen Veräußerungsgewinnen (vgl. § 16 EStG, § 7 Abs. 1 EStDV) und den unentgeltlichen Zuwendungen in das Betriebsvermögen (vgl. § 7 Abs. 2 EStDV) steht der Vermögenszuwachs im Vordergrund. Der einkommensteuerlich relevante Sachverhalt ist nicht durch die Einkommenserzielung geprägt, sondern durch die Existenz des Gewerbebetriebes. Der Inhaberwechsel infolge von Erbfall oder Schenkung vermag an der Objektbezogenheit des relevanten Sachverhaltes nichts zu ändern, da er lediglich die Zuordnung der durch den Gewerbebetrieb repräsentierten Leistungsfähigkeit bestimmt. Diese Leistungsfähigkeit besteht in dem Vermögenszuwachs, der während der Existenz des Gewerbebetriebes entsteht, sei es durch äußere wertbildende Faktoren oder durch unentgeltliche Zuwendungen. Besteuerungswürdige Größe ist somit die dem originären Inhaber oder seinem Rechtsnachfolger zuzurechnende Leistungsfähigkeit infolge des dem Gewerbebetrieb anhaftenden Vermögenszuwachses. Verglichen mit dem erbschaft-/schenkungsteuerlichen Besteuerungsgut — der Zuordnung von Vermögenswerten infolge Freigebigkeit oder aufgrund formalisierter Erwerbe — besteht somit eine Überschneidung der Besteuerungsgüter. Die Zuordnung des Gewerbebetriebes zu dem Rechtsnachfolger bzw. im Fall der unentgeltlichen Zuwendung zu dem originären Inhaber stellt den Sachverhaltskern dar, der in beiden Fällen von Bedeutung ist. Für den Rechtsnachfolger bzw. den originären Inhaber im Falle des § 7 Abs. 2 EStDV führt die Zuordnung des Gewerbebetriebes zu einer Steigerung der Leistungsfähigkeit, die die besteuerungswürdige Größe darstellt. Diese gemeinsame besteuerungswürdige Größe läßt sich auch bei den privaten Veräußerungsgewinnen (vgl. §§ 17, 22 Nr. 2 i. V. m. § 23 EStG) feststellen. Die Rechtsnachfolge in einen wesentlichen Anteil an einer Kapitalgesellschaft oder in ein „Spekulationsobjekt" bedeutet für den Rechtsnachfolger eine Erhöhung seiner Leistungsfähigkeit. Diese Leistungsfähigkeit ermöglicht den Steuerzugriff durch beide Steuern. Im Fall der rückständigen Forderungen wird ebenfalls der dem Rechtsnachfolger zuzurechnende Vermö-

---

mensteuer und Erbschaft-/Schenkungsteuer herangezogen werden; vgl. auch: Tipke / Lang, Lehrbuch, S. 476.

441 Vgl. hierzu: Tipke / Lang, Lehrbuch, S. 27 f.

442 Die Verschiedenartigkeit der Steuergegenstände bei Verschiedenartigkeit der zugrundeliegenden Besteuerungsgüter ist zwangsläufig, da der Steuergegenstand einen konkreten, gesetzlich umschriebenen Ausschnitt des Besteuerungsgutes darstellt; vgl. auch: Lang, Bemessungsgrundlage, S. 51.

genszuwachs als besteuerungswürdige Größe erkannt. Es handelt sich allerdings nur um solche Vermögenszuwächse, die auf einer Einkommenserzielung des Rechtsvorgängers basieren. Der einkommensteuerliche Sachverhalt ist daher gegenüber dem erbschaftsteuerlichen enger gefaßt. In diesem Kernbereich liegt somit Kongruenz vor. Dieses Ergebnis gilt auch für die unentgeltliche Zuwendung wiederkehrender Bezüge, da hierbei keine erwirtschafteten Vermögensmehrungen (mit Ausnahme der Leibrenten) der Einkommensteuer unterliegen, sondern lediglich eine Einkommensverwendung. Besteuerungsgut ist sowohl bei der Einkommensteuer als auch bei der Erbschaftsteuer die Einräumung einer vermögenswerten Position, deren Folge wiederholte Zahlungen sind.

Bei den bislang behandelten Doppelbelastungsfällen sind bereits die Steuergegenstände in ihren Kernbereichen gleich. Dies gilt jedoch nur zum Teil für die Nießbrauchsfälle sowie die Erbbauzinsen. Um die Besteuerungsgüter in diesen Fällen zu bestimmen, muß man sich noch einmal die wesentlichen Elemente der hier zu berücksichtigenden Steuergegenstände vergegenwärtigen. Einkommensteuerlich geht es um eine entgeltliche Marktteilnahme, wobei die Nießbrauchsbestellung als solche über die Zuordnung der Einkünfte zu dem Nießbraucher oder dem Eigentümer des zugrundeliegenden Vermögens entscheidet. Die Nießbrauchsbestellung führt dazu, daß die ansonsten im Regelfall gegebene Sachherrschaft des Eigentümers über die Einkunftsquelle auf den Nießbraucher übertragen wird. Erbschaftsteuerlich ist die Einräumung dieser Rechtsposition das entscheidende Anknüpfungsmerkmal. Wenn man z. B. einen Vermächtnisnießbrauch an einem vermieteten Haus betrachtet, so läßt sich der Sachverhaltskern als die Übertragung der Sachherrschaft über das Mietobjekt bestimmen, da diese für den Nießbraucher eine gesteigerte Leistungsfähigkeit repräsentiert. Hierin besteht bei beiden Steuern die besteuerungswürdige Größe. Die verschiedenen Steuergegenstände sind darauf zurückzuführen, daß an unterschiedliche Elemente des einheitlichen Lebensvorganges angeknüpft wird. Bei der Steuergegenstandsbestimmung im Fall der Erbbauzinsen ist festgestellt worden, daß die Verschiedenheit der Steuergegenstände wegen der unterschiedlichen Wertung des Sachverhaltes nicht aussagekräftig ist. Bei der Besteuerungsgüterermittlung ist daher der Sachverhalt festzustellen, der unbeeinflußt von Subsumtionskriterien die entscheidende wirtschaftliche Kraft repräsentiert, die den Steuerzugriff ermöglicht. Hierbei läßt sich, wie im Fall der Nießbrauchsbestellung, erkennen, daß der Erwerb des Erbbauzinsanspruches den wesentlichen Lebensvorgang darstellt. Diese vermögenswerte Position stellt die Quelle wirtschaftlicher Leistungsfähigkeit dar, an die die unterschiedlichen Steuergegenstände anknüpfen. Damit liegt auch insoweit beiden Steuern dasselbe Besteuerungsgut zugrunde. Soweit die Leitentscheidung[443] die Verschiedenheit von Einkommen- und Erbschaft-/Schenkungsteuer im Falle der Erbbauzinsen mit dem Hinweis auf die unterschiedlichen Ebenen begründet, läßt sich diese These anhand der Besteuerungsgüter nicht stützen.

Zusammenfassend läßt sich feststellen, daß in den genannten Doppelbelastungsfällen Einkommensteuer und Erbschaft-/Schenkungsteuer dasselbe Besteuerungsgut zugrunde liegt.

III. Bedeutung der Erkenntnisse über die Besteuerungsgüter für die „Zwei-Ebenen-These"

Im Rahmen des Gleichartigkeitsvergleiches stellen die Besteuerungsgüter eine Teilgröße dar, anhand derer die Rechtsprechungsthese zu messen ist. In ihren Kernbereichen haben Einkommensteuer und Erbschaft-/Schenkungsteuer verschiedene Besteuerungsgüter, so daß der „Zwei-Ebenen-These" aus diesem Aspekt grundsätzlich zuzustimmen ist. Die Identität der Besteuerungsgüter in den Doppelbelastungsfällen läßt sich hiermit allerdings nicht vereinbaren. Denn der Zugriff auf dasselbe Besteuerungsgut spricht gegen die Verschiedenheit der Steuern und für das Vorliegen einer vermeidungswürdigen Doppelbesteuerung. Mit Blick auf die Kollisionsnorm des § 174 Abs. 1 AO hat das FG Münster[444] im Falle des Zugriffes von Einkommensteuer und Schenkungsteuer auf denselben Lebensvorgang, von einem denkgesetzlichen Ausschlußverhältnis der Sachverhaltswertung als unentgeltlich und entgeltlich gesprochen. Die Konsequenz dieser Auffassung würde die Argumentation der Rechtsprechung in ihr Gegenteil verkehren. Denn hiernach würde die Verschiedenheit der beiden Steuern gem. § 174 Abs. 1 AO die Beseitigung der Doppelbelastung nach sich ziehen. Damit würde auch das Argument der mangelnden Saldierfähigkeit ins Leere gehen. Bereits der RFH hatte in derartigen Fällen eine Anrechnung der jeweils zu Unrecht erhobenen Schenkungsteuer bzw. Einkommensteuer auf die zu Recht erhobene Steuer für sachgerecht gehalten. Allerdings kann dem FG Münster in seiner Aussage von dem denkgesetzlichen Ausschlußverhältnis nicht in dieser Allgemeingültigkeit gefolgt werden. Denn *Meincke* hat mit Recht darauf hingewiesen, daß derselbe Vorgang entgeltlichen und unentgeltlichen Charakter haben kann. Dies ist z. B. der Fall, wenn jemand die Anwartschaft des Nacherben ankauft (vgl. § 3 Abs. 2 Nr. 6 ErbStG)[445]. Wenngleich hiernach die Rechtsfolge des § 174 Abs. 1 AO nicht ohne weiteres bejaht werden kann, bleibt festzuhalten, daß sich auch in diesem Punkt die Nähe der Steuern zeigt, so daß der Rechtsprechungsthese insoweit zu widersprechen ist. Dies gilt umsomehr, als die Besteuerungsgüter übereinstimmend Ausdruck des Leistungsfähigkeitsprinzips sind. Die Erbschaft-/Schenkungsteuer läßt sich daher als Einkommensteuer im weiteren Sinn einord-

---

[443] Vgl. BFH-Urteil vom 26.11.1986, II R 190/81, BStBl. II 1987, 175, 177.

[444] Vgl. Urteil vom 8.12.1981, VI 393/77 E, EFG 1982, 352, 353, bestätigt durch BFH-Urteil vom 14.2.1984, VIII R 41/82, BStBl. II 1984, 550, allerdings ohne daß der BFH das Problem des § 174 AO angesprochen hat.

[445] Vgl. Meincke, DStJG 10(1987), S. 19, 23 f.

nen[446]. Zum Teil wird die Steuerartzuordnung hiervon abweichend vorgenommen. Es soll sich danach um eine Verkehrsteuer[447], einen Mischtatbestand aus Verkehr- und Besitzsteuer[448] oder auch um eine Vermögenssubstanzsteuer[449] handeln.

Die Diskussion über die zutreffende steuersystematische Einordnung der Erbschaft-/Schenkungsteuer hat ihre wesentliche Ursache in dem zweigliedrigen Besteuerungsgut. Die Vermögenszuordnung aufgrund von Freigebigkeit oder fingierter Freigebigkeit beinhaltet zum einen eine Vermögensverschiebung zwischen zwei Personen. Zum anderen greift die Besteuerung nur ein, wenn infolge der Vermögensverschiebung ein Vermögenszuwachs eintritt. Die dadurch zum Ausdruck kommende Zunahme an steuerlicher Leistungsfähigkeit repräsentiert also einen „transferierten Vermögensbestand"[450]. Die Vermögensverschiebung allein vermag somit nicht, die Besteuerung zu bewirken. Die ausschließlich an dem Vermögen bzw. Vermögenstransfer anknüpfenden Auffassungen werden daher dem Steuergegenstand bzw. Besteuerungsgut des Erbschaft-/Schenkungsteuergesetzes nicht gerecht. Besteuert wird vielmehr eine Zunahme an steuerlicher Leistungsfähigkeit, die sich im Regelfall abweichend von der des Einkommensteuergesetzes, mitunter aber auch auf gleiche Art und Weise vollzieht. Demzufolge sind beide Steuern einer Steuerart zuzuordnen.

---

446 Vgl. Meincke in Meincke / Michel, Kommentar, Einf. Anm. 2; Moench, Kommentar, Einf. Rz. 32; Schanz, Finanz-Archiv, 13. Jahrgang (1896), 1. Band, S. 1, 13; ders., Erbschaftsteuer, S. 794, 795; Lang, Bemessungsgrundlage, S. 51, 232; Balke, Einheitswert, S. 108; BFH-Beschluß vom 18.12.1972, II R 87-89/70, BStBl. II 1973, 329, 349; BFH-Beschluß vom 9.8.1983, VIII R 35/80, BStBl. II 1984, 27, 28; nach Tipke / Lang, Lehrbuch, S. 162, 476 ist sie aber auch eine Art Vermögenstransfersteuer; a. A.: Kirchhof in Kirchhof / Söhn, Kommentar, § 2 Rdn. A 27, danach ist die Erbschaft-/Schenkungsteuer keine Einkommensteuer, da sie die Vermögenssubstanz aus Anlaß eines freigebigen Eigentümerwechsels erfasse.

447 Vgl. BFH-Urteil vom 22.9.1982, II R 61/80, BStBl. II 1983, 179, 180; Jahresbericht 1983 über den BFH, StuW 1984, S. 112, 122 f.; Kipp, Kommentar, Einl. Anm. I 1 e m. w. N.; nach Rose, Substanzsteuern, S. 151, gehört sie auch zu den Substanzsteuern.

448 Vgl. Seitz, Bedeutung der Erbschaftsteuer, S. 9; Schulz, B., Erbschaftsteuer, S. 25; Troll, Kommentar, Einf. Anm. 1; Leisner, Verfassungsrechtliche Grenzen, S. 32 f.; Mönter, Steuerreform, S. 8.

449 Vgl. Oberhauser, Erbschaft- und Schenkungsteuern, S. 487, 488; siehe auch: Kirchhof in Kirchhof / Söhn, Kommentar, § 2 Rdn. A 27; Steuerreformkommission, VII Rdn. 159; nach BVerfG, Beschluß vom 15.5.1984, 1 BvR 464, 605/81 und 427, 440/82, BVerfGE 67, 70, 86, will der Gesetzgeber den wirtschaftlichen Vorgang des Substanzüberganges besteuern.

450 Vgl. Tipke / Lang, Lehrbuch, S. 162.

2. Abschnitt

Vergleich der übrigen Tatbestandsmerkmale

A. Vergleich der Steuersubjekte

I. Bedeutung des Vergleichs

Unter Steuersubjekt ist dasjenige Rechtssubjekt eines Steuergesetzes zu verstehen, das den Steuertatbestand im ganzen zu erfüllen in der Lage sein soll[1]. Im Regelfall handelt es sich um den Steuerschuldner, dem ein Steuerobjekt und die damit verbundene Steuerschuld zugerechnet werden[2]. Aus der Untersuchung der Steuersubjekte läßt sich daher entnehmen, auf wen das Einkommensteuergesetz und das Erbschaft-/Schenkungsteuergesetz zugeschnitten sind und ob sich hierbei Unterschiede herausstellen. Nach der Rechtsprechungsthese besteht die Verschiedenheit der beiden Steuern u. a. darin, daß die Erbschaftsteuer den Erwerber des Nachlasses und die Einkommensteuer den Steuerpflichtigen nach Maßgabe seiner persönlichen Verhältnisse und seines Einkommens trifft. Der Steuersubjektvergleich kann insoweit Klarheit darüber schaffen, ob das Kriterium der Personenbezogenheit unterschiedlich geregelt ist und somit die Rechtsprechungsthese hierdurch gestützt wird.

II. Steuersubjekte des Einkommensteuergesetzes und des Erbschaft-/Schenkungsteuergesetzes

Steuersubjekt des Einkommensteuergesetzes sind gem. § 1 EStG die natürlichen Personen, die den Steuertatbestand verwirklichen[3]. Maßgebliche Vorschrift für die Bestimmung des erbschaftsteuerlichen Steuersubjektes ist § 20 ErbStG[4]. Danach ist bei Erwerben von Todes wegen gem. § 1 Abs. 1 Nr. 1 ErbStG und bei Schenkungen unter Lebenden gem. § 1 Abs. 1 Nr. 2 ErbStG der Erwerber Steuersubjekt (= Steuerschuldner)[5]. Darüber hinaus kommt bei Schenkungen

[1] Vgl. Bayer, FR 1985, S. 337, 339; Biergans / Wasmer, FR 1985, S. 57; Biergans, Einkommensteuer, Einf. S. 5; siehe auch: Lang, Bemessungsgrundlage, S. 43 f.; Babrowski, Steuerbefreiung, S. 62.

[2] Vgl. Tipke / Lang, Lehrbuch, S. 131; Hensel, Steuerrecht, S. 58, 62; Lang, Systematisierung, S. 32; Neumark, Besteuerung, S. 93, 97.

[3] Vgl. Biergans / Wasmer, FR 1985, S. 57; Tipke / Lang, Lehrbuch, S. 193; Hellwig in Littmann / Bitz / Meincke, Das Einkommensteuerrecht, § 1 Rdn. 5; Biergans, Einkommensteuer, Einf. S. 5; vgl. zu den Begriffen Einkommensteuerpflichtiger und Einkommensteuerschuldner: Hellwig in Littmann / Bitz / Meincke, Das Einkommensteuerrecht, § 1 Rdn. 2 ff.

[4] Vgl. Meincke in Meincke / Michel, Kommentar, § 2 Anm. 1; Troll, Kommentar, § 20 Rdn. 1; Petzoldt, Kommentar, § 20 Rdn. 1; Tipke / Lang, Lehrbuch, S. 485.

[5] Vgl. § 20 Abs. 1 ErbStG.

auch der Schenker nach § 20 Abs. 1 ErbStG als Steuersubjekt in Betracht[6]. Die Terminologie des § 20 Abs. 1 ErbStG ist daher anders als § 1 EStG neutral hinsichtlich der Rechtsform bzw. des Rechtsstatus des Steuersubjektes. Eine Konkretisierung des Steuersubjektes läßt sich aber § 2 ErbStG entnehmen. Die Vorschrift ist zwar mit „Persönlicher Steuerpflicht" überschrieben, jedoch stellt sie keine steuersubjektbegründende Norm dar. Vielmehr behandelt die Regelung Abgrenzungsfragen des internationalen Steuerrechts[7]. Danach kommen als Steuersubjekte des Erbschaft-/Schenkungsteuergesetzes neben den natürlichen Personen (vgl. § 2 Abs. 1 Nr. 1 a ErbStG) auch Körperschaften, Personenvereinigungen und Vermögensmassen in Betracht (vgl. § 2 Abs. 1 Nr. 1 d ErbStG). Der Begriff der natürlichen Person wird in beiden Gesetzen einheitlich verwendet. Es handelt sich um den dem Zivilrecht entnommenen Begriff[8]. Steuersubjekt ist die einzelne natürliche Person. Dies gilt einkommensteuerlich auch für den Fall der Zusammenveranlagung gem. § 26b EStG[9].

Die Ausklammerung von Juristischen Personen, Personenvereinigungen und Vermögensmassen durch das EStG geht auf die geschichtliche Entwicklung zurück. Während nach dem Preußischen EStG vom 24.6.1891 (vgl. § 1 Nr. 4, 5) gewisse Juristische Personen subjektiv steuerpflichtig waren, wurde im Zuge der Erzbergerschen Steuerreform die Steuerpflicht der Juristischen Personen, Personenvereinigungen usw. in einem eigenständigen Reichskörperschaftsteuergesetz[10] geregelt. Diese Trennung ist bis heute beibehalten worden[11]. Anlaß für die Ausgrenzung war die Erkenntnis, daß durch das EStG eine sachgerechte Erfassung der steuerlichen Leistungsfähigkeit Juristischer Personen nicht ohne weiteres erreicht werden könne[12]. Die hiermit einhergehenden Abweichungen betrafen in erster Linie steuertechnische Gesichtspunkte, wie z. B. den Steuertarif[13]. An dem einheitlichen Einkommensbegriff in beiden Gesetzen hat man jedoch festgehalten (vgl. § 8 Abs. 1 KStG)[14].

---

6 Vgl. zu der Frage der subsidiären Haftung des Schenkers: Michel in Meincke / Michel, Kommentar, § 20 Anm. 3; Troll, Kommentar, § 20 Rdn. 2; bei der Zweckzuwendung gem. § 1 Abs. 1 Nr. 3 ErbStG gilt nach § 20 Abs. 1 ErbStG der mit der Ausführung der Zuwendung Beschwerte als Steuersubjekt. Schließlich stellen in den Fällen des § 1 Abs. 1 Nr. 4 ErbStG die Stiftung bzw. der Verein nach § 20 Abs. 1 ErbStG und im Fall der fortgesetzten Gütergemeinschaft nach § 4 ErbStG die Abkömmlinge und der überlebende Ehegatte gem. § 20 Abs. 2 ErbStG als Gesamtschuldner das Steuersubjekt dar; vgl. zu den Sonderfällen des § 20 Abs. 3 bis 5 ErbStG: Michel in Meincke / Michel, Kommentar, § 20 Anm. 5 ff.

7 Vgl. Meincke in Meincke / Michel, Kommentar, § 2 Anm. 1; Troll, Kommentar, § 2 Rdn. 1; Moench, Kommentar, § 2 Rz. 1 f.

8 Vgl. §§ 1 ff. BGB.

9 Vgl. Schmidt / Seeger, Kommentar, § 26b Anm. 2a.

10 Vgl. § 1 KStG vom 30.3.1920, RGBl. I 1920, 393; siehe auch: Strutz, Kommentar, Einl. S. 105 ff.

11 Vgl. § 1 KStG in der Fassung vom 10.2.1984, BGBl. I 1984, 217.

12 Vgl. hierzu: Strutz, Kommentar, Einl. S. 107 ff.

13 Vgl. Geiler, Kommentar, Allgemeine Einl. Anm. 3.

Eine gewisse Abweichung der Steuersubjekte voneinander läßt sich hinsichtlich der Gesamthandsgemeinschaften (KG, OHG, GbR) erkennen. Diese sind einkommensteuerlich nicht als Steuersubjekte anzusehen. Vielmehr unterliegen die Gesellschafter als natürliche Personen der Einkommensteuer und als Juristische Personen der Körperschaftsteuer. Eine partielle Steuerrechtssubjekteigenschaft wird der Gesamthand allerdings insoweit beigemessen, als es um die Verwirklichung der steuerbegründenden Tatbestandsmerkmale geht (vgl. § 180 Abs. 1 Nr. 2a AO)[15]. Im Erbschaft-/Schenkungsteuerrecht hatte bislang die Auffassung vorgeherrscht, der einzelne Gesellschafter der Gesamthand sei Steuersubjekt und nicht die Gesamthand als solche[16]. Mit Urteil vom 8.12.1988[17] hat der BFH allerdings entschieden, daß die Gesamthandsgemeinschaft als solche „Erwerberin" i. S. v. § 20 ErbStG sei. Dies ergebe sich zum einen aus der Vorschrift des § 2 Abs. 1 Nr. 1d ErbStG, nach der auch Personenvereinigungen als inländische Erwerber persönlich steuerpflichtig sind und zum anderen aufgrund der zivil- und handelsrechtlichen Betrachtung, nach der die Gesamthandsgemeinschaft gegenüber den einzelnen Gesellschaftern verselbständigt ist und diese bürgerlich-rechtliche Wertung auch im Erbschaftsteuer- und Schenkungsteuergesetz gelte[18]. Diese Auslegung entspricht zumindest, soweit OHG und KG betroffen sind, der h. M. im Zivilrecht, nach der diesen Personenvereinigungen die Erbfähigkeit zuerkannt wird[19]. Mit Recht hat *Meincke*[20] darauf hingewiesen, daß für eine abweichende Behandlung von OHG und KG im Zivil- und im Erbschaft-/Schenkungsteuerrecht kein durchschlagender Grund ersichtlich sei. Zudem ist zu beachten, daß das ErbStG grundsätzlich an die zivilrechtliche Sicht anknüpft[21]. Die Konsequenz dieser Rechtsprechungsänderung ist darin zu sehen, daß der steuerpflichtige Erwerb bei Beteiligung einer Gesamthandsgemeinschaft als Er-

---

[14] Vgl. Achenbach in Dötsch / Eversberg / Jost / Witt, Kommentar, § 8 Rdn. 1; Geiler, Kommentar, Allgemeine Einl. Anm. 3.

[15] Vgl. BFH-Beschluß vom 25.6.1984, GrS 4/82, BStBl. II 1984, 751, 761; BFH-Beschluß vom 25.2.1991, GrS 7/89, DB 1991, S. 889, 891 f.; BFH-Urteil vom 20.11.1990, VIII R 15/87, BStBl. II 1991, 345, 346; Hellwig in Littmann / Bitz / Meincke, Das Einkommensteuerrecht, § 1 Rdn. 9; vgl. hierzu auch: Schmidt, Kommentar, § 15 Anm. 36b.

[16] Vgl. Troll, Kommentar, § 3 Rdn. 5; Moench, Kommentar, § 2 Rz. 7 a; Petzoldt, § 20 Rdn. 7; BFH-Urteil vom 22.6.1960, II 256/57 U, BStBl. III 1960, 358; RFH-Urteil vom 12.6.1928, Ve A 242/28, RFHE 23, 282, 284; a. A.: Meincke in Meincke / Michel, Kommentar, § 1 Anm. 3; siehe auch: Tipke / Kruse, Kommentar, § 39 AO Tz. 37; sowie zum ErbStG 1906: RFH-Urteil vom 2.10.1919, II A 244/19, RFHE 1, 197, 199; RFH-Urteil vom 28.10.1921, Ia A 101/21, RFHE 7, 192, 195 f.; RFH-Urteil vom 27.9.1922, VI A 184, StuW 1922, S. 1123.

[17] Vgl. II R 150/85, BStBl. II 1989, 237, 238 f.; kritisch: Kapp, Kommentar, § 20 Rz. 1.1 ff.

[18] Siehe auch: Kapp, Kommentar, § 1 Rz. 20; Knobbe-Keuk, Unternehmenssteuerrecht, § 27 IV 1.

[19] Vgl. Leipold in Münchener Kommentar, § 1923 Rdn. 29.

[20] Vgl. Meincke / Michel, Kommentar, § 1 Anm. 3.

[21] Vgl. Meincke in Meincke / Michel, Kommentar, Einf. Anm. 7; Moench, Kommentar, Einf. Rz. 58.

werber oder Schenker in die Steuerklasse IV einzuordnen ist[22]. Mithin wirkt sich der Verwandtschaftsgrad des Gesamthänders zum Erwerber / Schenker nicht mehr aus. Allerdings wird von *Ebeling*[23] eine Anwendung der zur Grunderwerbsteuer bestehenden Grundsätze über die Zurechnung persönlicher Eigenschaften bei Gesamthandsgemeinschaften befürwortet[24]. Dies dürfte de lege lata jedoch nicht möglich sein, da das GrEStG, anders als das ErbStG, in §§ 5, 6 bereits Sonderzurechnungsregeln bezüglich Gesamthandsgemeinschaften enthält[25]. Darüber hinaus steht dem auch der eindeutige Wortlaut des § 15 Abs. 1 ErbStG entgegen, der die in Steuerklasse I bis III nicht genannten Erwerber der Steuerklasse IV zuordnet. Demzufolge unterscheiden sich die Steuersubjekte beider Steuern insoweit. Die Folge hiervon ist, daß die gesellschafterbezogenen Besteuerungskriterien, wie z. B. Freibeträge oder Steuersätze, nicht mehr begünstigend zur Geltung kommen. Demgegenüber richtet sich bei der Einkommensteuer die Besteuerung nach den Besteuerungskriterien des Gesellschafters als natürlicher Person.

Parallelen weisen die Steuersubjekte hinsichtlich ihrer Inlandsbezogenheit auf. Das EStG erfaßt als Steuersubjekte grundsätzlich nur solche natürlichen Personen, die im Inland einen Wohnsitz oder ihren gewöhnlichen Aufenthalt haben (vgl. § 1 Abs. 1 Satz 1 EStG) oder aber bei Fehlen dieser Voraussetzungen inländische Einkünfte haben (vgl. § 1 Abs. 4 EStG; vgl. auch § 2 AStG). Bei dem Erbschaft-/ Schenkungsteuergesetz wird darauf abgestellt, ob der Erblasser / Schenker oder der Erwerber Inländer ist (vgl. § 2 Abs. 1 Satz 1 Nr. 1 ErbStG; vgl. auch § 4 AStG).

III. Ergebnis

Nimmt man das KStG als besonderes Einkommensteuergesetz für Juristische Personen hinzu, besteht zwischen den Steuersubjekten weitestgehend Übereinstimmung. Durch die Steuersubjekteigenschaft der natürlichen Personen wird die Berücksichtigung persönlicher Verhältnisse ermöglicht. Der Leitentscheidung[26] ist daher insoweit zu widersprechen. Denn die Verschiedenheit der beiden Steuern läßt sich aus diesem Blickwinkel nicht rechtfertigen. Lediglich für die Gesamthandsgemeinschaft besteht aufgrund der Rechtsprechungsänderung bei der Erbschaftsteuer eine unterschiedliche Beurteilung, die die Steuersubjekte voneinander abhebt. Dies hat auch zur Konsequenz, daß persönliche Verhältnisse bei der Erbschaft-/Schenkungsteuer nicht berücksichtigt werden, wie es die Leitentscheidung ausführt[27]. Zu beachten ist allerdings, daß es in dem entschiedenen Fall

22 Vgl. Knobbe-Keuk, Unternehmenssteuerrecht, § 27 IV 1; Moench, Kommentar, § 2 Rz. 7 c; Anmerkung zu BFH-Urteil vom 8.12.1988, II R 150/85, HFR 1989, S. 255, 256.

23 Vgl. BB 1989, S. 1865, 1867.

24 Vgl. z. B.: BFH-Urteil vom 25.2.1969, II 142/63, BStBl. II 1969, 400, 402 ff.

25 Vgl. hierzu: Boruttau / Egly / Sigloch, Kommentar, § 5 Rdn. 11.

26 Vgl. BFH-Urteil vom 26.11.1986, II R 190/81, BStBl. II 1987, 175, 177.

27 Vgl. BFH-Urteil vom 26.11.1986, II R 190/81, BStBl. II 1987, 175, 177.

um eine natürliche Person als Steuerpflichtigen ging, so daß die Aussage insoweit gerade nicht gilt. Insgesamt gesehen kann daher der „Zwei-Ebenen-These" anhand der Steuersubjekte nicht zugestimmt werden.

B. Vergleich der Bemessungsgrundlagen

I. Bedeutung der Untersuchung

Die Steuerbemessungsgrundlage ist nach allgemeiner Auffassung die der Ermittlung des Steuerbetrages zugrundeliegende Quantifizierung des Steuerobjektes[28]. Als Element des Steuertatbestandes gehört sie daher zu den Vergleichskriterien der Gleichartigkeitsanalyse. Aus dem Vergleich der Bemessungsgrundlagen läßt sich entnehmen, welches Maß an Leistungsfähigkeit erfaßt wird und ob hierbei die Berücksichtigung persönlicher Verhältnisse eine besondere Rolle spielt.

II. Merkmale, die die Ermittlung der Bemessungsgrundlagen kennzeichnen

1. Gesetzliche Regelungen zur Bestimmung der Bemessungsgrundlagen

Die Steuerbemessungsgrundlage des EStG ist nach ganz überwiegender Auffassung das zu versteuernde Einkommen gem. § 2 Abs. 5 EStG, das in einem Jahr bezogen wurde[29].

Steuerbemessungsgrundlage des Erbschaft-/Schenkungsteuergesetzes ist der Wert der Bereicherung gem. § 10 Abs. 1 Satz 1 ErbStG (vgl. auch § 19 Abs. 1 ErbStG)[30]. Insofern ist bereits bei der Steuergegenstandsermittlung darauf hingewiesen worden, daß der Vorschrift eine Doppelfunktion zukommt (vgl. A III 3 d) aa)).

---

[28] Vgl. Meincke in Littmann / Bitz / Meincke, Das Einkommensteuerrecht, § 2 Rdn. 164 ff.; Tipke / Lang, Lehrbuch, S. 131, 134; Neumark, Besteuerung, S. 97; Hansmeyer in Schmölders / Hansmeyer, Steuerlehre, S. 77; Babrowski, Steuerbefreiung, S. 65; Lang, Bemessungsgrundlage, S. 65; ders. in: Systematisierung, S. 52 ff.; Hensel, Steuerrecht, S. 59, der von Steuermaßstab spricht; Bayer, FR 1985, S. 337, 341; Biergans, Einkommensteuer, Einf. S. 7; Biergans / Wasmer, FR 1985, S. 57, 58.

[29] Vgl. Schmidt / Seeger, Kommentar, § 2 Anm. 16 a; Kirchhof in Kirchhof / Söhn, Kommentar, § 2 Rdn. A 73; Wassermeyer, StuW 1982, S. 352, 356; Herrmann / Heuer / Raupach, Kommentar, § 2 EStG Anm. 2; Klein in Klein / Flockermann / Kühr, Kommentar, § 2 Rdn. 35; Meincke in Littmann / Bitz / Meincke, Das Einkommensteuerrecht, § 2 Rdn. 168; Tipke / Lang, Lehrbuch, S. 196 f.; Bayer / Müller, BB 1978, S. 1, 5; Biergans / Wasmer, FR 1985, S. 57, 58: Summe der Einkünfte = Steuerbemessungsgrundlage; siehe auch: Biergans, Einkommensteuer, Einf. S. 7; vgl. auch: Lang, Bemessungsgrundlage, S. 65, der von mehreren Teilgrößen auf den Stufen des § 2 Abs. 3 bis 5 EStG spricht; BFH-Urteil vom 7. 12. 1990, X R 72/89, BStBl. II 1991, 350, 352 sieht die Stufen der § 2 Abs. 3, Abs. 4 und Abs. 5 als die Grundlagen der Steuerbemessung an.

[30] Vgl. Michel in Meincke / Michel, Kommentar, § 10 Anm. 1; Tipke / Lang, Lehrbuch, S. 486; Moench, Kommentar, § 10 Rz. 1.

Bei der Ermittlung des zu versteuernden Einkommens sind die in § 2 Abs. 5 EStG bezeichneten Abzugsbeträge von dem Steuergegenstand (Einkommen) abzuziehen.

Der Wert der Bereicherung ergibt sich aus der Saldogröße Bereicherung (= Reinwert der Bereicherung) abzüglich der in § 10 Abs. 1 Satz 1 ErbStG genannten Freibeträge[31].

2. *Bei der Ermittlung zu berücksichtigende Abzugsbeträge*

a) Einkommensteuerliche Abzugsbeträge

Die bei der Ermittlung der einkommensteuerlichen Bemessungsgrundlage zu berücksichtigenden Abzugsbeträge sind generell fiskalisch motiviert. D. h. die Abzugsbeträge sind an der Leistungsfähigkeit orientiert. Im einzelnen handelt es sich um die folgenden Abzugsbeträge:

— *Kinderfreibetrag gem. § 32 Abs. 6 EStG:* die Vorschrift gewährte bis zum Veranlagungszeitraum 1989 einen Freibetrag in Höhe von DM 1.242,– bzw. DM 2.484,– bei Ehegatten. Die Beträge haben sich ab dem Veranlagungszeitraum 1990 auf DM 1.512,– bzw. DM 3.024,– erhöht[32]. Hierdurch werden die durch Unterhalt und Betreuung von Kindern veranlaßten Aufwendungen abgegolten[33]. Der Kinderfreibetrag stellt damit eine Konkretisierung des subjektiven Nettoprinzips dar[34]. Entgegen der Bezeichnung als Freibetrag handelt es sich um einen Pauschbetrag, der allerdings die Geltendmachung höherer tatsächlicher Aufwendungen nicht zuläßt[35].

— *Haushaltsfreibetrag gem. § 32 Abs. 7 EStG:* die Vorschrift sah bis zum Veranlagungszeitraum 1989 einen Freibetrag von DM 4.536,– vor, der sich ab dem Veranlagungszeitraum 1990 auf DM 5.616,– erhöht hat[36]. Mit dem Haushaltsfreibetrag soll die Minderung der wirtschaftlichen Leistungsfähigkeit alleinstehender Steuerpflichtiger mit mindestens einem Kind infolge Unterhaltung eines eigenen Hausstandes ausgeglichen werden[37].

— *Altersfreibetrag gem. § 32 Abs. 8 EStG (aufgehoben mit Wirkung ab Veranlagungszeitraum 1990)*[38]*:* der Freibetrag in Höhe von DM 720,– bzw. DM

---

31 Vgl. Michel in Meincke / Michel, Kommentar, § 10 Anm. 3.

32 Vgl. Steuerreformgesetz 1990 vom 25.7.1988, BGBl. I 1988, 1093.

33 Vgl. Traxel, Freibeträge, S. 71.

34 Vgl. Traxel, Freibeträge, S. 72 m. w. N.

35 Vgl. Traxel, Freibeträge, S. 72; für die Veranlagungszeiträume 1983 bis 1985 hat das Bundesverfassungsgericht die entsprechenden Freibetragsregelungen für verfassungswidrig erklärt, vgl. BVerfG, Beschluß vom 12.6.1990, 1 BvL 72/86, BStBl. II 1990, 664, 667.

36 Vgl. Steuerreformgesetz 1990 vom 25.7.1988, BGBl. I 1988, 1093.

37 Vgl. Stephan in Littmann / Bitz / Meincke, Das Einkommensteuerrecht, § 32 Rdn. 140; Traxel, Freibeträge, S. 92 f.

1.440,– bei Ehegatten stellte eine pauschale steuerliche Entlastung im Hinblick auf die verminderte wirtschaftliche Leistungsfähigkeit im Alter dar[39].

— *Grundfreibetrag gem. § 32a Abs. 1 Satz 2 Nr. 1 EStG:*[40] diese Vorschrift räumte bis zum Veranlagungszeitraum 1989 einen Grundfreibetrag von DM 4.752,– ein. Ab dem Veranlagungszeitraum 1990 hat sich dieser Betrag auf DM 5.616,– erhöht[41]. Trotz seiner gesetzessystematischen Stellung bei den Tarifvorschriften handelt es sich um eine Kürzung der Bemessungsgrundlage[42]. Der Grundfreibetrag gewährt einen Abzug für gewöhnliche existentiell notwendige private Aufwendungen (Existenzminimium) und berücksichtigt dadurch die subjektive Leistungsfähigkeit[43].

b) Erbschaftsteuerliche Abzugsbeträge

Die erbschaftsteuerlichen Abzugsbeträge sind bereits bei der Steuergegenstandsermittlung untersucht worden (vgl. A III 3 d) bb) (2) (b)). Dabei hat sich ergeben, daß diese Abzugsbeträge nicht fiskalisch motiviert sind. Vielmehr handelt es sich im wesentlichen um Sozialzwecknormen und daneben um Vereinfachungsnormen. Eine weitere Reduzierung der Bemessungsgrundlage durch solche Abzugsbeträge, die an der Leistungsfähigkeit orientiert sind, ist nicht gegeben. Die Bemessungsgrundlage des Erbschaft-/Schenkungsteuergesetzes ist danach mit dem Saldo des Steuergegenstandes identisch.

III. Ergebnis

Die Steuerbemessungsgrundlage als Maßgröße subjektiver Leistungsfähigkeit ist im Einkommen- und Erbschaft-/Schenkungsteuergesetz unterschiedlich ausgeformt. Die einkommensteuerliche Bemessungsgrundlage wird im wesentlichen

---

38 vgl. Steuerreformgesetz 1990 vom 25.7.1988, BGBl. I 1988, 1093.

39 Vgl. Stephan in Littmann / Bitz / Meincke, Das Einkommensteuerrecht, § 32 Rdn. 160; Traxel, Freibeträge, S. 59 f.

40 Vgl. zu der umstrittenen Frage, ob die Regelungen über den Grundfreibetrag verfassungswidrig sind: BFH-Urteil vom 8.6.1990, III R 14-16/90, BStBl. II 1990, 969; BFH-Beschluß vom 20.7.1990, III B 144/89, BStBl. II 1991, 104; FG des Saarlandes, Vorlagebeschluß vom 19.3.1991, 1 K 84/91, EFG 1991, 330; FG Düsseldorf, Urteil vom 12.9.1990, 8 K 40/85 E, EFG 1991, 258, n. rkr.; FG Düsseldorf, Beschluß vom 25.2.1991, 15 V 256/90 A (E), EFG 1991, 258, rkr.; Niedersächsisches FG, Vorlagebeschluß vom 15.1.1991, IX 427 und 437/90, EFG 1991, 260 sowie Schmidt / Glanegger, Kommentar, § 32a Anm. 1 a, b, c, d m. w. N.

41 Vgl. Steuerreformgesetz 1990 vom 25.7.1988, BGBl. I 1988, S. 1093.

42 Vgl. Tipke / Lang, Lehrbuch, S. 213; siehe auch: Meincke in Littmann / Bitz / Meincke, Das Einkommensteuerrecht, § 2 Rdn. 167.

43 Vgl. Tipke / Lang, Lehrbuch, S. 213 f.; Stephan in Littmann / Bitz / Meincke, Das Einkommensteuerrecht, § 32a Rdn. 1 ff.; Traxel, Freibeträge, S. 47 f.; im übrigen sind hier noch die Härteausgleichsregelungen der § 46 Abs. 3 EStG sowie § 70 EStDV zu nennen, vgl. Meincke in Littmann / Bitz / Meincke, Das Einkommensteuerrecht, § 2 Rdn. 177.

durch fiskalisch motivierte Freibeträge beeinflußt. Diese Handhabung wird einer Besteuerung nach dem Leistungsfähigkeitsprinzip gerecht, das dem Einkommensteuergesetz zugrundeliegt[44]. Bei der Bereicherung als Bemessungsgrundlage des Erbschaft-/Schenkungsteuergesetzes sind demgegenüber keine (zwangsläufigen) Privatausgaben in Abzug zu bringen. Die Bemessungsgrundlage knüpft vielmehr an die Maßgröße objektiver Leistungsfähigkeit, die durch den Steuergegenstand repräsentiert wird, unmittelbar an, so daß lediglich sozialpolitisch motivierte sowie in geringem Umfang der Vereinfachung dienende Freibeträge berücksichtigt werden. Hierdurch wird in erster Linie dem Umstand Rechnung getragen, daß die Vermögensanfälle des ErbStG nicht, wie das Einkommen des EStG, zum Bestreiten der laufenden Lebenshaltungskosten des Steuerpflichtigen und seiner Familie dienen; mithin (zwangsläufige) Privatausgaben hierbei nicht anfallen. Demzufolge läßt sich in der Übernahme der Maßgröße objektive Leistungsfähigkeit als Bemessungsgrundlage auch bei der Erbschaft-/Schenkungsteuer im Grundsatz eine Besteuerung nach der Leistungsfähigkeit feststellen[45].

Als vorläufige Endsalden spiegeln das zu versteuernde Einkommen und die Bereicherung ein unterschiedliches Maß an steuerlicher Leistungsfähigkeit wider. Das zeigt sich in besonderer Weise durch die bei der Erbschaft-/Schenkungsteuer zu berücksichtigenden sozialpolitisch motivierten Freibeträge. Von erheblicher Bedeutung sind hierbei die Freibeträge nach § 16 Abs. 1 und nach § 17 Abs. 1, 2 ErbStG, durch die, nach dem Verwandtschaftsgrad gestaffelt, kleine und mittlere Vermögensanfälle bzw. Ehegatten und Kinder unter Versorgungsgesichtspunkten begünstigt werden. Hierin kommt eine Grundwerteentscheidung des Gesetzgebers zum Ausdruck, die Folge des in Art. 6 Abs. 1 GG kodifizierten Schutzes von Ehe und Familie ist[46]. Begründet wird diese Begünstigung mit einem historisch gewachsenen Rechtsgefühl, wonach das Vermögen des Erblassers als der Familie gehörig betrachtet wird (entgegen der zivilrechtlichen Zuordnung)[47] und das Vermögen des Erblassers regelmäßig für den Unterhalt und das wirtschaftliche

---

[44] Vgl. Herrmann / Heuer / Raupach, Kommentar, § 2 EStG Anm. 11; Blümich / Stuhrmann, Kommentar, § 2 EStG Rz. 4; Biergans / Wasmer, FR 1985, S. 57, 62; Tipke / Lang, Lehrbuch, S. 197, 199 f.; Walz, Steuergerechtigkeit, S. 163; Regierungsbegründung zu dem Entwurf eines Dritten Steuerreformgesetzes vom 9.1.1974, BT-Drucks. 7/1470, S. 211 f.; Andel, Einkommensteuer, S. 331, 332, der die Einkommensteuer als allgemeine Leistungsfähigkeitssteuer bezeichnet; siehe auch: BFH-Beschluß vom 25.6.1984, GrS 4/82, BStBl. II 1984, 751, 766: danach ist der Zweck des EStG, Mittel für die öffentliche Hand zu beschaffen und dabei den Steuerpflichtigen entsprechend seiner Leistungsfähigkeit heranzuziehen.

[45] Vgl. Megow / Michel, Kommentar, Einl. S. 33; Schulz, B., Erbschaftsteuer, S. 90; Crezelius, Erbschaft- und Schenkungsteuer, S. 26; Oberhauser, Erbschaft- und Schenkungsteuern, S. 487, 491 f.; Lang, Bemessungsgrundlage, S. 50 f.; Mönter, Steuerreform, S. 51; Begründung des Bundesrates zu dem Entwurf eines Zweiten Steuerreformgesetzes vom 10.3.1972, BR-Drucks. 140/72, S. 59; siehe auch: Tipke / Lang, Lehrbuch, S. 162 f., 476 f. und Lang, Bemessungsgrundlage, S. 51,danach steht hauptsächlich die Umverteilungszielsetzung im Vordergrund.

[46] Vgl. Mönter, Steuerreform, S. 52; Brun-Otto Bryde in Ingo von Münch, Kommentar, Art. 14 Rdn. 47; Steuerreformkommission, VII Rdn. 163.

Weiterkommen der Kinder bestimmt ist[48]. Dieser „Sozialordnung" sollen die entsprechenden Freibeträge Rechnung tragen. Eine vergleichbare Funktion kommt den einkommensteuerlichen Freibeträgen bei Veräußerungsgewinnen zu, die ebenfalls eine Schonung der Vermögenssubstanz bedeuten. Allerdings werden diese Freibeträge bereits bei der Ermittlung des Einkommens berücksichtigt.

Auch die Größenordnungen der im einzelnen zu berücksichtigenden Abzugsbeträge weichen erheblich voneinander ab. Hierin wird der Unterschied im Hinblick auf die laufend veranlagte Einkommensteuer und die einzelfallbezogene Erbschaft-/Schenkungsteuer deutlich, bei denen die Erwerbe im Regelfall entsprechend unterschiedliche Größenordnungen erreichen. Eine Berücksichtigung persönlicher Verhältnisse läßt sich in beiden Fällen feststellen. In die Ermittlung der einkommensteuerlichen Bemessungsgrundlage werden insbesondere „kindbezogene" Abzugsbeträge einbezogen, während es bei der erbschaftsteuerlichen Bereicherung um den Verwandtschaftsgrad zwischen Erblasser / Schenker und Erwerber geht. Beide Steuern lassen sich daher als Personensteuern qualifizieren[49]. Die sachlichen Steuerbefreiungen gem. § 13 ErbStG werden dieser Zuordnung allerdings nicht gerecht. Die Zusammenfassung der sachlichen und persönlichen Abzugsbeträge im Rahmen der Steuerbemessungsgrundlage ist insoweit die Folge der Doppelstellung der Bereicherung gem. § 10 ErbStG als Steuergegenstandselement einerseits und als Bemessungsgrundlage andererseits. Bezogen auf die Verschiedenheitsthese der Rechtsprechung läßt sich danach die Verschiedenheit der beiden Bemessungsgrundlagen nicht leugnen. Die konkrete Erfassung der subjektiven Leistungsfähigkeit kann in diesem Bereich nicht als auf einer Ebene liegend bezeichnet werden.

C. Vergleich der Steuersätze

I. Bedeutung und Gang der Untersuchung

Der Steuersatz stellt die funktionale Beziehung zwischen Steuerbemessungsgrundlage und Steuerbetrag dar[50]. Als Element des Steuertatbestandes gehört der

[47] Vgl. Kipp, Kommentar, Einl. I 1d; Oberhauser, Erbschaft- und Schenkungsteuern, S. 487, 493; Enneccerus, Vermögensteuer, S. 45; siehe auch zum Begriff des „Familieneinkommens": Boehmer in Neumann / Nipperdey / Scheuner, Grundrechte, S. 412 ff.

[48] Vgl. Enneccerus, Vermögensteuer, S. 45.

[49] Vgl. für die Einkommensteuer: Andel, Einkommensteuer, S. 331, 336 f.; Tipke / Lang, Lehrbuch, S. 147; Herrmann / Heuer / Raupach, Kommentar, § 1 EStG Anm. 2; Biergans, Einkommensteuer, Einf. S. 5; Begründung zu dem Entwurf eines Dritten Steuerreformgesetzes vom 9.1.1974, BT-Drucks. 7/1470, S. 211; vgl. für die Erbschaft-/Schenkungsteuer: BFH-Urteil vom 9.8.1983, VIII R 35/80, BStBl. II 1984, 27, 28 m. w. N.; Troll, Kommentar, Einf. Anm. 1; Schulz, B., Erbschaftsteuer, S. 25; Meincke in Meincke / Michel, Kommentar, Einf. Anm. 1; a. A.: BFH-Urteil vom 15.11.1957, VI 79/55 U, BStBl. III 1958, 103, 104.

[50] Vgl. Tipke / Lang, Lehrbuch, S. 134; Lang, Systematisierung, S. 61; Hensel, Steuerrecht, S. 60; Biergans / Wasmer, FR 1985, S. 57, 58; Babrowski, Steuerbefreiung, S. 65 f.

Steuersatz zu den Kriterien des Gleichartigkeitsvergleiches. Die Untersuchung der Steuersätze läßt sich in die Untersuchung des Steuertarifes und die Untersuchung der Steuerermäßigungsvorschriften unterteilen. Diese Unterteilung liegt auch der nachfolgenden Darstellung zugrunde. Zur besseren Übersicht werden die Steuertarife und die Steuerermäßigungsvorschriften jeweils getrennt für das EStG und das ErbStG behandelt. An diese Darstellung schließt sich jeweils ein Zwischenergebnis an, das auch eine vergleichende Wertung der Übereinstimmungen bzw. Abweichungen herausstellen soll. Die Untersuchung der Steuersätze endet mit einer Auswertung der aus dem Steuersatzvergleich folgenden Ergebnisse im Hinblick auf die Rechtsprechungsthese.

II. Vergleich der Steuertarife

1. Einkommensteuerlicher Steuertarif

Der Steuertarif des EStG ist progressiv gestaltet, d. h. mit zunehmender Steuerbemessungsgrundlage steigt auch der darauf anzuwendende prozentuale Steuersatz nach § 32a EStG. Der ab dem Veranlagungszeitraum 1988 geltende Einkommensteuertarif[51] sah einen Grundfreibetrag von DM 4.752,– vor. Bis zu einem Betrag von DM 18.035,– betrug der Steuersatz 22%. Darüber hinaus stieg der Steuersatz bis zu einem Betrag von DM 80.027,– von 22% auf 50% und bis zu einem Betrag von DM 130.031,– auf 56%. Für alle höheren Einkommen galt ein Spitzensteuersatz von 56%.

Ab dem Veranlagungszeitraum 1990 findet folgender Einkommensteuertarif Anwendung[52]: der Grundfreibetrag beträgt DM 5.616,–. Bis zu einem Betrag von DM 8.153,– gilt ein Eingangssteuersatz von 19%. Darüber hinaus steigt der Steuersatz linear auf einen Spitzensteuersatz von 53% bei einem zu versteuernden Einkommen von DM 120.041,– an. Bei höherem zu versteuernden Einkommen kommt ein Spitzensteuersatz von 53% zum Zuge.

Grundsätzlich wird ein progressiv gestalteter Steuertarif dem Leistungsfähigkeitsprinzip gerecht. Denn je höher die Leistungsfähigkeit ist, desto höher kann auch die Steuer sein[53]. Besonderheiten ergeben sich aus § 32 Abs. 5 EStG. Danach

---

[51] Vgl. BGBl. I 1985, 1153.

[52] Vgl. § 32a EStG i. d. F. des Steuerreformgesetzes 1990 vom 25.7.1988, BGBl. I 1988, 1093.

[53] Vgl. Tipke / Lang, Lehrbuch, S. 55; siehe auch Stephan in Littmann / Bitz / Meincke, Das Einkommensteuerrecht, § 32a Rdn. 4; Begründung zu dem Entwurf eines Dritten Steuerreformgesetzes, BT-Drucks. 7/1470, S. 212; fraglich ist allerdings, ob sich ein progressiver Tarif begriffsnotwendig aus dem Leistungsfähigkeitsprinzip ableitet oder ob der progressive Tarif vielmehr Ausfluß des Sozialstaatsprinzips ist, vgl. zum Streitstand: Tipke / Lang, Lehrbuch, S. 55 m. w. N.; Kirchhof, StuW 1985, S. 319, 329; ein linear progressiver Tarif kann als sozial gerecht eingestuft werden, vgl. Tipke / Lang,

findet auf zusammenveranlagte Ehegatten das sog. Splittingverfahren Anwendung, d. h. jedem Ehegatten wird die Hälfte des gemeinschaftlichen Einkommens zugerechnet[54]. Das Bundesverfassungsgericht hat in seinem Urteil vom *3.11.1982 (1 BvR 620/78, 1335/78, 1104/79 und 363/80)*[55] ausgeführt:

> „Das Splittingverfahren entspricht dem Grundsatz der Besteuerung nach der Leistungsfähigkeit. Es geht davon aus, daß zusammenlebende Eheleute eine Gemeinschaft des Erwerbs und des Verbrauchs bilden, in der ein Ehegatte an den Einkünften und Lasten des anderen wirtschaftlich jeweils zur Hälfte teilhat."[56]

Das Splittingverfahren schützt somit das Selbstbestimmungsrecht der Ehegatten in ihren finanziellen Beziehungen untereinander. Dieser Schutz ist Ausfluß der in Art. 6 Abs. 1 GG verankerten Pflicht des Staates, die Familiengemeinschaft zu respektieren[57]. Darüber hinaus wird der Steuertarif durch die Vorschrift des § 32b EStG modifiziert[58]. Nach § 32b EStG besteht ein Progressionsvorbehalt im Falle sog. Lohn- und Einkommensersatzleistungen sowie im Falle des Bezuges ausländischer Einkünfte, die nach einem Doppelbesteuerungsabkommen steuerfrei sind.

Von besonderer Bedeutung ist auch das Lohnsteuerabzugsverfahren nach §§ 38 ff. EStG. Die Lohnsteuer wird hierbei gem. § 38a Abs. 4 EStG durch die Zuordnung der Arbeitnehmer zu bestimmten Steuerklassen, die Aufstellung von entsprechenden Lohnsteuertabellen sowie die Feststellung von Freibeträgen ermit-

---

Lehrbuch, S. 391, siehe auch: Stephan in Littmann / Bitz / Meincke, Das Einkommensteuerrecht, § 32a Rdn. 4; darüber hinaus ist der Gesetzgeber in der Ausgestaltung des Tarifes grundsätzlich frei, vgl. BFH-Urteil vom 6.7.1973, VI R 253/69, BStBl. II 1974, 754, 756; die konkrete Ausgestaltung des Tarifes kann danach z. B. von dem Finanzbedarf (so Kirchhof, StuW 1985, S. 319, 329) oder sonstigen konjunktur-, wirtschafts- und sozialpolitischen Zielsetzungen getragen sein (so Stephan in Littmann / Bitz / Meincke, Das Einkommensteuerrecht, § 32a Rdn. 1). So soll beispielsweise der ab dem Veranlagungszeitraum 1990 anzuwendende Tarif den als „leistungsfeindlich" geltenden sog. „Mittelstandsbauch" beseitigen und durch die Senkung des Spitzensteuersatzes die internationale Wettbewerbsfähigkeit stärken, vgl. Entwurf eines Steuerreformgesetzes 1990 der Fraktion der CDU / CSU und der FDP vom 19.4.1988, BT-Drucks. 11/2157, S. 149.

54 Vgl. Tipke / Lang, Lehrbuch, S. 396 f.

55 Vgl. BVerfGE 61, 319, 345 f.

56 Nach Tipke / Lang, Lehrbuch, S. 397, ist das Splittingverfahren im Fall der Gütertrennung nicht gerechtfertigt; a. A.: Meincke, StbKongrRep 1980, S. 331, 334 ff. und Blümich / Stäuber, Kommentar, § 32a EStG Rz. 46.

57 Vgl. BVerfG, Urteil vom 3.11.1982, 1 BvR 620/78, 1335/78, 1104/79 und 363/80, BVerfGE 61, 319, 347; Stephan in Littmann / Bitz / Meincke, Das Einkommensteuerrecht, § 32a Rdn. 38.

58 Die letztmalig für den Veranlagungszeitraum 1989 anzuwendende Vorschrift des § 31 EStG (vgl. § 52 Abs. 1 EStG i. d. F. des Steuerreformgesetzes 1990 vom 25.7.1988, BGBl. I 1988, 1093) beinhaltet eine Pauschbesteuerung, die den Zuzug von Personen in das Inland erleichtern soll, an deren Einwanderung aus wissenschaftlichen, kulturellen oder volkswirtschaftlichen Gründen Interesse besteht (vgl. auch: Schmidt / Seeger, Kommentar § 31 Anm. 1; Stephan in Littmann / Bitz / Meincke, Das Einkommensteuerrecht, § 31 Rdn. 1).

telt. Sinn und Zweck dieser Regelung sind darin zu sehen, die laufenden Vorauszahlungen auf die Jahressteuerschuld möglichst zutreffend zu ermitteln[59].

2. *Erbschaft-/schenkungsteuerlicher Steuertarif*

Der Steuersatz des ErbStG wird nach § 19 in Form eines Stufentarifs bestimmt[60]. Der Wert der nach § 10 ErbStG ermittelten Steuerbemessungsgrundlage führt danach in Verbindung mit der nach § 15 ErbStG maßgebenden Steuerklasse zur Ermittlung des Steuersatzes in Prozent. Gem. § 15 Abs. 1 ErbStG werden nach dem persönlichen Verhältnis des Erwerbers zum Erblasser oder Schenker vier Steuerklassen unterschieden. Die Steuerklassenzugehörigkeit richtet sich im Grundsatz nach dem zur Zeit der Entstehung der Steuer (§ 9) nach Bürgerlichem Recht bestehenden Verwandtschaftsverhältnis[61]. Innerhalb der Steuerklassen ist der Steuersatz mit steigendem Wert der Bereicherung progressiv gestaltet. Bei einer Steuerbemessungsgrundlage von bis zu DM 50.000,– beginnt der Steuersatz in Steuerklasse I mit 3% und bei einem Wert von mehr als DM 1.000.000,– erreicht der Steuersatz in Steuerklasse IV 70% (vgl. § 19 Abs. 1 ErbStG).

Nach § 19 Abs. 2 ErbStG besteht ein Progressionsvorbehalt, soweit ein Doppelbesteuerungsabkommen die deutsche Besteuerung ausschließt. Der doppelt progressiv gestaltete Erbschaftsteuertarif entspricht im Grundsatz der Besteuerung nach der finanziellen und wirtschaftlichen Leistungsfähigkeit, da mit steigender Bemessungsgrundlage auch die Leistungsfähigkeit des Steuerpflichtigen zunimmt [62]. Die unterschiedlichen Steuerklassen lassen sich hiermit jedoch nicht rechtfertigen. Vielmehr steht hierbei, wie bereits bei den Freibeträgen, der Gedanke im Vordergrund, die zivilrechtliche Erbrechtsordnung in mehr oder minder weitgehendem Maße zu übernehmen[63]. Die Steuerklasseneinteilung berücksichtigt insofern die „Nähe" der Erben / Beschenkten zu dem Vermögen des Erblassers aufgrund des Verwandtschaftsgrades[64]. Das Vermögen des Erblassers wird als der Familie gehörig betrachtet[65]. Die Tarifgestaltung erreicht auf diese Weise zusammen mit den Freibeträgen nach §§ 16, 17 ErbStG eine Schonung der kleinen und mittleren Erwerbe und eine entsprechend stärkere Heranziehung

---

59 Der Vollständigkeit halber ist noch auf die Vorschrift des § 32a Abs. 2 EStG zu verweisen, die eine Vereinfachungsregel darstellt, vgl. Traxel, Freibeträge, S. 222.

60 Vgl. Michel in Meincke / Michel, Kommentar, § 19 Anm. 1.

61 Vgl. Michel in Meincke / Michel, Kommentar, § 15 Anm. 2; Troll, Kommentar, § 15 Rdn. 2; siehe auch: BFH-Urteil vom 14.5.1986, II R 37/84, BStBl. II 1986, 613, 614; BFH-Beschluß vom 27.10.1982, II B 77/81, BStBl. II 1983, 114, 116.

62 Vgl. Troll, Kommentar, § 19 Rdn. 2.

63 Vgl. Mönter, Erbschaftsteuer, S. 93; Frank, Geschichte und System, S. 135; Leisner, Verfassungsrechtliche Grenzen, S. 66; siehe auch: BFH-Beschluß vom 27.10.1982, II B 77/81, BStBl. II 1983, 114.

64 Vgl. Trzaskalik, StuW 1979, S. 97, 112.

65 Vgl. Enneccerus, Vermögensteuer, S. 45; Tipke / Lang, Lehrbuch, S. 490.

der großen Erwerbe[66]. Die Privilegierung kleinerer und mittlerer Erwerbe bzw. der nahen und nächsten Angehörigen und die gleichzeitig höhere Besteuerung größerer Erwerbe bzw. entfernter oder nichtverwandter Erben / Beschenkter macht eine Zweiteilung des Tarifs deutlich. Auf der einen Seite erfolgt in Durchbrechung des Leistungsfähigkeitsprinzips eine Minimalbesteuerung des kleinen und mittleren Familienvermögens und auf der anderen Seite wird die Bereicherung mit Steuersätzen bis zu 70% abgeschöpft[67]. Die hohen Steuersätze lassen eine umverteilungspolitische Zielsetzung erkennen, durch die eine Ansammlung großer Vermögen verhindert werden soll[68].

3. Zwischenergebnis

Die Steuertarife von Einkommen- und Erbschaft-/Schenkungsteuergesetz zeigen deutliche Unterschiede auf. Zwar liegt in beiden Fällen ein grundsätzlich progressiv gestalteter Tarif vor, der insoweit an den Grundsatz der Besteuerung nach der Leistungsfähigkeit anknüpft, jedoch weichen bereits die einzelnen Prozentsätze, insbesondere in Gestalt des Eingangs- und Höchststeuersatzes, erheblich voneinander ab. Diese Abweichungen sind nicht nur absolut festzustellen, sondern auch in Relation zu der jeweiligen Bemessungsgrundlage. Die Abweichungen werden in besonderem Maße durch die im ErbStG zu berücksichtigenden Steuerklassen hervorgerufen. Diese Steuerklassen sind ebenso wie die bei der Bemessungsgrundlage zu berücksichtigenden Freibeträge auf die Privilegierung des „Familienvermögens" ausgerichtet. Auf der anderen Seite werden durch die hohen Steuersätze auch umverteilungspolitische Zielsetzungen deutlich. Dem Steuertarif des EStG lassen sich derartige Zielsetzungen nicht entnehmen. Lediglich das Splitting-Verfahren kann in eingeschränktem Umfang als Förderung der Familie verstanden werden.

---

66 Vgl. Regierungsbegründung zu dem Entwurf eines Zweiten Steuerreformgesetzes vom 4.5.1972, BT-Drucks. VI/3418, S. 72.

67 In der Literatur wird z. T. die Auffassung vertreten, derartige Steuersätze seien im Hinblick auf die Eigentumsgarantie des Art. 14 GG bedenklich, da sie den Steuerpflichtigen u. U. zwingen, sein Vermögen zur Bezahlung der Steuerschuld zu veräußern oder in sonstiger Weise umzuschichten, vgl. Leisner, Verfassungsrechtliche Grenzen, S. 82 f.; Troll, Kommentar, § 19 Rdn. 2; a. A.: Lang, Bemessungsgrundlage, S. 51 sowie Meincke in Meincke / Michel, Kommentar, Einf. Anm. 5, der dies nur für den Höchststeuersatz von 70% gelten lassen will; vgl. auch: BVerfG, Beschluß vom 8.3.1983, 2 BvL 27/81, BStBl. II 1983, 779, 784; BVerfG, Beschluß vom 15.11.1989, 1 BvR 171/89, BStBl. II 199, 103.

68 Vgl. Nohl, Vermögensredistribution, S. 178 f.; Moench, Kommentar, Einf. Rz. 10; Tipke / Lang, Lehrbuch, S. 476; Regierungsbegründung zu dem Entwurf eines Zweiten Steuerreformgesetzes vom 4.5.1972, BT-Drucks. VI/3418, S. 49; Walz, Steuergerechtigkeit, S. 49; kritisch hierzu: Fischer, StuW 1978, S. 345, 347 f.

III. Vergleich der Steuerermäßigungen

1. Einkommensteuerliche Ermäßigungsvorschriften

Das EStG enthält mehrere Vorschriften, die zu einer Steuerermäßigung führen (vgl. Abschn. 4 Abs. 1 EStR). Zu unterscheiden sind sogenannte Steuersatz- oder Tarifermäßigungen und sog. Steuerbetragsermäßigungen [69]. Zu den Steuersatzermäßigungsvorschriften gehören §§ 34, 34b, 34c Abs. 4 EStG.

§ 34 EStG gewährt einen ermäßigten Steuersatz für außerordentliche Einkünfte. Hierzu gehören Veräußerungsgewinne i. S. d. §§ 14, 14a Abs. 1, 16, 17, 18 Abs. 3 EStG, Entschädigungen i. S. d. § 24 Nr. 1 EStG, Nutzungsvergütungen und Zinsen i. S. d. § 24 Nr. 3 EStG, soweit sie für einen Zeitraum von mehr als drei Jahren nachgezahlt werden. Der ermäßigte Steuersatz beträgt für Veräußerungsgewinne, die bis zum 31.12.1989 erzielt wurden, grundsätzlich die Hälfte des durchschnittlichen Steuersatzes, der sich ergeben würde, wenn die Tabelle auch auf die außerordentlichen Einkünfte anzuwenden wäre[70]. Ab dem 1.1.1990 ist die Steuerermäßigung auf außerordentliche Einkünfte bis zur Höhe von DM 30 Millionen beschränkt[71]. Die Steuerermäßigung dient der Vermeidung von Härten, die dadurch entstehen können, daß laufend bezogene Einkünfte mit außerordentlichen, nicht regelmäßig erzielbaren Einkünften in einem Veranlagungszeitraum zusammentreffen und dadurch auch die laufenden Einkünfte von der durch die außerordentlichen Einkünfte ausgelösten Progressionswirkung erfaßt werden, ohne daß eine nachhaltige Erhöhung der Leistungsfähigkeit eingetreten ist. Darüber hinaus beruhen Veräußerungsgewinne, die bei der Veräußerung oder Aufgabe eines Betriebes entstehen, häufig auf der Aufdeckung stiller Reserven, die sich über einen längeren Zeitraum gebildet haben, so daß auch insoweit die Progressionswirkung unbillig ist[72].

§ 34b EStG gewährt einen ermäßigten Steuersatz für außerordentliche Einkünfte aus Forstwirtschaft. Diese Vergünstigung ist vor allem bei Kalamitätsnutzungen gerechtfertigt[73]. Da auch insofern keine nachhaltige Erhöhung der Leistungsfähigkeit eintritt, entspricht die Vorschrift einer Besteuerung nach dem Leistungsfähigkeitsprinzip.

§ 34c Abs. 4 EStG ermöglicht eine Ermäßigung der Einkommensteuer, die auf ausländische Einkünfte aus dem Betrieb von Handelsschiffen im internationa-

---

[69] Vgl. Tipke / Lang, Lehrbuch, S. 393; Meincke in Littmann / Bitz / Meincke, Das Einkommensteuerrecht, § 2 Rdn. 184.

[70] Vgl. § 34 Abs. 1 i. V. m. § 52 Abs. 23a Satz 2 EStG.

[71] Vgl. § 34 Abs. 1 i. V. m. § 52 Abs. 23a Satz 1 EStG.

[72] Vgl. Schmidt / Seeger, Kommentar, § 34 Anm. 1; Tipke / Lang, Lehrbuch, S. 394; Borggreve in Littmann / Bitz / Meincke, Das Einkommensteuerrecht, § 34 Rdn. 1; Blümich / Lindberg, Kommentar, § 34 EStG Rz. 21.

[73] Vgl. Schmidt / Seeger, Kommentar, § 34b Anm. 1 a. E.; Tipke / Lang, Lehrbuch, S. 394; Martens in Littmann / Bitz / Meincke, Das Einkommensteuerrecht, § 34b Rdn. 2.

len Verkehr entfällt. Die Vorschrift soll die Wettbewerbsfähigkeit der deutschen Reeder im Hinblick auf die sog. „Billig-Flaggen" stärken[74].

Steuerbetragsermäßigungen ergeben sich aus den §§ 34c Abs. 1 und Abs. 6, 34e-g, 35 EStG. § 34c Abs. 1 und Abs. 6 EStG sehen jeweils eine Steuerermäßigung für Auslandseinkünfte vor, soweit kein Doppelbesteuerungsabkommen besteht oder ein bestehendes Abkommen nicht zur Beseitigung der Doppelbesteuerung führt. Durch die Vorschrift soll eine mögliche Doppelbesteuerung ausgeschlossen bzw. gemildert werden[75]. § 34e EStG gewährt eine Steuerbetragsermäßigung im Falle des Ausscheidens aus der Gewinnermittlung nach § 13a EStG. Dadurch soll der Belastungssprung bei einem Wechsel der Gewinnermittlungsart gemildert werden[76]. § 34f EStG ermöglicht eine Steuerbetragsermäßigung für Steuerpflichtige mit mindestens einem bzw. zwei Kindern, die steuerlich begünstigstes Wohneigentum besitzen. Die Vorschrift soll das Erwerben von Wohneigentum durch kinderreiche Steuerpflichtige fördern[77]. Es handelt sich insoweit um eine Sozialzwecknorm[78]. § 34g EStG dient der verfassungsrechtlichen Absicherung des § 10b EStG[79]. § 34g EStG ist daher, wie auch § 10b EStG, sozialpolitisch motiviert. § 35 EStG soll Härten der Doppelbelastung mit Einkommen- und Erbschaft-/Schenkungsteuer mildern[80]. Auf diese Vorschrift wird im 3. Teil dieser Arbeit noch gesondert eingegangen. Bestimmte Sonderfälle werden durch § 34c Abs. 5 EStG sowie die §§ 30, 31 EStDV erfaßt.

2. *Erbschaft-/schenkungsteuerliche Ermäßigungsvorschriften*

Die Steuerermäßigungsvorschriften des Erbschaft-/Schenkungsteuergesetzes sind ganz überwiegend Steuerbetragsermäßigungen. Im einzelnen handelt es sich um folgende Vorschriften:

— *§ 19 Abs. 3 ErbStG:* hierdurch wird ein „Härteausgleich" bei geringem Überschreiten einer Wertstufe gewährt. Hintergrund der Regelung ist, daß bei Überschreiten einer Wertstufe die auf den überschießenden Betrag entfallende

---

74 Vgl. Blümich / Krabbe, Kommentar, § 34c EStG Rz. 125; Hellwig in Littmann / Bitz / Meincke, Das Einkommensteuerrecht, § 34c Rdn. 42.

75 Vgl. Blümich / Krabbe, Kommentar, § 34c EStG Rz. 1.

76 Vgl. Traxel, Freibeträge, S. 173; Schmidt / Seeger, Kommentar, § 34e Anm. 1; Martens in Littmann / Bitz / Meincke, Das Einkommensteuerrecht, § 34e Rdn. 3; Blümich / Bäcker, Kommentar, § 34e EStG Anm. I; nach Traxel, Freibeträge, S. 175 f. und Tipke / Lang, Lehrbuch, S. 395, soll es sich um eine Subventionsnorm handeln.

77 Vgl. Schmidt / Drenseck, Kommentar, § 34f Anm. 1; Meincke in Littmann / Bitz / Meincke, Das Einkommensteuerrecht, § 34f Rdn. 5 f.

78 Vgl. Traxel, Freibeträge, S. 178.

79 Vgl. Schmidt / Heinicke, Kommentar, § 34g Anm. 1; Borggreve in Littmann / Bitz / Meincke, Das Einkommensteuerrecht, § 34g Rdn. 3.

80 Vgl. Conradi in Littmann / Bitz / Meincke, Das Einkommensteuerrecht, § 35 Rdn. 2; Blümich / Stuhrmann, Kommentar, § 35 EStG Rz. 1; Schmidt / Glanegger, Kommentar, § 35 Anm. 1.

Steuer höher sein kann, als der Mehrbetrag selbst. § 19 Abs. 3 ErbStG stellt eine Modifikation des Steuertarifs dar, um allzu starke Sprünge in den Steuersätzen zu vermeiden[81].

— *§ 21 ErbStG:* § 21 ErbStG ermöglicht die Anrechnung ausländischer Erbschaftsteuer auf die deutsche Erbschaftsteuer, soweit nicht ein Doppelbesteuerungsabkommen eingreift. Die Vorschrift gilt über § 1 Abs. 2 ErbStG auch für die Schenkungsteuer[82]. Durch die Anrechnung wird eine ansonsten mögliche Doppelbesteuerung weitestgehend vermieden[83]. Somit entspricht die Regelung einer Besteuerung nach der Leistungsfähigkeit.

— *§ 22 ErbStG:* soweit die Erbschaftsteuer den Betrag von DM 50,– nicht übersteigt, ist von der Festsetzung abzusehen. Es handelt sich hierbei um eine Freigrenze im Interesse der Verwaltungsvereinfachung[84].

— *§ 27 ErbStG:* umstritten ist, ob die Vorschrift nur für Erwerbe von Todes wegen oder über § 1 Abs. 2 ErbStG auch bei Schenkungen gilt[85]. Sinn und Zweck der Vorschrift ist es, im Falle des Mehrfacherwerbes eine Steuerermäßigung für solche Vermögenswerte zu gewähren, die als „Familienvermögen" gerade begünstigt werden sollen[86]. Die Vorschrift ergänzt damit die durch die Freibeträge und den Steuertarif bewirkte Privilegierung des „Familienvermögens".

— *§ 29 ErbStG:* die Vorschrift ermöglicht den Wegfall der einmal angefallenen Schenkungsteuer mit Wirkung für die Vergangenheit, falls die Rückgängigmachung nicht auf dem freien Willen des Beschenkten beruht[87]. Mit dieser

---

81 Vgl. BFH-Urteil vom 23.9.1955, III 90/53 U, BStBl. III 1955, 321, 323.

82 Vgl. Michel in Meincke / Michel, Kommentar, § 21 Anm. 1; Moench, Kommentar, § 21 Rz. 1.

83 Vgl. Troll, Kommentar, § 21 Rdn. 1; Kapp, Kommentar, § 21 Rz. 1; Moench, Kommentar, § 21 Rz. 1.

84 Vgl. Michel in Meincke / Michel, Kommentar, Anm. zu § 22; Moench, Kommentar, § 22 Rz. 1; § 26 ErbStG sieht eine Ermäßigung der Erbschaftsteuer im Falle der Aufhebung einer Familienstiftung oder -vereins vor, wenn seit der Entstehung der Erbersatzsteuer nicht mehr als 2 bzw. 4 Jahre vergangen sind. Es soll sich bei der Vorschrift um eine Billigkeitsregelung handeln, vgl. Zweiter Bericht des Finanzausschusses vom 3.12.1973, BT-Drucks. 7/1333, S. 6 zu § 24 a; Moench, Kommentar, § 26 Rz. 1. Dies wird jedoch als zweifelhaft bezeichnet, da die doppelte Besteuerung mit Erbersatz- und Erbschaftsteuer innerhalb kurzer Zeit nicht mit dem Gebot der Steuergerechtigkeit in Einklang zu bringen ist. § 26 ErbStG soll insoweit eine zwingende Korrekturvorschrift darstellen, deren Vergünstigungszeitraum allerdings zu kurz bemessen ist, vgl. Troll, Kommentar, § 26 Rdn. 1.

85 Vgl. Nachweise zum Streitstand bei: Naarmann, Das Verhältnis, S. 164 Fn. 1; siehe auch: Regierungsbegründung zu dem Entwurf eines Zweiten Steuerreformgesetzes vom 4.5.1972, BT-Drucks. VI/3418, S. 74 und Michel in Meincke / Michel, Kommentar, § 27 Rdn. 1.

86 Vgl. Michel in Meincke / Michel, Kommentar, § 27 Anm. 2; Naarmann, Das Verhältnis, S. 161 f.; Troll, Kommentar, § 27 Rdn. 1; Moench, Kommentar, § 27 Rz. 1; siehe auch: Begründung zu dem Entwurf eines Zweiten Steuerreformgesetzes vom 4.5.1972, BT-Drucks. VI/3418, S. 74.

Regelung wird dem Bereicherungsprinzip Rechnung getragen, da sich die steuerliche Leistungsfähigkeit nicht endgültig erhöht hat.

Schließlich ist noch die Vorschrift des § 14 ErbStG zu nennen, die zu einer besonderen Steuerbetragsermittlung führt, wenn der Steuerpflichtige innerhalb der letzten 10 Jahre von derselben Person mehrere Vermögensvorteile erlangt hat. Sinn und Zweck der Vorschrift ist es, daß sich die Freibeträge innerhalb der Frist nur einmal auswirken und sich der anzuwendende Steuersatz nach dem Gesamterwerb richtet, so daß eine Umgehung des progressiv gestalteten Stufentarifs durch Aufteilung der Zuwendungen verhindert wird[88].

3. *Zwischenergebnis*

Aus der Gegenüberstellung der Steuerermäßigungsvorschriften läßt sich entnehmen, daß die Ermäßigungstechnik unterschiedlich ist. Im EStG sind sowohl Steuerbetrags- als auch Steuersatzermäßigungsvorschriften enthalten, während das ErbStG ganz überwiegend Steuerbetragsermäßigungen aufweist. Ansonsten sind die Regelungen uneinheitlich, so daß sich lediglich unterschiedliche Einzelzielsetzungen erkennen lassen. Diese orientieren sich an den bereits an anderer Stelle sichtbar gewordenen Zielen. Zu nennen sind etwa die Vorschriften der §§ 34, 34b, 34c Abs. 1, 6 EStG und §§ 21, 29 ErbStG, die der Verwirklichung des Leistungsfähigkeitsprinzips dienen oder die Vorschrift des § 27 ErbStG, die sich mit der Privilegierung des „Familienvermögens" erklären läßt.

IV. Ergebnis

Die Untersuchung hat ergeben, daß die Steuersätze unterschiedlich geregelt sind. Der Schwerpunkt der Abweichungen liegt in den erbschaftsteuerlichen Steuerklassen, die in dem einkommensteuerlichen Steuersatz kein entsprechendes Gegenstück haben. Die hierin deutlich werdende Priviligierung des „Familieneigentums" bzw. die umverteilungspolitische Zielsetzung heben die beiden Steuern deutlich voneinander ab. In der Literatur wird nicht zuletzt aus diesen Gründen

---

87 Vgl. Kapp, Kommentar, § 29 Rz. 2.

88 Vgl. Michel in Meincke / Michel, Kommentar, § 14 Anm. 1; Kapp, Kommentar, § 14 Rz. 1; Moench, Kommentar, § 14 Rz. 1; BFH-Urteil vom 12.7.1979, II R 41/77, BStBl. II 1979, 740. Eine Sonderregelung enthält § 28 Abs. 1 ErbStG. Hiernach ist die Erbschaftsteuer, die auf den Erwerb von Betriebsvermögen oder land- und forstwirtschaftliches Vermögen entfällt, bis zu sieben Jahren insoweit zu stunden, als dies zur Erhaltung des Betriebes notwendig ist. Der Steuerpflichtige hat hierfür gem. §§ 234, 238 AO Stundungszinsen zu zahlen. § 28 ErbStG soll eine Gefährdung des Betriebserhalts vermeiden, die durch Abzug der erforderlichen Mittel für die Begleichung der auf das erworbene Betriebsvermögen entfallenden Steuer eintreten könnte, vgl. BFH-Beschluß vom 11.5.1988, II B 28/88, BStBl. II 1988, 730, 731.

eine Zusammenfassung der beiden Steuern abgelehnt[89]. Der Rechtsprechungsthese läßt sich daher bei isolierter Betrachtung der Steuersätze zustimmen, denn die Verschiedenheit der Steuersätze überwiegt.

Ergebnis des 2. Teils

Aus dem Vergleich der steuerbegründenden Tatbestandsmerkmale sowie der Besteuerungsgüter läßt sich die Frage nach der Gleichartigkeit oder Verschiedenheit der beiden Steuern beantworten. Dabei ist im Laufe der Untersuchung deutlich geworden, daß sowohl Übereinstimmungen als auch Abweichungen festgestellt werden konnten. Nach dem gesetzgeberischen Plan, wie er sich aus der historischen Entwicklung ableiten läßt, sind Einkommensteuer und Erbschaft-/Schenkungsteuer nicht unabhängig voneinander entwickelt worden. Vielmehr war übereinstimmend der Finanzbedarf des Staates Grund für die Erhebung der Steuern. Darüber hinaus ist als gemeinsamer Anknüpfungspunkt der Erwerb des Steuerpflichtigen zu nennen, durch den eine gesteigerte Leistungsfähigkeit hervorgerufen wird. Dabei sollte durch die Umschreibung der Einkunftsarten des EStG eine Abgrenzung der Anwendungsbereiche beider Steuern herbeigeführt werden, was allerdings, wie es die Doppelbelastungsfälle zeigen, nicht lückenlos erfolgt ist. Die Steuergegenstände sind insofern im Regelfall verschieden. Hiernach stehen sich die entgeltliche Marktteilnahme und die freigebigen Zuwendungen bzw. die formalisierten Erwerbe gegenüber. In den Doppelbelastungsfällen handelt es sich demgegenüber übereinstimmend um eine Vermögenszuwachsbesteuerung — mit Ausnahme der Nießbrauchsrechte und der Erbbauzinsen —, die zu einer zumindest teilweisen Kongruenz der Steuergegenstände führt. Die Verschiedenheitsthesen der Rechtsprechung lassen sich hiermit nicht in Einklang bringen. Dies gilt erst recht, wenn man die Besteuerungsgüter in den Vergleich einbezieht. Den Doppelbelastungsfällen liegt jeweils dasselbe Besteuerungsgut zugrunde. Daneben weichen die Besteuerungsgüter zwar voneinander ab, jedoch läßt sich in allen Fällen die Erfassung wirtschaftlicher Leistungsfähigkeit als gemeinsame Größe feststellen. Diese Übereinstimmung rechtfertigt es, beide Steuern als Einkommensteuern einer Steuerart zuzuordnen.

Daneben bestehen allerdings gewisse Abweichungen hinsichtlich des Ausmaßes der tatsächlich erfaßten Leistungsfähigkeit. Die Saldogrößen „Einkommen" und „Bereicherung" sind zwar übereinstimmend am Nettoprinzip ausgerichtet, jedoch werden sie in unterschiedlicher Art und Weise durch Frei- und Abzugsbeträge beeinflußt. Bei dem „Einkommen" spielen insbesondere wirtschaftspolitisch begründete Abzugsbeträge eine Rolle, während es bei der „Bereicherung" um die Berücksichtigung gesellschaftspolitischer Zielsetzungen geht. Übereinstim-

---

89 Vgl. Meincke in Meincke / Michel, Kommentar, Einf. Anm. 2; Tipke / Lang, Lehrbuch, S. 476 f.; Walz, Steuergerechtigkeit, S. 164; Oberhauser, Erbschaft- und Schenkungsteuern, S. 487, 492; siehe auch die grundsätzlichen Bedenken in: Gutachten der Steuerreformkommission, VII Rdn. 155.

mungen bestehen entgegen der Rechtsprechung insoweit, als in beiden Fällen persönliche Verhältnisse des Steuerpflichtigen Berücksichtigung finden. Im übrigen lassen sich auch gewisse einzelfallbezogene Abweichungen im Rahmen der Bewertung feststellen.

Der Vergleich der Steuergegenstände bzw. Besteuerungsgüter vermag daher die Verschiedenheitsthese der Rechtsprechung nicht zu stützen. Vielmehr überwiegen die Gemeinsamkeiten in einem solchen Ausmaß, daß die Steuern als auf einer Ebene liegend zu bezeichnen sind. Diese Aussage findet auch ihre Bestätigung in dem Vergleich der übrigen Tatbestandsmerkmale. Hervorzuheben ist die weitestgehende Übereinstimmung bei den Steuersubjekten, mit Ausnahme der Gesamthandsgemeinschaften.

Demgegenüber ist nicht zu verkennen, daß die durch die Bemessungsgrundlagen erfaßte steuerliche Leistungsfähigkeit voneinander abweicht. Das zu versteuernde Einkommen wird in besonderer Weise durch fiskalisch motivierte Abzugsbeträge beeinflußt, während die Bereicherung, ohne weitere Reduzierung, aus der Saldogröße im Rahmen der Steuergegenstandsermittlung übernommen wird. Die hierin deutlich werdenden Abweichungen lassen sich ebenfalls bei dem Vergleich der Steuersätze feststellen. Bemessungsgrundlage und Steuertarif des EStG sind in besonderer Weise an der Erfassung der subjektiven Leistungsfähigkeit ausgerichtet. Bei der Erbschaft-/Schenkungsteuer steht hingegen eine gesellschaftspolitisch begründete Schonung der kleinen und mittleren Erwerbe von nahen und nächsten Angehörigen bzw. die erhöhte Besteuerung großer Erwerbe von entfernt oder nichtverwandten Erwerbern im Vordergrund. Bemessungsgrundlage und Steuersatz sind insoweit ein Spiegelbild der von der gesetzgeberischen Zielsetzung getragenen Besteuerungswirkungen. Bei der laufend veranlagten Einkommensteuer ist die Besteuerung danach auszurichten, daß das Einkommen der Finanzierung der Lebensführung dient, während die einzelfallbezogene Erbschaft-/Schenkungsteuer umverteilungspolitische oder auch familienpolitische Zielsetzungen verfolgen kann. Aufgrund der hieran orientierten Ausgestaltung läßt sich eine Zusammenfassung beider Steuern nicht verwirklichen. Diese Verschiedenheit steht der grundlegenden Gleichheit bzw. Übereinstimmung der Steuergegenstände und Besteuerungsgüter gegenüber.

Im Hinblick auf den Sinn dieses Gleichartigkeitsvergleiches, die Bejahung oder Verneinung einer vermeidungswürdigen Doppelbesteuerungssituation, sind die grundlegenden Übereinstimmungen entscheidend. Denn hierdurch wird die bei dem Steuerpflichtigen vorhandene Leistungsfähigkeit erfaßt und der doppelte Steuerzugriff ermöglicht. Bemessungsgrundlage und Steuersatz betreffen insoweit lediglich das konkrete Ausmaß der Steuerlast und sind damit Ausdruck der von dem Gesetzgeber für richtig gehaltenen Besteuerungshöhe. Demzufolge läßt sich aus dem Vergleich der Steuertatbestände und der Besteuerungsgüter die Ausgangsfrage dahingehend beantworten, daß beide Steuern nicht auf verschiedenen Ebenen liegen.

3. Teil

Konkurrenzverhältnis der Steuern unter Berücksichtigung des § 16 Abs. 5 EStG a. F. bzw. § 35 EStG

A. Ausgangspunkt und Bedeutung der Untersuchung

Bereits eingangs ist ausgeführt worden, daß der 2. Senat in der Leitentscheidung[1] die „Zwei-Ebenen-These“ und die daraus resultierende „Nicht-Saldierfähigkeit“ von Einkommen- und Erbschaft-/Schenkungsteuer auch mit einem Hinweis auf § 35 EStG und § 16 Abs. 5 EStG a. F.[2] gerechtfertigt hat. Wörtlich heißt es hierzu in der Entscheidung[3]:

> „Das zeigen auch § 35 des Einkommensteuergesetzes (EStG) und § 16 Abs. 5 i. d. F. vor dem Einkommensteuerreformgesetz (EStRG) 1974. Diese Vorschriften gehen davon aus, daß die Erbschaftsteuer durch Einkommensteuerbelastungen nicht gemildert wird; sie gestatten nur eine begrenzte Herabsetzung der Einkommensteuer.“[4]

Diese Argumentation findet zum Teil Bestätigung in einem Urteil des 3. Senats des BFH vom 9.9.1988[5], in dem ausgeführt wird:

> „§ 35 EStG enthält eine allgemeine Regelung zum Verhältnis von Einkommensteuer und Erbschaftsteuer, die allerdings nur zu einer teilweisen Beseitigung der Doppelbelastung führt.“[6]

Im Vergleich zu § 16 Abs. 5 EStG a. F. hebt der 3. Senat[7] jedoch hervor, daß diese Vorschrift zwar nur in Ausnahmefällen anwendbar war, jedoch zu einer

---

1 Vgl. Urteil vom 26.11.1986, II R 190/81, BStBl. II 1987, 175, 177.

2 Vgl. § 16 Abs. 5 des Einkommensteuergesetzes in der Fassung des Steueränderungsgesetzes vom 16.5.1965, BGBl. I 1965, 377.

3 Vgl. BFH-Urteil vom 26.11.1986, II R 190/81, BStBl. II 1987, 175, 177.

4 Nach BFH-Urteil vom 7.12.1990 (X R 72/89, BStBl. II 1991, 350, 353) enthält § 35 EStG - wie schon § 31 EStG 1925, § 16 Abs. 5 EStG 1934 - eine Ausnahme von dem Grundsatz, daß Erbschaftsteuer und Einkommensteuer wegen ihrer unterschiedlichen Besteuerungsgegenstände kumulativ nebeneinander erhoben werden. Diese Ausnahme sei darin begründet, daß bei einem Zugriff der Erbschaftsteuer auf Bereicherungen, die wertgleich in die Bemessungsgrundlage der Einkommensteuer eingehen, eine Rücksichtnahme der beiden Steuern aufeinander angezeigt erscheint.

5 Vgl. III R 191/84, BStBl. II 1989, 9, 11.

6 Ebenso: Herrmann / Heuer / Raupach, Kommentar, § 16 Abs. 5 EStG a. F., Anm. 483.

7 Vgl. Urteil vom 9.9.1988, III R 191/84, BStBl. II 1989, 9, 11.

vollständigen Beseitigung der Doppelbelastung führte. Hieraus wird der Schluß gezogen, daß beide Vorschriften weder in ihrem Regelungsgehalt noch in ihrer Zielsetzung vergleichbar seien. Demzufolge läßt sich feststellen, daß das Verhältnis der beiden Vorschriften zueinander unterschiedlich beurteilt wird.

Im folgenden ist zu klären, ob die Vorschriften das Steuerkonkurrenzverhältnis i. S. d. „Zwei-Ebenen-These" zu belegen vermögen, oder ob die Existenz der Vorschriften nicht vielmehr die gesetzgeberische Bestätigung einer vermeidungswürdigen Doppelbelastungssituation indiziert und damit die Nähe der Steuern dokumentiert. Dabei wird auch zu erörtern sein, ob beide Vorschriften den gleichen Regelungsgehalt und die gleiche Zielsetzung haben.

Nachfolgend werden zunächst § 16 Abs. 5 EStG a. F. sowie § 35 EStG im Hinblick auf ihren Regelungsgehalt und ihre Zielsetzung analysiert. Daran schließt sich eine Auswertung der Erkenntnisse hinsichtlich ihrer Bedeutung für das Steuerkonkurrenzverhältnis an.

B. Regelungsgehalt und Zielsetzung der § 16 Abs. 5 EStG a. F., § 35 EStG

I. § 16 Abs. 5 EStG a. F.

§ 16 Abs. 5 EStG a. F. geht zurück auf die Vorschrift des § 31 EStG 1925[8]. Danach war für Gewinne aus der Veräußerung oder Aufgabe eines Gewerbebetriebes eine Anrechnung der Erbschaftsteuer auf die Einkommensteuer vorgesehen. Voraussetzung hierfür war, daß im Falle der unentgeltlichen Übertragung eines Gewerbebetriebes der Erwerber die Buchwerte des Rechtsvorgängers nach § 20 EStG 1925[9] fortführte und den Gewerbebetrieb innerhalb von drei Jahren nach dem Erwerb veräußerte. Auf Antrag des Steuerpflichtigen wurde auf die Einkommensteuer, die auf die realisierten stillen Reserven entfiel, der Erbschaftsteuerbetrag angerechnet, der auf die zum Übertragungszeitpunkt bereits bestehenden stillen Reserven (Differenz zwischen dem Wert des Betriebsvermögens nach dem Erbschaftsteuergesetz und dem Wert des Betriebsvermögens nach der letzten Schlußbilanz des Rechtsvorgängers) entfiel[10]. Die Anrechnung war allerdings der Höhe nach begrenzt durch die Höhe der auf die nämlichen stillen Reserven entfallenden Einkommensteuer[11]. Obwohl die Vorschrift gesetzessystematisch zu den Vorschriften über die Einkunftsarten gehörte, handelte es sich um eine

[8] Vgl. RGBl. I 1925, 189.

[9] Vgl. RGBl. I 1925, 189.

[10] Vgl. hierzu das Beispiel in der Begründung zu dem Entwurf eines Reichseinkommensteuergesetzes vom 23.4.1925, Verhandlungen des Reichstages, III. Wahlperiode 1924, Band 400, Nr. 795, S. 57.

[11] Vgl. Strutz, Kommentar, § 31 Anm. 9.

Veranlagungsvorschrift[12]. § 31 EStG 1925 erfaßte sowohl Vorbelastungen mit Erbschaftsteuer als auch solche mit Schenkungsteuer[13]. Bei Vorliegen der Voraussetzungen war dem Antrag zwingend zu entsprechen[14]. Der Gesetzgeber sah es als Gebot der Billigkeit an, für solche Fälle eine zu hohe Belastung durch Zusammentreffen von Erbschaft-/Schenkungsteuer und Einkommensteuer zu verhindern[15]. Im Ergebnis führte die Anwendung des § 31 EStG im Rahmen des Anwendungsbereiches der Vorschrift also zu einer Saldierung von Einkommen- und Erbschaft-/Schenkungsteuer, soweit die stillen Reserven doppelt belastet waren.

Durch das Einkommensteuergesetz vom 16. 10. 1934[16] wurden in den §§ 14 Abs. 3, 16 Abs. 5, 17 Abs. 4, 18 Abs. 3 Satz 2 für verschiedene Einkunftsarten inhaltsgleiche Ermäßigungs- bzw. Erlaßregelungen eingeführt. Diese Regelungen waren ebenso wie § 31 EStG 1925 gesetzessystematisch den einzelnen Einkunftsarten zugeordnet und sollten in sachlicher Hinsicht eine Fortführung darstellen[17]. § 16 Abs. 5 EStG 1934 sah z. B. vor, daß die Einkommensteuer auf den Veräußerungsgewinn auf Antrag ermäßigt oder erlassen wird, wenn der Steuerpflichtige den veräußerten Betrieb, Teilbetrieb oder den veräußerten Anteil am Betriebsvermögen innerhalb der letzten drei Jahre vor der Veräußerung erworben und infolge des Erwerbs Erbschaftsteuer entrichtet hat. Die Drei-Jahres-Frist wurde durch das Steueränderungsgesetz vom 14. 5. 1965[18] auf fünf Jahre verlängert, um hierdurch den Zweck der Vorschrift besser erreichen zu können[19]. Die Vorschrift führte ebenso, wie § 31 EStG 1925, zu einer Ermäßigung der auf den Veräußerungsgewinn entfallenden Einkommensteuer um den Teil der Erbschaftsteuer, der auf die zum Übertragungszeitpunkt bereits bestehenden stillen Reserven entfiel. Hierbei wurde eine etwaige Vorbelastung durch Schenkungsteuer ebenfalls berücksichtigt[20]. Über den Antrag war im einkommensteuerlichen Veranlagungsverfahren[21] nach pflichtgemäßem Ermessen[22] zu entscheiden. Die anrechenbare Erbschaft-/Schenkungsteuer war der Höhe nach durch die Höhe der Einkommensteuer auf die nämlichen stillen Reserven begrenzt[23].

---

12 Vgl. Strutz, Kommentar, § 31 Anm. 8.

13 Vgl. Strutz, Kommentar, § 31 Anm. 6.

14 Vgl. Strutz, Kommentar, § 31 Anm. 8.

15 Vgl. Begründung zu dem Entwurf eines Reichseinkommensteuergesetzes vom 23.4.1925, Verhandlungen des Reichstages, III. Wahlperiode 1924, Band 400, Nr. 795, S. 57.

16 Vgl. RGBl. I 1934, 1005.

17 Vgl. Begründung zu dem Einkommensteuergesetz vom 16.10.1934, RStBl. I 1935, 33, 41 f.

18 Vgl. BGBl. I 1965, 377.

19 Vgl. Zweiter Bericht des Finanzausschusses vom 19.3.1965, BT-Drucks. IV/3189, S. 7.

20 Vgl. Herrmann / Heuer / Raupach, Kommentar, § 16 Abs. 5 EStG a. F. Anm. 488.

21 Vgl. BFH-Urteil vom 8.10.1970, IV R 69/70, BStBl. II 1971, 16, 17.

22 Vgl. RFH-Urteil vom 17.2.1943, VI 185/42, RStBl. 1943, 294; Herrmann / Heuer / Raupach, Kommentar, § 16 Abs. 5 EStG a. F. Anm. 492.

Über den Normzweck des § 16 Abs. 5 EStG 1934 sowie der weiteren zuvor genannten Vorschriften bestand allerdings in gewisser Hinsicht Uneinigkeit. Der RFH sah den Sinn in der „Vermeidung einer kurzfristigen Doppelbesteuerung der stillen Reserven durch eine angemessene Ausgleichung bei der Einkommensteuerbelastung“[24]. Der BFH hingegen betonte den Billigkeitscharakter[25] bzw. das Vorliegen einer Härteausgleichsregelung[26]. Dabei wurde im Einzelfall sogar hervorgehoben, daß die Regelung des § 16 Abs. 5 EStG a. F. infolge der Anrechnung eine Durchbrechung des Grundsatzes bedeutet, nach dem der Erbe (auch) einkommensteuerrechtlich der Rechtsnachfolger des Erblassers sei, so daß ihm an sich die Möglichkeit zur Minderung der Einkommensteuer durch „Anrechnung“ von Erbschaftsteuer nicht einzuräumen sei. Hinzu kam der Aspekt, daß das Fehlen einer derartigen Vorschrift dem Sinn und Zweck der §§ 16, 34 EStG, derartige Veräußerungsgewinne steuerlich besonders zu begünstigen, zuwider laufen würde[27].

Bei der Normzweckermittlung ist die Verbindung des § 16 Abs. 5 EStG a. F. mit der Buchwertfortführung[28] zu beachten. Der Sinn der Vorschrift besteht daher darin, die durch die Verlagerung der stillen Reserven infolge der Buchwertfortführung eintretende Steuermehrbelastung zu beseitigen. Es handelt sich um eine Korrekturvorschrift, die im Einzelfall aus Gründen der Billigkeit zur Steueranrechnung führt. Anders als z. B. die Vorschriften der §§ 163, 227 AO stellt § 16 Abs. 5 EStG a. F. allerdings eine Spezialregelung dar, die die Voraussetzungen der persönlichen und sachlichen Unbilligkeit in typisierender Weise fingiert, soweit die sachlichen und zeitlichen Voraussetzungen erfüllt sind.

II. § 35 EStG

Ab dem Veranlagungszeitraum 1975 ist an die Stelle des § 16 Abs. 5 EStG a. F. und der weiteren Parallelvorschriften durch das Steuerreformgesetz vom 5.8.1974[29] die Regelung des § 35 EStG getreten. Der ursprüngliche Gesetzentwurf der Bundesregierung sah demgegenüber im wesentlichen die Beibehaltung

---

23 Vgl. Herrmann / Heuer / Raupach, Kommentar, § 1 Abs. 5 EStG a. F. Anm. 495.

24 Vgl. RFH-Urteil vom 17.2.1943, VI 185/42, RStBl. 1943, 294; ebenso: Herrmann / Heuer / Raupach, Kommentar, § 16 Abs. 5 EStG a. F. Anm. 490.

25 Vgl. BFH-Urteil vom 15.5.1968, I 197/65, BStBl. II 1968, 606, 607; siehe auch: Zweiter schriftlicher Bericht des Finanzausschusses vom 19.3.1965, BT-Drucks. IV/3189, S. 7.

26 Vgl. BFH-Urteil vom 8.11.1974, VI R 22/72, BStBl. II 1975, 110, 111; BFH-Urteil vom 31.3.1977, IV R 179/73, BStBl. II 1977, 609, 611; ebenso: John, Einkommensteuer, S. 256.

27 Vgl. BFH-Urteil vom 31.3.1977, IV R 179/73, BStBl. II 1977, 609, 610.

28 Vgl. § 20 EStG 1925, RGBl. I 1925, 189; § 7 Abs. 1 EStDV; § 6 Abs. 1 der Ersten Verordnung zur Durchführung des Einkommensteuergesetzes vom 6.2.1935, RGBl. I 1935, 153 = RStBl. I 1935, 209.

29 Vgl. BGBl. I 1974, 1769.

der bis dahin geltenden Regelungen vor[30]. Erst im Laufe des Gesetzgebungsverfahrens ist dies geändert und die Lösung des § 35 EStG in der heutigen Fassung gewählt worden[31].

§ 35 EStG hat, anders als die Vorgängervorschriften, allgemeinen Charakter, da die Vorschrift nicht nur bestimmte, sondern Einkünfte aller sieben Einkunftsarten erfaßt, soweit diese in bestimmter Weise mit Erbschaftsteuer vorbelastet sind[32]. Die Steuerermäßigung wird allerdings nur gewährt, wenn die Einkünfte als Erwerbe von Todes wegen der Erbschaftsteuer unterlegen haben, nicht hingegen bei Schenkungen unter Lebenden oder Zweckzuwendungen[33]. Die Rechtfertigung für die Beschränkung auf Erwerbe von Todes wegen soll darin liegen, daß bei Schenkungen unter Lebenden durch eine entsprechende Gestaltung eine Doppelbelastung vermieden werden könne[34]. Damit ist § 35 EStG, anders als § 16 Abs. 5 EStG a. F., nicht allein bei der Doppelbelastung stiller Reserven anzuwenden, sondern auf alle Doppelbelastungsfälle, falls eine Vorbelastung mit Erbschaftsteuer gegeben ist.

Die Anwendung des § 35 EStG führt weder zu einer Freistellung der mit Erbschaftsteuer belasteten Vermögenswerte von der Einkommensteuer noch zu einer Anrechnung der vollen Erbschaftsteuer auf die Einkommensteuer. Die Doppelbelastung bleibt vielmehr grundsätzlich bestehen, da die Einkommensteuer, die anteilig auf die im Veranlagungszeitraum oder in den vorangegangenen vier Veranlagungszeiträumen bereits der Erbschaftsteuer unterlegenen Vermögenswerte entfällt, um den Hundertsatz ermäßigt wird, der sich aus dem Verhältnis der festgesetzten Erbschaftsteuer zum erbschaftsteuerlichen Gesamterwerb ergibt[35]. Zur Verdeutlichung sei auf folgendes Berechnungsbeispiel hingewiesen[36]:

---

30 Vgl. Entwurf eines Dritten Steuerreformgesetzes vom 9.1.1974, BT-Drucks. 7/1470, § 39 Abs. 5 sowie die Begründung hierzu, S. 263.

31 Vgl. Beschluß des Finanzausschusses vom 24.5.1974 zu dem Entwurf eines Dritten Steuerreformgesetzes, BT-Drucks. 7/2164, S. 16.

32 Vgl. Schmidt / Glanegger, Kommentar, § 35 Anm. 3; BFH-Urteil vom 7.12.1990, X R 72/89, BStBl. II 1991, 350, 353.

33 Vgl. Schmidt / Glanegger, Kommentar, § 35 Anm. 5 d; Herrmann / Heuer / Raupach, Kommentar, Einf. ESt. Anm. 415 und grüne Blätter zu § 35 EStG Anm. III 3; Meincke in Meincke / Michel, Kommentar, Einf. Anm. 3; BMF-Schreiben vom 29.11.1974, DB 1974, Beilage 25, Tz. 14.1.

34 Vgl. Klotz, DStZ/A 1974, S. 347, 349; Conradi in Littmann / Bitz / Meincke, Das Einkommensteuerrecht, § 35 Rdn. 10; Blümich / Stuhrmann, Kommentar, § 35 EStG Rz. 15.

35 Vgl. Herrmann / Heuer / Raupach, Kommentar, grüne Blätter zu § 35 EStG Anm. I; BFH-Urteil vom 7.12.1990 (X R 72/89, BStBl. II 1991, 350, 352 f.) hat entschieden, daß eine Ermäßigung nach § 35 EStG nur insoweit in Betracht kommt, als wertmäßig tatsächlich eine Doppelbelastung vorliegt; vgl. hierzu: Schmidt / Glanegger, Kommentar, § 35 Anm. 5 f.

36 Vgl. hierzu: Abschn. 213e Abs. 1 EStR und Conradi in Littmann / Bitz / Meincke, Das Einkommensteuerrecht, § 35 Rdn. 15.

Ein im Kalenderjahr 1989 verstorbener Arzt vererbt Honorarforderungen in Höhe von DM 100.000,—, die seiner Witwe als Alleinerbin im Kalenderjahr 1990 zufließen. Die Honorarforderungen seien Teil des erbschaftsteuerpflichtigen Erwerbs (§ 10 Abs. 1 ErbStG) von DM 500.000,—. Bei der Veranlagung der Witwe zur Einkommensteuer für das Kalenderjahr 1990 betrage die Summe der Einkünfte DM 150.000,—, in der die Honorarforderungen enthalten sind. Das zu versteuernde Einkommen betrage DM 140.000,—.

1. *Belastung mit Erbschaftsteuer*

Erbschaftsteuerpflichtiger Erwerb	DM	500.000,–
zuzüglich:		
Freibetrag nach § 16 Abs. 1 Nr. 1 ErbStG	DM	250.000,–
Freibetrag nach § 17 Abs. 1 ErbStG	DM	250.000,–
	DM	1.000.000,–

Erbschaftsteuer nach Steuerklasse I		
7,5% von DM 500.000 =	DM	37.500,–

Verhältnis der Erbschaftsteuer zum Gesamterwerb:

$$\frac{37.500,-}{1.000.000,-} = 3{,}75\,\%$$

2. *Belastung mit Einkommensteuer*

Summe der Einkünfte	DM	150.000,–
zu versteuerndes Einkommen	DM	140.000,–
tarifliche Einkommensteuer nach § 32a Abs. 6 Nr. 1 EStG (Splittingtabelle 1990)	DM	36.096,–
von diesem Betrag entfallen auf die zugeflossenen Honorarforderungen anteilig		
$\frac{100.000,- \times 36.096,-}{150.000,-}$ = (abgerundet)	DM	24.064,–

3. *Minderung der Einkommensteuer*

von	DM	36.096,–
um 3,75% von DM 24.064,– (abgerundet) =	DM	902,–
ergibt eine festzusetzende Einkommensteuer von	DM	35.194,–

Die Honorarforderungen sind dadurch mit Erbschaftsteuer in Höhe von DM 3.750,– und mit Einkommensteuer in Höhe von DM 23.162,– (DM 24.064,– ./. DM 902,–) belastet.

§ 35 Sätze 1 und 2 EStG finden jedoch keine Anwendung, soweit Erbschaftsteuer nach § 10 Abs. 1 Nr. 1a EStG abgezogen wird (vgl. § 35 Satz 3 EStG). Die Regelung betrifft Renten, Nießbrauchsrechte und andere wiederkehrende Nutzungen und Leistungen, bei denen der Steuerpflichtige die Möglichkeit hat, die Erbschaftsteuer in jährlichen Teilbeträgen zu entrichten (vgl. § 23 Abs. 1 ErbStG)[37]. Die Jahreserbschaftsteuer wird in diesem Fall als dauernde Last gem. § 10 Abs. 1 Nr. 1a EStG abgezogen[38], so daß eine Doppelbelastung weitestgehend vermieden wird. Ein Abzug der Jahreserbschaftsteuer als Sonderausgabe ist in vollem Umfang möglich, auch wenn einkommensteuerrechtlich nur der Ertragsanteil, wie z. B. bei Leibrenten nach § 22 Nr. 1 Satz 3 Buchstabe a EStG, besteuert wird[39]. Die Berücksichtigung der Jahreserbschaftsteuer als Sonderausgabe gem. § 10 Abs. 1 Nr. 1a EStG wird damit gerechtfertigt, daß in den Fällen der Jahreserbschaftsteuerzahlungen der Einfluß der Erbschaftsteuer auf die steuerliche Leistungsfähigkeit größer sei, als in den Fällen der Einmalzahlung, so daß eine Vermeidung der Doppelbelastung erforderlich sei[40].

In systematischer Hinsicht handelt es sich bei § 35 EStG um eine Tarifvorschrift, deren Anwendung, wie die der Vorgängervorschriften, von einem Antrag abhängt, über den im Veranlagungsverfahren entschieden wird[41]. Der Gesetzgeber hat § 35 EStG als Ausnahmevorschrift konzipiert, die die grundsätzliche Doppelbelastung mit Einkommen- und Erbschaft- / Schenkungsteuer unberührt lassen soll[42]. In dem Bericht des Finanzausschusses vom 31.5.1974 heißt es hierzu[43]:

---

37 Vgl. Herrmann / Heuer / Raupach, Kommentar, grüne Blätter zu § 35 EStG Anm. V.

38 Vgl. RFH-Urteil vom 14.8.1935, VI A 582/35, RStBl. 1935, 1496; BFH-Urteil vom 15.11.1957, VI 79/55 U, BStBl. III 1958, 103, 104; BFH-Urteil vom 5.4.1965, VI 339/63 U, BStBl. III 1965, 360, 361; BFH-Urteil vom 6.7.1966, VI 124/65, BStBl. III 1966, 584; BFH-Urteil vom 22.12.1976, II R 58/67, BStBl. II 1977, 420, 424; BFH-Urteil vom 7.12.1990, X R 72/89, BStBl. II 1991, 350, 354; Schmidt / Drenseck, Kommentar, § 12 Anm. 12; Blümich / Stuhrmann, Kommentar, § 35 EStG Rz. 28; Conradi in Littmann / Bitz / Meincke, Das Einkommensteuerrecht, § 35 Rdn. 16; Jansen / Wrede, Renten, Rdn. 127; Troll, Kommentar, § 23 Rdn. 10; Kapp, Kommentar, § 23 Rz. 27; Moench, Kommentar, Einf. Rz. 38 und § 23 Rz. 20; Klotz, DStZ/A 1974, S. 347, 350; Herrmann / Heuer / Raupach, Kommentar, grüne Blätter zu § 35 EStG Anm. V; Abschn. 213e Abs. 2 Satz 1 EStR; a. A.: Offerhaus in Lademann / Söffing / Brockhoff, Kommentar, § 12 Anm. 63, der unter Hinweis auf die vom BFH (Urteil vom 9.8.1983, VIII R 35/80, BStBl. II 1984, 27, 28) vorgenommene Einordnung der Schenkungsteuer als Personensteuer i. S. d. § 12 Nr. 3 EStG, die Abzugsfähigkeit verneint.

39 Vgl. BFH-Urteil vom 5.4.1965, VI 339/63 U, BStBl. III 1965, 360, 361; Herrmann / Heuer / Raupach, Kommentar, grüne Blätter zu § 35 EStG Anm. V; Klotz, DStZ/A 1974, S. 347, 350; Michel in Meincke / Michel, Kommentar, § 23 Anm. 3.

40 Vgl. Klotz, DStZ/A 1974, S. 347, 350; Blümich / Stuhrmann, Kommentar, § 35 EStG Rz. 29.

41 Vgl. Schmidt / Glanegger, Kommentar, § 35 Anm. 7.

42 Vgl. Schmidt / Glanegger, Kommentar, § 35 Anm. 1; Tipke / Lang, Lehrbuch, S. 476; Lang, Bemessungsgrundlage, S. 260; siehe auch: BFH-Urteil vom 9.9.1988, III R 191/84, BStBl. II 1989, 9, 11.

43 Vgl. BT-Drucks. 7/2180, S. 21.

„Der Ausschuß hält es nicht für gerechtfertigt, die Doppelbelastung in diesen Fällen in vollem Umfang zu beseitigen, denn es entspricht dem Nebeneinander von Einkommensteuer und Erbschaftsteuer, daß ein aus versteuertem Einkommen gebildetes Vermögen beim Übergang von Todes wegen oder bei der Schenkung auch mit Erbschaftsteuer belastet wird. Andererseits ergeben sich jedoch aus dem Umstand, daß die bei bestimmten Erwerben später entstehende Einkommensteuerschuld bei der Erbschaftsteuer wegen des für ihre Erhebung maßgebenden Stichtagsprinzips nicht berücksichtigt werden kann, besondere Härten, die einer Milderung bedürfen."

Die Zielsetzung der Norm soll in der Gewährleistung einer gleichmäßigen Steuerbelastung in Erbfällen bestehen, indem die erbschaftsteuerliche Nichtabzugsfähigkeit latenter Einkommensteuerlasten durch eine Ermäßigung der Einkommensteuer substituiert wird[44]. Diese Zielsetzung wird aber nicht erreicht. Denn die in § 35 Satz 2 EStG vorgesehene Berechnung führt dazu, daß die latente Einkommensteuerbelastung anteilig auch bei den Freibeträgen nach §§ 16, 17 ErbStG sowie dem steuerfreien Betrag gem. § 5 ErbStG abzuziehen ist[45]. Diese Berechnung steht mit der in § 10 ErbStG vorgesehenen Ermittlung der Bereicherung nicht in Einklang. Etwaige Steuerschulden werden gem. § 10 Abs. 5 Nr. 1 ErbStG bereits von dem Wert des Vermögensanfalls abgezogen, so daß die hiernach verbleibende Bereicherung um die zuvor genannten Freibeträge zu kürzen ist[46]. Konsequenterweise hätte eine Hinzurechnung der Freibeträge in § 35 Satz 2 EStG nicht erfolgen dürfen. Im Vergleich zu denjenigen Erbschaftsteuerpflichtigen, die nicht oder nur in geringem Umfang in den Genuß dieser Freibeträge kommen, stellt die Berechnungsvorschrift für diejenigen Erbschaftsteuerpflichtigen, die in besonderem Maße durch die Freibeträge begünstigt werden sollen, aus einkommensteuerlicher Sicht eine Benachteiligung dar[47], da sich mit wachsendem Erbschaftsteuersatz die Einkommensteuerermäßigung erhöht. Zusammenfassend läßt sich hiernach sagen, daß § 35 EStG einen gesetzlich geregelten Spezialfall des Steuererlasses darstellt[48].

C. Bedeutung der § 16 Abs. 5 EStG a. F., § 35 EStG für das Steuerkonkurrenzverhältnis

Wenn der 2. Senat des BFH[49] in § 35 EStG, § 16 Abs. 5 EStG a. F. eine Bestätigung für die Nichtabzugsfähigkeit der Einkommensteuerbelastung bei der Erbschaftsteuer sieht, so zielt diese Aussage in zwei Richtungen. Zum einen geht

44 Vgl. Schmidt / Glanegger, Kommentar, § 35 Anm. 1.

45 Vgl. Hessisches FG, Urteil vom 18.2.1982, X 184/78, EFG 1982, 570, 571, rkr.

46 Vgl. Michel in Meincke / Michel, Kommentar, § 10 Anm. 3.

47 Vgl. Trzaskalik, StuW 1979, S. 97, 112.

48 Vgl. Isensee, Das Billigkeitskorrektiv, S. 129, Fn. 5.

49 Vgl. Urteil vom 26.11.1986, II R 190/81, BStBl. II 1987, 175, 177; anders BFH-Urteil vom 7.12.1990, X R 72/89, BStBl. II 1991, 350, 352, wonach § 35 EStG als Steuerermäßigungsvorschrift lediglich rechtstechnische Bedeutung hat.

es um die von der Gesetzeslage abhängige Abzugsfähigkeit latenter Einkommensteuerschulden bei der Erbschaftsteuer. Zum anderen wird die Frage der Verrechenbarkeit von Einkommensteuer und Erbschaftsteuer aufgrund des Steuerkonkurrenzverhältnisses angesprochen.

Soweit es um die Nichtberücksichtigung latenter Einkommensteuerschulden bei der Berechnung der Erbschaftsteuer geht, kommt den Vorschriften keine entsprechende rechtsfolgebegründende Wirkung zu. Denn die Nichtberücksichtigung folgt aus dem erbschaftsteuerlichen Stichtagsprinzip (vgl. §§ 9, 11 ErbStG). Nach h. M.[50] können nur solche Steuerschulden Berücksichtigung finden, die am Stichtag dem Grunde nach bereits entstanden sind. Für die latente Einkommensteuerschuld trifft dies nicht zu, da sie grundsätzlich erst mit Ablauf des Veranlagungszeitraumes entsteht, in dem der Steuerpflichtige das Einkommen bezogen hat (vgl. §§ 36 Abs. 1, 25 Abs. 1 EStG, § 38 AO).

Auf der Basis dieser Rechtslage sind die Vorschriften zu beurteilen. Diese vom Gesetzgeber offensichtlich als unbillig empfundene Gesetzeslage soll durch die Vorschriften der §§ 35 EStG, 16 Abs. 5 EStG a. F. im Billigkeitswege modifiziert werden. Billigkeitsregelungen wollen die „Befreiung von einer schematischen Belastung erteilen, wenn die Folgen extrem über das normale Maß hinausschießen, das der Schematisierung zugrundeliegt“[51] oder anders ausgedrückt, sie wollen „Gerechtigkeit oder Vernünftigkeit im Einzelfall“ gewährleisten[52]. Diese Zielsetzung wird von den beiden Vorschriften in unterschiedlicher Weise realisiert, wie es der 3. Senat des BFH[53] mit Recht festgestellt hat. Die demgegenüber vom 2. Senat des BFH[54] als gemeinsam bezeichnete Rechtsfolge, daß die Vor-

---

50 Vgl. BFH-Urteil vom 11.1.1961, II 272/58 U, BStBl. III 1961, 162; BFH-Urteil vom 5.7.1978, II R 64/73, BStBl. II 1979, 23, 24 f.; BFH-Beschluß vom 6.12.1989, BFH NV 1990, 643; Megow / Michel, Kommentar, § 10 Rdn. 10; Michel in Meincke / Michel, Kommentar, § 10 Anm. 41; Moench, Kommentar, Einf. Rz. 35 und § 10 Rz. 66; Herrmann / Heuer / Raupach, Kommentar, Einf. ESt. Anm. 414; siehe auch: Dieckmann in Soergel-Siebert, Kommentar, § 2311 Rdn. 12 und BGH-Urteil vom 26.4.1972, IV ZR 114/70, NJW 1972, S. 1269; in der Literatur werden allerdings auch abweichende Auffassungen vertreten: vgl. Kröger, BB 1971, S. 647, 648 f.; danach soll die latent vorhandene Einkommensteuerschuld als Erblasserschuld gem. § 10 Abs. 5 Nr. 1 ErbStG anzusehen sein; siehe hierzu auch: Stein in Soergel-Siebert, Kommentar, § 1967 Rdn. 4; Palandt / Edenhofer, Kommentar, § 1967 Rdn. 3 und § 2311 Rdn. 4; nach Knobbe-Keuk, Unternehmenssteuerrecht, § 27 I 4a und Keuk, DB 1973, S. 634, 636, soll die latent vorhandene Einkommensteuerschuld als aufschiebend bedingte Last anzusehen sein, so daß gem. § 6 Abs. 2 i. V. m. § 5 Abs. 2 BewG eine Berichtigung der Erbschaftsteuerveranlagung vorgenommen werden könne; nach Crezelius, BB 1979, S. 1342, 1345, soll die von dem Erben gezahlte Einkommensteuer, die auf der Marktteilnahme des Erblassers beruht, von der erbschaftsteuerlichen Bemessungsgrundlage abgezogen werden. Stichtags- und Zuflußprinzip sollen daneben unberücksichtigt bleiben.

51 Vgl. BVerfG, Beschluß vom 5.4.1978, 1 BvR 117/73, BVerfGE 48, 102, 116; siehe auch: Kirchhof, Die Verpflichtung zum Steuererlaß, S. 81, 100.

52 Vgl. Tipke / Lang, Lehrbuch, S. 724.

53 Vgl. Urteil vom 9.9.1988, III R 194/84, BStBl. II 1989, 9, 11; zustimmend: BFH-Urteil vom 7.12.1990, X R 72/89, BStBl. II 1991, 350, 353.

54 Vgl. Urteil vom 26.11.1986, II R 190/81, BStBl. II 1987, 175, 177.

schriften nur eine begrenzte Herabsetzung der Einkommensteuer gestatten, entspricht nicht der diesbezüglich erforderlichen Differenzierung. Hierbei wird übersehen, daß § 16 Abs. 5 EStG a. F. im Rahmen seines Anwendungsbereiches, anders als § 35 EStG, eine vollständige Beseitigung der Doppelbelastung durch Anrechnung der Erbschaftsteuer auf die Einkommensteuer ermöglichte.

§ 16 Abs. 5 EStG a. F. ist somit ein Beispiel für die „Saldierfähigkeit“ von Einkommen- und Erbschaft-/Schenkungsteuer, denn die durch die Veräußerung realisierten stillen Reserven werden, soweit sie von dem Rechtsvorgänger stammen, bei dem Erben oder Beschenkten mit nur einer Steuer wirtschaftlich belastet. Die Vorschrift trug damit in ihrem Anwendungsbereich dem Umstand Rechnung, daß in den Doppelbelastungsfällen beide Steuern dieselbe Quelle steuerlicher Leistungsfähigkeit ausschöpfen (vgl. 2. Teil, 1. Abschnitt, B II). Dies ergibt sich auch aus der zuvor dargestellten historischen Entwicklung, nach der § 16 Abs. 5 EStG a. F. bzw. § 31 EStG 1925 als Folge der durch § 20 EStG 1925 bzw. die Folgevorschriften[55] geregelten Buchwertfortführung geschaffen wurden. Demgegenüber zeigt § 35 EStG, daß nicht die Doppelbelastung als solche vermieden werden soll, sondern daß eine Reduzierung der sich infolge der atypischen Besteuerungsfolge — Einkommensteuer und Erbschaftsteuer beim Erben — ergebenden Steuermehrbelastung angestrebt wird[56]. Während der RFH hierin kein die Unbilligkeit begründendes Kriterium gesehen hatte[57], bestand für den Gesetzgeber offensichtlich ein Handlungsbedarf.

Verglichen mit § 16 Abs. 5 EStG a. F. läßt sich feststellen, daß die Billigkeitsmaßstäbe unterschiedlich sind. § 16 Abs. 5 EStG a. F. zielt darauf ab, eine bestimmte steuerliche Leistungsfähigkeit nur durch eine der beiden Steuern zu erfassen, § 35 EStG hingegen auf die Gleichbehandlung mit solchen Erwerbern, die bereits einkommenversteuertes Vermögen geerbt haben[58]. Allerdings wird dieser Gleichbehandlungsaspekt durch die Ausgrenzung der Schenkungen unter Lebenden nicht konsequent durchgeführt[59], obwohl diese nach der Systematik des ErbStG wie die Erwerbe von Todes wegen zu behandeln sind[60]. Hinzu kommt, daß die zuvor dargestellte Berechnungsmethode gem. § 35 Satz 2 EStG dem nicht gerecht wird.

Aus § 16 Abs. 5 EStG a. F. läßt sich die Wertung entnehmen, daß der Gesetzgeber die beiden Steuern auf einer Ebene gesehen hat. Denn die auf den Besteuerungsgegenstand (stille Reserven) zielende Vorschrift läßt sich sinnvollerweise nur dann erklären, wenn man die beiden Steuern auf einer Ebene sieht. Im

[55] Vgl. z. B.: § 6 Abs. 1 der Ersten Verordnung zur Durchführung des Einkommensteuergesetzes vom 6.2.1935, RGBl. I 1935, 153 = RStBl. I 1935, 209.

[56] Vgl. Lang, Bemessungsgrundlage, S. 260, Fn. 188.

[57] Vgl. Urteil vom 25.6.1930, VI A 916/30, RStBl. 1930, 618, 619.

[58] Vgl. BFH-Urteil vom 7.12.1990, X R 72/89, BStBl. II 1991, 350, 353 f.

[59] Vgl. hierzu: Kirchhof, Die Verpflichtung zum Steuererlaß, S. 81, 101, der aus Billigkeitsgründen eine Einbeziehung in die Erlaßregelungen für zwingend hält.

[60] Vgl. § 1 Abs. 2 ErbStG; siehe auch: Kirchhof, DStR 1979, S. 275, 280.

Hinblick auf § 35 EStG kann dieser Schluß nicht ohne weiteres gezogen werden, da die Vorschrift lediglich als Korrelat zu der erbschaftsteuerlichen Erhebungstechnik aufzufassen ist. Eine allgemeine Regelung zu dem Verhältnis der beiden Steuern wird hieraus nicht deutlich, anders als es der 3. Senat des BFH vertritt[61]. Ebensowenig stützt § 35 EStG die These der „Nicht-Saldierfähigkeit" der beiden Steuern. Vielmehr zeigt allein die Existenz der Vorschrift, daß der Gesetzgeber die beiden Steuern nicht völlig unabhängig nebeneinander gesehen hat[62]. Die „Zwei-Ebenen-These" der Rechtsprechung kann daher nicht mit dem Hinweis auf die Vorschriften der §§ 35 EStG, 16 Abs. 5 EStG a. F. begründet werden.

D. Schlußbetrachtung: Wird § 35 EStG dem Steuerkonkurrenzverhältnis der beiden Steuern gerecht?

Wenn also die „Zwei-Ebenen-These" im Laufe der Untersuchung widerlegt wurde und damit, wie eingangs geschildert, die Doppelbelastung nicht gerechtfertigt werden kann, stellt sich abschließend die Frage, ob § 35 EStG eine sachgerechte Lösung darstellt.

Das Bundesverfassungsgericht hat verschiedentlich betont, daß der Gesetzgeber an den sich aus Art. 3 Abs. 1 GG ergebenden Maßstab der Steuergerechtigkeit gebunden ist[63]. Danach ist es ein grundsätzliches Gebot der Steuergerechtigkeit, daß die Besteuerung nach der (wirtschaftlichen) Leistungsfähigkeit ausgerichtet wird[64]. Dies gilt insbesondere für die Einkommensteuer[65]. Dieser Grundsatz hindert den Gesetzgeber allerdings nicht, den Zuwachs an wirtschaftlicher Leistungsfähigkeit mehrfach zu besteuern. So werden beispielsweise neben der Einkommen- und Körperschaftsteuer auch die Kirchen- und Gewerbeertragsteuer erhoben[66]. Das Problem der Doppelbesteuerung mit Einkommen- und Erbschaft-/Schenkungsteuer liegt demgegenüber darin, daß dieselbe Maßgröße steuerlicher Leistungsfähigkeit unterschiedlich belastet wird. Im Regelfall verteilen sich Einkommen- und Erbschaftsteuer auf zwei verschiedene Steuersubjekte entsprechend der individuellen Leistungsfähigkeit. Der Vermögensanfall bei dem Erben / Beschenkten besteht danach regelmäßig aus bereits vom Erblasser / Schenker einkommenversteuerten Vermögenswerten[67]. In den Doppelbelastungsfällen wird

61 Vgl. Urteil vom 9.9.1988, III R 191/84, BStBl. II 1989, 9, 11.

62 Vgl. auch Meincke in Meincke / Michel, Kommentar, Einf. Anm. 3.

63 Vgl. z. B: BVerfG, Urteil vom 3.11.1982, 1 BvR 620/78, 1335/78, 1104/79 und 363/80, BVerfGE 61, 319, 343 m. w. N.

64 Vgl. BVerfG, Urteil vom 3.11.1982, 1 BvR 620/78, 1335/78, 1104/79 und 363/80, BVerfGE 61, 319, 343 f. m. w. N.

65 Vgl. BVerfG, Beschluß vom 23.11.1976, 1 BvR 150/75, BVerfGE 43, 108, 120.

66 Vgl. Lang, Systematisierung, S. 38.

67 Vgl. Lang, Bemessungsgrundlage, S. 51, hiernach kann die Umverteilungszielsetzung zur Rechtfertigung von Mehrfachbelastungen des transferierten Vermögens mit Einkommensteuer und Erbschaft-/Schenkungsteuer herangezogen werden.

hingegen dasselbe Besteuerungsgut von beiden Steuern erfaßt, allerdings nur bei denjenigen Steuerpflichtigen, die in eine Rechtsposition eines solchen Rechtsvorgängers, sei es durch Erbfall oder Schenkung, eingetreten sind, der zu „seiner" Einkommensteuer nicht mehr herangezogen werden konnte[68]. Das ansonsten geltende Prinzip der Individualbesteuerung wird hierbei zugunsten fiskalischer Interessen durchbrochen.

Da das Erschaft-/Schenkungsteuergesetz als Sondereinkommensteuer gerade die unentgeltlichen Bereicherungen erfassen soll, ist es nicht ohne weiteres gerechtfertigt, einen derartigen Erwerb mit der generellen Einkommensteuer zu besteuern. Auch in einem solchen Fall fordert der Gleichheitssatz zu einer Gleichbehandlung gegenüber demjenigen auf, der bereits einkommenversteuerte Vermögenswerte erhält. Dabei ist allerdings zu beachten, daß die konsequente Umsetzung dieses Gedankens zu einem Verzicht auf die Nachversteuerung der auf den Begünstigten übergegangenen Vermögenswerte mit Einkommensteuer führt. Darin würde eine Ungleichbehandlung gegenüber denjenigen Erwerbern bestehen, die bereits einkommenversteuertes Vermögen erben, da bei diesen die bereits gezahlte Einkommensteuer den Vermögensanfall gemindert hat. Insoweit wäre das Ergebnis von Zufälligkeiten abhängig, ob z. B. der Erblasser zu seinen Lebzeiten die stillen Reserven noch realisiert oder nicht. Eine sachgerechte Lösung muß unter Überwindung der steuerverfahrenstechnischen Abweichungen (Realisationsprinzip / Stichtagsprinzip) zu einer dem Nebeneinander der Steuern entsprechenden Gleichbehandlung führen. Dabei ist auch der Grundsatz der Individualbesteuerung zu beachten, der eine klare Trennung zwischen Erblasser / Schenker und Erbe / Beschenktem verlangt. Die Nichtbesteuerung von Einkünften beim Erblasser / Schenker darf nicht zur Doppelbelastung beim Erben / Beschenkten führen, nur weil steuertechnische Gründe eine Besteuerung beim Rechtsvorgänger erschweren oder unmöglich machen. In seiner Eigenschaft als unentgeltlich Erwerbender muß der Steuerpflichtige in den Doppelbelastungsfällen mit denjenigen unentgeltlich Erwerbenden verglichen werden, die bereits einkommenversteuerte Vermögenswerte erlangt haben. § 35 EStG ist zwar, wie zuvor ausgeführt, als Billigkeitsnorm am Steuergerechtigkeitsgebot ausgerichtet, jedoch wird die Vorschrift diesem nicht in genügendem Maße gerecht. Denn die Milderung führt nicht zu dem angestrebten Ergebnis der Gleichstellung mit einem Erwerber, der bereits einkommenversteuertes Vermögen erbt. Vielmehr steht der Berechnungsmodus des § 35 Satz 2 EStG im Gegensatz zu dem angestrebten Ziel. In systematischer Hinsicht wird § 35 EStG dem Erfordernis einer sachgerechten Lösung ebenfalls nicht gerecht, da es hierzu einer erbschaftsteuerlichen Vorschrift bedarf[69]. § 35 EStG läßt sich insoweit nur als unsystematische Vor-

---

[68] Vgl. Lang, Bemessungsgrundlage, S. 260.

[69] Vgl. Knobbe-Keuk, Unternehmenssteuerrecht, § 27 I 4 a; siehe auch: Meincke, DStJG 10(1987), S. 19, 43.

schrift kennzeichnen[70], da sie eine Korrektur der Erbschaftsteuerbelastung durch eine Einkommensteuerreduktion bewirkt[71].

De lege lata kann dieses Problem nicht gelöst werden. Es bleibt daher Aufgabe des Gesetzgebers, dem aus Art. 3 Abs. 1 GG resultierenden Steuergerechtigkeitsgebot in den Doppelbelastungsfällen Rechnung zu tragen. Dies sollte systemgerecht durch eine Ergänzung des § 10 Abs. 5 ErbStG erfolgen[72]. Die Vorschrift könnte wie folgt lauten:

Als Nachlaßverbindlichkeit kann die auf dem Vermögensanfall latent lastende Einkommensteuerschuld in der Höhe abgezogen werden, in der sie im Zeitpunkt des Todes des Erblassers bei Vorliegen der Besteuerungsvoraussetzungen entstanden wäre. Dabei ist der Durchschnittssteuersatz zugrundezulegen, der für die Besteuerung des Erblassers im Todesjahr gilt.

---

70 Vgl. Crezelius, BB 1979, S. 1342, 1343; Knobbe-Keuk, Unternehmenssteuerrecht, § 27 I 4 a; Trzaskalik, StuW 1979, S. 97, 112; Meincke, DStJG 10(1987), S. 19, 42.

71 Vgl. Meincke, DStJG 10(1987), S. 19, 42.

72 Vgl. hierzu auch den Vorschlag von Kapp, StbJb 1962/63, S. 327, 341.

Zusammenfassung

1. Einkommensteuer und Erbschaft-/Schenkungsteuer stammen aus unterschiedlichen Quellen und Zeitepochen. Der Entstehungsgrund ist jedoch übereinstimmend in einem erhöhten Finanzbedarf des Staates zu sehen, der infolge verschiedener kriegerischer Auseinandersetzungen entstanden war. Gemeinsam ist beiden Steuern auch der Anknüpfungspunkt an einen Erwerb des Steuerpflichtigen, der eine Steigerung seiner Leistungsfähigkeit beinhaltet.

2. Der gesetzgeberische Plan läßt im Laufe der Entwicklung der Steuern Gemeinsamkeiten erkennen. Ein deutliches Beispiel hierfür stellt das EStG 1920 dar, das auf der Reinvermögenszugangstheorie basierte. Danach gehörten zu dem Einkommen auch Erbschaften und Schenkungen. Für den Gesetzgeber war eine Steuerfreistellung dieser Erwerbe von der Einkommensteuer geboten, weil die Erbschaft-/Schenkungsteuer insoweit als Sondereinkommensteuer zu einer ausreichenden Besteuerung führte. Die sich hierin widerspiegelnde Nähe der beiden Steuern hat den Gesetzgeber dazu veranlaßt, eine Abgrenzung der Anwendungsbereiche durch die Bildung von Einkunftsarten zu versuchen.

3. Als Steuergegenstände lassen sich das Einkommen gem. § 2 Abs. 4 EStG sowie die Vermögensanfälle gem. § 1 Abs. 1 Nr. 1 und 2 ErbStG gegenüberstellen.

   a) Das Einkommen ist durch eine entgeltliche Verwertung von Leistungen am Markt, die von der Absicht der Reinvermögensmehrung getragen wird, gekennzeichnet. Hierbei handelt es sich um eine generelle Kennzeichnung, die im Einzelfall, wie z. B. in den Doppelbelastungsfällen, nicht zutreffend ist.

   b) Die Schenkungen unter Lebenden lassen sich als freigebige Zuwendungen qualifizieren. Entscheidend sind hiernach eine zur Bereicherung führende Zuwendung sowie die vom Willen des Zuwendenden getragene Verschaffung des Vermögensvorteils frei von Gegenleistungen. Das entscheidende Abgrenzungsmerkmal gegenüber dem Einkommen besteht in dem Merkmal der Freigebigkeit.

   c) Die Erwerbe von Todes wegen können nicht eindeutig als unentgeltliche Erwerbe gekennzeichnet werden. Vielmehr gehört auch der erbrechtliche Erwerb auf entgeltlicher Grundlage zu den erfaßten Vermögensanfällen. Gemeinsames Charakteristikum der Erwerbe von Todes wegen ist daher die Formalisierung des Erwerbs, die gegenüber den nichtformalisierten Erwerben des Einkommensteuergesetzes eine Abgrenzung ermöglicht. Bei den unter die Erwerbe von Todes wegen fallenden Vermögensverfügungen bewirkt die Erwerbsform die Transformation der Erwerbe in den Bereich der Freigebigkeit, so daß trotz evtl. vorhandener Gegenleistungen generell keine Einkünfteerzielung angenommen werden kann.

4. Die grundsätzlich gegebene Verschiedenheit der Steuergegenstände ist in den Doppelbelastungsfällen überwiegend nicht vorhanden. Mit Ausnahme der Nießbrauchsrechte und der Erbbauzinsen liegt in den anderen Fällen übereinstimmend eine Vermögenszuwachsbesteuerung vor.

   a) Steuergegenstand ist in dem Bereich des Betriebsvermögens (§ 16 EStG, § 7 Abs. 1 EStDV, § 7 Abs. 2 EStDV) nicht der marktbezogene Umsatzakt, sondern der dem Gewerbetrieb anhaftende Vermögenszuwachs. Der Realisierung dieses Vermögenszuwachses kommt neben der Betriebsaufgabe, Entnahme oder Einbringung lediglich Bedeutung für den Besteuerungszeitpunkt zu.

   b) Das Gleiche gilt für die Fälle des § 17 EStG, § 22 Nr. 2 EStG i. V. m. § 23 EStG. Ergänzend kommt der Gewinnrealisierung bei § 23 EStG allerdings eine tatbestandsbegründende Wirkung zu, die dazu dient, den Ausnahmefall der Besteuerung von Vermögenszuwächsen im Privatvermögen zu beschreiben.

   c) Im Fall der rückständigen Forderungen gem. § 24 Nr. 2 EStG liegt eine „achte" Einkunftsart vor, die in dem Erwerb von fremderwirtschafteten Einkünften besteht. Für den Rechtsnachfolger liegt hierin eine Vermögenszuwachsbesteuerung.

   d) Bei den wiederkehrenden Bezügen gem. § 22 EStG handelt es sich ebenfalls um eine Vermögenszuwachsbesteuerung, die an die Einräumung einer bestimmten Rechtsposition anknüpft.

   e) Die Nießbrauchsfälle repräsentieren eine entgeltliche Marktteilnahme, allerdings mit der Besonderheit, daß die Einräumung dieser Rechtsposition zu den tatbestandsbegründenden Merkmalen gehört. Soweit man der von der Rechtsprechung vorgenommenen Einordnung der Erbbauzinsen als Einkünfte aus Vermietung und Verpachtung folgt, liegt eine entgeltliche Marktteilnahme vor. Nach der hier vertretenen Auffassung ist demgegenüber ein Rechtskauf gegeben, so daß die Zinsen in einen steuerpflichtigen Zins und einen nichtsteuerbaren Kapitalanteil aufzuteilen sind.

5. Die einkommensteuerliche Erfassung des Vermögenszuwachses entspricht der erbschaftsteuerlichen Erfassung derartiger Vermögenszuwächse, so daß die Steuergegenstände insoweit deckungsgleich sind. Abweichungen ergeben

sich jedoch hinsichtlich des Besteuerungszeitpunktes und des Ausmaßes der Besteuerung. Diese Abweichungen betreffen steuertechnische Fragen, die die grundlegende Übereinstimmung unberührt lassen.

6. Im Rahmen des Steuergegenstandsvergleiches lassen sich auch aus den Saldogrößen „Einkommen" und „Bereicherung" Übereinstimmungen entnehmen. Beide Größen sind an dem Nettoprinzip ausgerichtet, so daß die wirklich vorhandene Leistungsfähigkeit besteuert wird. Im Regelfall bestehen allerdings Vermögensartunterschiede, die durch die Saldogrößen repräsentiert werden. Bei dem Einkommen handelt es sich regelmäßig um liquide Mittel, die Bereicherung hingegen umfaßt jedwede Vermögensart. In den Doppelbelastungsfällen wird das Einkommen aber auch durch illiquide Mittel bestimmt.

7. Einen besonderen Einfluß auf die Saldogrößen üben Frei- und Abzugsbeträge aus. Diese sind zwar überwiegend sozialpolitisch motiviert, unterscheiden sich jedoch hinsichtlich der gesetzgeberischen Zielsetzung. Das Einkommen wird in besonderer Weise durch wirtschaftspolitische Zielsetzungen beeinflußt, während bei der Bereicherung die Begünstigung des Familienverbandes mit den kleinen und mittleren Erwerben im Vordergrund steht. Damit werden umgekehrt größere Erwerbe von entfernt oder nichtverwandten Personen nicht begünstigt. Übereinstimmung besteht demgegenüber insoweit, als die Abzugsbeträge zum Teil an persönliche Verhältnisse des Steuerpflichtigen anknüpfen. Zu nennen sind bei der Einkommensteuer etwa der Altersentlastungsbetrag gem. § 24 a EStG oder die außergewöhnlichen Belastungen gem. § 33 ff. EStG und bei der Erbschaft-/Schenkungsteuer die vom Verwandtschaftsgrad abhängigen Freibeträge gem. §§ 16, 17 ErbStG.

8. Die Besteuerungsgüter von Einkommensteuer und Erbschaft-/Schenkungsteuer sind grundsätzlich verschieden. Hierbei stehen sich die Einkommenserzielung einerseits und die Zuordnung von Vermögenswerten infolge Freigebigkeit bzw. fingierter Freigebigkeit andererseits gegenüber. Hinter dieser Verschiedenheit verbirgt sich übereinstimmend die jeweilige Zunahme an wirtschaftlicher Leistungsfähigkeit, die bei beiden Steuern die Rechtfertigung für die Besteuerung darstellt. In den Doppelbelastungsfällen liegt beiden Steuern dasselbe Besteuerungsgut zugrunde. Der entscheidende Lebensvorgang besteht in der Zuordnung von Leistungsfähigkeit, die bestimmten Vermögenswerten anhaftet. Dies gilt auch für die Fälle der Nießbrauchsrechte und Erbbauzinszahlungen, bei denen unterschiedliche Steuergegenstände festzustellen sind. Denn der entscheidende Lebensvorgang besteht in der Einräumung einer bestimmten Rechtsposition, die die Quelle wirtschaftlicher Leistungsfähigkeit repräsentiert. Diese gesteigerte Leistungsfähigkeit ist bei beiden Steuern als besteuerungswürdige Größe hervorzuheben. Aufgrund der an die Leistungsfähigkeit anknüpfenden Besteuerung lassen sich beide Steuern als Einkommensteuern einer Steuerart zuordnen.

9. Die Übereinstimmungen der Steuergegenstände und der Besteuerungsgüter stehen daher nicht mit den Verschiedenheitsthesen der Rechtsprechung in Einklang. Vielmehr deuten die Übereinstimmungen auf eine Gleichartigkeit hin.

10. Gestützt wird dieses Ergebnis durch einen Vergleich der Steuersubjekte. Hierbei besteht, mit Ausnahme der Gesamthandsgemeinschaften, weitestgehende Übereinstimmung. Anders als es die Rechtsprechung sieht, läßt sich bei beiden Steuern eine Personenbezogenheit feststellen, so daß die Einkommensteuer und die Erbschaft-/Schenkungsteuer übereinstimmend als Personensteuern bezeichnet werden können.

11. Abweichend von den grundlegenden Übereinstimmungen weisen die Bemessungsgrundlagen und Steuersätze erhebliche Unterschiede auf. Bemessungsgrundlage und Steuertarif des Einkommensteuergesetzes sind in besonderer Weise an der Erfassung der subjektiven Leistungsfähigkeit ausgerichtet. Bei der Erbschaft-/Schenkungsteuer ist hingegen eine gesellschaftspolitisch begründete Schonung des „Familienvermögens" bzw. eine verstärkte Besteuerung von „Fremdvermögen" feststellbar. Hierin wird die unterschiedliche Bedeutung der jeweils vorhandenen Leistungsfähigkeit deutlich. Das zu versteuernde Einkommen dient der Finanzierung der Lebensführung, die Bereicherung hingegen repräsentiert eine im Einzelfall eingetretene zusätzliche Erhöhung der steuerlichen Leistungsfähigkeit, so daß die Besteuerung auch an anderen Kriterien, wie z. B. an der Umverteilungszielsetzung, gemessen werden kann. Die somit feststellbaren Abweichungen stehen zwar einer Zusammenfassung beider Steuern entgegen, sie betreffen jedoch lediglich das konkrete Ausmaß der Steuerlast und sind damit Ausdruck der von dem Gesetzgeber für richtig gehaltenen Besteuerungshöhe.

12. Im Hinblick auf den Rechtfertigungszweck der Verschiedenheitsthesen ist der grundlegenden Übereinstimmung der Steuergegenstände bzw. Besteuerungsgüter die entscheidende Bedeutung beizumessen. Hierdurch wird die wirtschaftliche Leistungsfähigkeit erfaßt, die im Rahmen des Gleichartigkeitsvergleiches über das Vorliegen oder Nichtvorliegen einer vermeidungswürdigen Doppelbesteuerungssituation entscheidet. Einkommen und Erbschaft-/Schenkungsteuer sind daher als gleichartige Steuern zu bezeichnen, so daß sie als auf einer Ebene liegend anzusehen sind.

13. Diesem Argument stehen auch nicht der § 16 Abs. 5 EStG a. F. bzw. § 35 EStG entgegen, wie es die Leitentscheidung vorträgt. § 16 Abs. 5 EStG a. F. ist aufgrund des Regelungsbereiches als ein gesetzliches Beispiel für die Saldierfähigkeit beider Steuern zu betrachten, so daß sich hierin die Gleichartigkeit der Steuern zeigt. Der Vorschrift des § 35 EStG kann daneben keine entsprechende Bedeutung beigemessen werden, da es sich lediglich um ein

Korrelat zu der erbschaftsteuerlichen Erhebungstechnik handelt. Allerdings beweist die Existenz der Vorschrift, daß auch der Gesetzgeber die beiden Steuern nicht völlig unabhängig voneinander gesehen hat.

14. § 35 EStG wird dem Konkurrenzverhältnis der beiden Steuern nicht gerecht. Das an Art. 3 Abs. 1 GG ausgerichtete Steuergerechtigkeitsgebot verlangt vielmehr eine im Erbschaft-/Schenkungsteuergesetz enthaltene Vorschrift, die zu einem Abzug der latenten Einkommensteuerschuld bei der Berechnung der erbschaftsteuerlichen Bereicherung führt.

Rechtsprechungsübersicht

1. Bundesverfassungsgericht

Beschluß vom 9. 7.1969	2 BvL 20/65	BVerfGE 26, 302
Beschluß vom 7.10.1969	2 BvL 3/66, 2 BvR 701/64	BVerfGE 27, 111
Beschluß vom 23.11.1976	1 BvR 150/75	BVerfGE 43, 108
Beschluß vom 5. 4.1978	1 BvR 117/73	BVerfGE 48, 102
Urteil vom 3.11.1982	1 BvR 620/78, 1335/78, 1104/79, 363/80	BVerfGE 61, 319
Beschluß vom 8. 3.1983	2 BvL 27/81	BStBl. II 1983, 779
Beschluß vom 6.12.1983	2 BvR 1275/79	BVerfGE 65, 325
Beschluß vom 22. 2.1984	1 BvL 10/80	BVerfGE 66, 214
Beschluß vom 15. 5.1984	1 BvR 464/81 u. a.	BVerfGE 67, 70 (BStBl. II 1984, 608)
Beschluß vom 4.10.1984	1 BvR 789/79	BVerfGE 67, 290
Beschluß vom 17.10.1984	1 BvR 527/80, 528/81, 441/82	BVerfGE 68, 143
Beschluß vom 10. 4.1987	1 BvR 883/86	DB 1987, S. 2287
Beschluß vom 9.11.1988	1 BvR 243/86	BVerfGE 79, 106 (BStBl. II 1989, 938)
Beschluß vom 15.11.1989	1 BvR 171/89	BStBl. II 1990, 103
Beschluß vom 12. 6.1990	1 BvL 72/86	BStBl. II 1990, 664

2. Bundesgerichtshof

Urteil vom 3.11.1961	V ZR 48/60	BGHZ 36, 65
Urteil vom 26. 4.1972	IV ZR 114/70	NJW 1972, S. 1269
Urteil vom 22. 2.1974	V ZR 67/72	BGHZ 62, 179

3. Reichsfinanzhof

Urteil vom 2.10.1919	II A 244/19	RFHE 1, 197
Urteil vom 28.10.1921	I a A 101/21	RFHE 7, 192
Beschluß vom 1. 5.1922	GrS 2/21	RFHE 9, 123
Urteil vom 27. 9.1922	VI A 184	StuW 1922, S. 1123

Gutachten vom 20.10.1923	GrS D 3/23	RFHE 13, 28
Urteil vom 29.10.1924	VI e A 186/24	RFHE 15, 47
Urteil vom 12. 6.1928	V e A 242/28	RFHE 23, 282
Urteil vom 28. 2.1930	VI A 266/30	RStBl. 1930, 202
Urteil vom 7. 5.1930	VI A 827/27	RStBl. 1930, 578
Urteil vom 14. 5.1930	VI A 133/30	RStBl. 1930, 704
Urteil vom 25. 6.1930	VI A 916/30	RStBl. 1930, 618
Gutachten vom 21. 5.1931	I D I/30	RFHE 29, 137
Urteil vom 7. 7.1931	I e 379/30	RStBl. 1931, 824
Urteil vom 24. 2.1933	V e A 1066/31	RStBl. 1933, 457
Urteil vom 26.10.1933	VI A 2067/32	RStBl. 1934, 404
Urteil vom 13.12.1933	VI A 1484/32	RStBl. 1934, 406
Urteil vom 25. 7.1934	VI A 433/34	RStBl. 1935, 332
Urteil vom 8.11.1934	III e A 61/33	RStBl. 1935, 154
Urteil vom 14. 8.1935	VI A 582/35	RStBl. 1935, 1496
Urteil vom 17. 2.1937	VI A 485/36	RStBl. 1937, 963
Urteil vom 21. 7.1937	VI A 377/37	RStBl. 1937, 1008
Urteil vom 7.10.1937	III e A 29/37	RStBl. 1937, 1302
Urteil vom 8.11.1937	VI 596/37	RStBl. 1938, 274
Urteil vom 14.12.1938	VI 732/38	RStBl. 1939, 212
Urteil vom 6. 2.1941	IV 200/40	RStBl. 1941, 418
Urteil vom 26. 6.1941	III e 43/40	RStBl. 1941, 766
Urteil vom 17. 2.1943	VI 185/42	RStBl. 1943, 294
Urteil vom 26.11.1943	III 138/42	RStBl. 1943, 205

4. Bundesfinanzhof

Urteil vom 25. 9.1953	III 229/52 U	BStBl. III 1953, 308
Urteil vom 23. 9.1955	III 90/53 U	BStBl. III 1955, 321
Urteil vom 19. 1.1956	IV 604/54 U	BStBl. III 1956, 85
Urteil vom 1. 3.1957	VI 57/55 U	BStBl. III 1957, 135
Urteil vom 15.11.1957	VI 79/55 U	BStBl. III 1958, 103
Urteil vom 2.10.1959	VI 64/57 U	BStBl. III 1960, 36
Urteil vom 22. 6.1960	II 256/57 U	BStBl. III 1960, 358
Urteil vom 29. 7.1960	VI 265/58 U	BStBl. III 1960, 404
Urteil vom 30. 9.1960	VI 137/59 U	BStBl. III 1960, 489
Urteil vom 11. 1.1961	II 272/58 U	BStBl. III 1961, 162
Urteil vom 22. 2.1961	II 278/58 S	BStBl. III 1961, 234
Urteil vom 28. 2.1961	I 25/61 U	BStBl. III 1961, 252
Urteil vom 5. 5.1961	VI 155/60	HFR 1961, 196
Urteil vom 17. 1.1963	IV 335/59 S	BStBl. III 1963, 257
Urteil vom 26. 7.1963	VI 353, 354/62 U	BStBl. III 1963, 481
Urteil vom 10.10.1963	VI 288/62 U	BStBl. III 1963, 584
Urteil vom 11.10.1963	VI 251/62 U	BStBl. III 1963, 564
Urteil vom 21.11.1963	IV 345/61 S	BStBl. III 1964, 183
Urteil vom 18. 9.1964	VI 300/63 U	BStBl. III 1964, 647

Urteil vom 5. 4.1965	VI 339/63 U	BStBl. III 1965, 360
Urteil vom 13. 7.1965	I 167/59 U	BStBl. III 1965, 640
Urteil vom 20. 8.1965	VI 156/64 U	BStBl. III 1965, 706
Urteil vom 25.11.1965	IV 216/64 S	BStBl. III 1966, 110
Urteil vom 6. 7.1966	VI 124/65	BStBl. III 1966, 584
Urteil vom 16. 9.1966	VI 118/65, VI 119/65	BStBl. III 1967, 70
Urteil vom 8. 3.1967	VI R 24/66	BStBl. III 1967, 317
Urteil vom 28.11.1967	II 72/63	BStBl. II 1968, 239
Urteil vom 15. 5.1968	I 197/65	BStBl. II 1968, 606
Urteil vom 25. 2.1969	II 142/63	BStBl. II 1969, 400
Urteil vom 21. 3.1969	VI R 208/67	BStBl. II 1969, 520
Urteil vom 8.10.1970	IV R 69/70	BStBl. II 1971, 16
Urteil vom 23. 4.1971	IV 201/65	BStBl. II 1971, 686
Urteil vom 20. 7.1971	VIII 24/65	BStBl. II 1972, 170
Urteil vom 11. 8.1971	VIII R 76/70	BStBl. II 1972, 55
Beschluß vom 18.12.1972	II R 87-89/70	BStBl. II 1973, 329
Urteil vom 11. 4.1973	IV R 67/69	BStBl. II 1973, 528
Urteil vom 6. 7.1973	VI R 253/69	BStBl. II 1974, 754
Urteil vom 27. 9.1973	VIII R 71/69	BStBl. II 1974, 101
Urteil vom 5.12.1973	I R 68/71	BStBl. II 1974, 236
Urteil vom 13.12.1973	I R 136/72	BStBl. II 1974, 210
Urteil vom 13. 3.1974	I R 180/72	BStBl. II 1974, 423
Beschluß vom 7.10.1974	GrS 1/73	BStBl. II 1975, 168
Urteil vom 8.11.1974	VI R 22/72	BStBl. II 1975, 110
Urteil vom 1. 8.1975	VI R 168/73	BStBl. II 1975, 882
Urteil vom 26. 8.1975	VIII R 61/72	BStBl. II 1976, 64
Urteil vom 19.12.1975	VI R 157/72	BStBl. II 1976, 322
Beschluß vom 11. 3.1976	IV B 62/75	BStBl. II 1976, 535
Urteil vom 25. 3.1976	IV R 174/73	BStBl. II 1976, 487
Urteil vom 22.12.1976	II R 58/67	BStBl. II 1977, 420
Urteil vom 31. 3.1977	IV R 179/73	BStBl. II 1977, 609
Urteil vom 26. 4.1977	VIII R 2/75	BStBl. II 1977, 631
Urteil vom 18. 8.1977	VIII R 7/74	BStBl. II 1977, 796
Urteil vom 5. 7.1978	II R 64/73	BStBl. II 1979, 23
Urteil vom 26. 7.1978	VIII R 54/74	BStBl. II 1979, 332
Urteil vom 26. 4.1979	IV R 108/75	BStBl. II 1979, 732
Urteil vom 11. 5.1979	VI R 37/76	BStBl. II 1979, 558
Urteil vom 12. 7.1979	II R 41/77	BStBl. II 1979, 740
Beschluß vom 6.12.1979	IV B 56/79	BStBl. II 1980, 314
Urteil vom 7. 2.1980	IV R 178/76	BStBl. II 1980, 383
Urteil vom 13. 5.1980	VIII R 63/79	BStBl. II 1981, 295
Urteil vom 13. 5.1980	VIII R 75/79	BStBl. II 1981, 297
Urteil vom 13. 5.1980	VIII R 128/78	BStBl. II 1981, 299
Urteil vom 4.11.1980	VIII R 55/77	BStBl. II 1981, 396
Urteil vom 20.11.1980	IV R 126/78	BStBl. II 1981, 398
Urteil vom 25.11.1980	VIII R 71/76	BStBl. II 1981, 358

Urteil vom 19. 2.1981	IV R 116/77	BStBl. II 1981, 566
Urteil vom 26. 3.1981	IV R 130/77	BStBl. II 1981, 614
Urteil vom 20. 5.1981	II R 11/81	BStBl. II 1981, 715
Urteil vom 20. 5.1981	II R 33/78	BStBl. II 1982, 27
Urteil vom 21.10.1981	II R 176/78	BStBl. II 1982, 83
Urteil vom 29.11.1981	IV R 138/78	BStBl. II 1982, 381
Urteil vom 19. 1.1982	VIII R 102/78	BStBl. II 1982, 533
Urteil vom 3. 6.1982	VI R 41/79	BStBl. II 1982, 749
Urteil vom 14. 7.1982	II R 16/81	BStBl. II 1983, 19
Urteil vom 30. 7.1982	VI R 67/79	BStBl. II 1982, 744
Urteil vom 21. 9.1982	VIII R 73/79	BStBl. II 1983, 201
Urteil vom 22. 9.1982	II R 61/80	BStBl. II 1983, 179
Urteil vom 12.10.1982	VIII R 72/79	BStBl. II 1983, 128
Beschluß vom 27.10.1982	II B 77/81	BStBl. II 1983, 114
Urteil vom 10.11.1982	II R 111/80	BStBl. II 1983, 116
Urteil vom 20. 1.1983	IV R 158/80	BStBl. II 1983, 413
Urteil vom 26. 4.1983	VIII R 205/80	BStBl. II 1983, 502
Urteil vom 18. 5.1983	I R 5/82	BStBl. II 1983, 771
Urteil vom 10. 6.1983	VI R 15/80	BStBl. II 1983, 642
Urteil vom 13. 7.1983	II R 105/82	BStBl. II 1984, 37
Urteil vom 9. 8.1983	VIII R 35/80	BStBl. II 1984, 27
Urteil vom 21. 9.1983	VIII R 73/79	BStBl. II 1983, 201
Urteil vom 13.12.1983	VIII R 90/81	BStBl. II 1984, 474
Urteil vom 14. 2.1984	VIII R 41/82	BStBl. II 1984, 550
Urteil vom 29. 3.1984	IV R 271/83	BStBl. II 1984, 602
Beschluß vom 25. 6.1984	GrS 4/82	BStBl. II 1984, 751
Urteil vom 5. 7.1984	IV R 57/82	BStBl. II 1986, 322
Urteil vom 3.10.1984	II R 194/82	BStBl. II 1985, 73
Urteil vom 24.10.1984	II R 103/83	BStBl. II 1985, 137
Urteil vom 26.10.1984	VI R 199/80	BStBl. II 1985, 57
Urteil vom 31.10.1984	II R 200/81	BStBl. II 1985, 59
Urteil vom 28.11.1984	I R 290/81	BStBl. II 1985, 264
Urteil vom 7. 2.1985	IV R 177/83	BStBl. II 1985, 504
Urteil vom 21. 3.1985	IV R 25/82	BStBl. II 1985, 399
Urteil vom 17. 4.1985	II R 147/82	BFH NV 1986, 96
Urteil vom 17. 4.1985	I R 101/81	BStBl. II 1985, 510
Urteil vom 17. 4.1985	I R 132/81	BStBl. II 1985, 617
Urteil vom 9. 7.1985	IX R 49/83	BStBl. II 1985, 722
Urteil vom 12. 9.1985	VIII R 306/81	BStBl. II 1986, 252
Urteil vom 8.10.1985	VIII R 234/84	BStBl. II 1986, 596
Urteil vom 7.11.1985	IV R 44/83	BStBl. II 1986, 335
Urteil vom 12.11.1985	IX R 2/82	BStBl. II 1986, 261
Urteil vom 27.11.1985	II R 148/82	BStBl. II 1986, 265
Urteil vom 10.12.1985	IX R 67/81	BStBl. II 1986, 340
Urteil vom 8. 4.1986	VIII R 260/82	BStBl. II 1986, 557
Urteil vom 17. 4.1986	IV R 115/84	BStBl. II 1986, 607
Urteil vom 14. 5.1986	II R 37/84	BStBl. II 1986, 613
Urteil vom 15. 5.1986	IV R 119/84	BStBl. II 1986, 609

Beschluß vom 11. 6.1986	II B 49/83	BStBl. II 1986, 782
Urteil vom 24. 6.1986	IV R 282/84	BStBl. II 1986, 672
Urteil vom 9. 7.1986	I R 218/82	BStBl. II 1987, 14
Urteil vom 10. 9.1986	II R 81/84	BStBl. II 1987, 80
Urteil vom 26.11.1986	II R 32/83	BStBl. II 1987, 101
Urteil vom 26.11.1986	II R 190/81	BStBl. II 1987, 175
Urteil vom 9.12.1986	VIII R 26/80	BStBl. II 1987, 342
Urteil vom 21. 3.1987	IX R 112/83	BStBl. II 1987, 774
Urteil vom 29. 6.1987	X R 23/82	BStBl. II 1987, 744
Urteil vom 31. 7.1987	IX R 111/86	BStBl. II 1987, 668
Urteil vom 7. 8.1987	VI R 53/84	BStBl. II 1987, 822
Urteil vom 30. 9.1987	II R 99/86	BStBl. II 1987, 867
Urteil vom 10. 3.1988	IV R 226/85	BStBl. II 1988, 832
Urteil vom 14. 4.1988	IV R 86/86	BStBl. II 1988, 633
Urteil vom 5. 5.1988	III R 41/85	BStBl. II 1988, 778
Beschluß vom 11. 5.1988	II B 28/88	BStBl. II 1988, 730
Urteil vom 12. 7.1988	IX R 149/83	BStBl. II 1988, 942
Urteil vom 22. 7.1988	II R 175/85	BStBl. II 1988, 995
Urteil vom 9. 9.1988	III R 191/84	BStBl. II 1989, 9
Urteil vom 30.11.1988	I R 114/84	BStBl. II 1990, 117
Urteil vom 8.12.1988	II R 150/85	BStBl. II 1989, 237
Urteil vom 16.12.1988	III R 113/85	BStBl. II 1989, 763
Urteil vom 2. 2.1989	IV R 46/87	BFH NV 1990, 86
Urteil vom 29. 3.1989	X R 4/84	BStBl. II 1989, 652
Urteil vom 12. 4.1989	II R 37/87	BStBl. II 1989, 524
Urteil vom 19. 4.1989	II R 189/85	BStBl. II 1989, 623
Urteil vom 18.10.1989	I R 126/88	BStBl. II 1990, 377
Beschluß vom 6.12.1989	II B 70/89	BFH NV 1990, 643
Urteil vom 13.12.1989	II R 23/85	BStBl. II 1990, 322
Urteil vom 13.12.1989	II R 31/89	BStBl. II 1990, 325
Urteil vom 14. 3.1990	I R 64/85	BStBl. II 1990, 810
Urteil vom 8. 6.1990	III R 14-16/90	BStBl. II 1990, 969
Beschluß vom 5. 7.1990	GrS 2/89	BStBl. II 1990, 837
Beschluß vom 20. 7.1990	III B 144/89	BStBl. II 1991, 104
Urteil vom 4.10.1990	X R 153/88	BFH NV 1991, 239
Urteil vom 20.11.1990	VIII R 15/87	BStBl. II 1991, 345
Urteil vom 5.12.1990	II R 109/86	BStBl. II 1991, 181
Urteil vom 7.12.1990	X R 72/89	BStBl. II 1991, 350
Beschluß vom 25. 2.1991	GrS 7/89	DB 1991, S. 889

5. Finanzgerichte

FG Stuttgart, Urteil vom 6. 5.1965	I 107/65	EFG 1965, 331, rkr.
FG des Saarlandes, Beschluß vom 22. 2.1974	263/73	EFG 1974, 207, rkr.
Niedersächsisches FG, Urteil vom 18. 9.1979	III 67/78	EFG 1980, 190, rkr.

FG Berlin, Urteil vom 6.12.1979	IV 460/78	EFG 1980, 280, rkr.
FG Baden-Württemberg, Außensenate Stuttgart, Urteil vom 10. 7.1980	VI 502/77	EFG 1981, 75, rkr.
FG Hamburg, Urteil vom 28.10.1980	I 25/80	EFG 1981, 346, rkr.
Hessisches FG, Urteil vom 18. 3.1981	I 333/76	EFG 1981, 624, rkr.
FG Baden-Württemberg, Außensenate Stuttgart, Urteil vom 5.11.1981	VI 64/78	EFG 1982, 299, rkr.
FG Münster, Urteil vom 5.11.1981	III 2696/80 Erb	EFG 1982, 356 (bestätigt durch BFH-Urteil vom 13. 7.1983, II R 12/82, n. v.)
FG Münster, Urteil vom 8.12.1981	VI 393/77 E	EFG 1982, 352 (bestätigt durch BFH-Urteil vom 14. 2.1984, VIII R 41/82, BStBl. II 1984, 550)
Hessisches FG, Urteil vom 18. 2.1982	X 184/78	EFG 1982, 566, rkr. EFG 1982, 570, rkr.
FG Berlin, Urteil vom 24. 1.1984	V 168/83	EFG 1984, 406, rkr.
FG Hamburg, Urteil vom 15. 8.1984	I 230/81	EFG 1985, 122, rkr.
FG Baden-Württemberg, Außensenate Freiburg, Urteil vom 28.11.1984	II (III) 221/82	EFG 1985, 295, rkr.
FG Düsseldorf, Urteil vom 6. 2.1985	IV 161/81	n. v.
FG Berlin, Urteil vom 15. 7.1985	VIII 21/84	EFG 1986, 298 (bestätigt durch BFH-Beschluß vom 29. 4.1987, IX B 80/85, n. v.)
FG Berlin, Urteil vom 13. 9.1985	III 452/83	EFG 1986, 292, rkr.
FG Münster, Urteil vom 6. 3.1986	IV 6462/85 E	EFG 1987, 184, rkr.
FG Köln, Urteil vom 8.10.1987	7 K 408/82	EFG 1988, 179, rkr.
FG Hamburg, Urteil vom 9. 2.1988	I 425/85	EFG 1988, 365, n. rkr.

Niedersächsisches FG, Urteil vom 8. 12. 1988	III 16/84	EFG 1989, 296 (Nichtzulassungsbeschwerde als unbegründet zurückgewiesen durch BFH-Beschluß vom 13. 9. 1989, II B 57/89, n. v.)
FG Düsseldorf, Urteil vom 12. 9. 1990	8 K 40/85 E	EFG 1991, 258, n. rkr.
Niedersächsisches FG, Vorlagebeschluß vom 15. 1. 1991	IX 427 und 437/90	EFG 1991, 260
FG Düsseldorf, Beschluß vom 25. 2. 1991	15 V 256/90 A (E)	EFG 1991, 258, rkr.
FG des Saarlandes, Vorlagebeschluß vom 19. 3. 1991	1 K 84/91	EFG 1991, 330

Literaturverzeichnis

Adler / Düring / Schmaltz: Rechnungslegung und Prüfung der Unternehmen, Stuttgart, 5. Auflage, Stand nach der 8. Teillieferung
(zitiert: Rechnungslegung)

Andel, Norbert: Einkommensteuer, Handbuch der Finanzwissenschaft, Band II, 3. Auflage, Tübingen 1980, S. 331 ff.
(zitiert: Einkommensteuer)

Babrowski, Udo W.: Die Steuerbefreiung als Rechtsform der Subvention, Tübingen 1976
(zitiert: Steuerbefreiung)

Bader, Franz-Josef / *Lammsfuß,* Franz / *Rinne,* Ulf: Die Besteuerung der Renten, Bonn 1984
(zitiert: Besteuerung der Renten)

Balke, Michael: Einheitswert oder Verkehrswert für Grundbesitz im Erbschaftsteuer- und Schenkungsteuerrecht?, Berlin 1984
(zitiert: Einheitswert)

Bayer, Hermann-Wilfried: Der Stufenbau des Steuertatbestandes, FR 1985, S. 337 ff.

— Die Erwerbstätigkeit — der Steuergegenstand des Einkommensteuerrechts:
Teil I, BB 1988, S. 1 ff.
Teil II, BB 1988, S. 141 ff.
Teil III, BB 1988, S. 213 ff.

Bayer, Hermann-Wilfried / *Müller,* Friedrich-Paul: Das Einkommen — der Steuergegenstand des Einkommensteuerrechts?, BB 1978, S. 1 ff.

Becker, Enno: Die Grundlagen der Einkommensteuer, Berlin / München 1940
(zitiert: Grundlagen)

Becker, Enno / *Riewald,* Alfred / *Koch,* Carl: Kommentar zur Reichsabgabenordnung, Band I, 9. Auflage, Köln / Berlin / Bonn / München 1963
(zitiert: Kommentar)

Beck'scher Bilanzkommentar: Der Jahresabschluß nach Handels- und Steuerrecht, 2. Auflage, München 1990
(zitiert: Beck'scher Bilanz-Kommentar)

Biergans, Enno: Überlegungen zur Zurechnung latenter Einkünfte im Einkommensteuerrecht, FR 1982, S. 525 ff.

— Einkommensteuer und Steuerbilanz, 5. Auflage, München 1990
(zitiert: Einkommensteuer)

— Renten und Raten in Einkommensteuer und Steuerbilanz, 3. Auflage, München 1989
(zitiert: Renten)

Biergans, Enno / *Stockinger*, Roland: Zum Einkommensbegriff und zur persönlichen Zurechnung von Einkünften im Einkommensteuerrecht, FR 1982, S. 1 ff., 25 ff.

Biergans, Enno / *Wasmer*, Claudius: Zum Tatbestand der Besteuerung und zum Leistungsfähigkeitsbegriff in der Einkommensteuer, FR 1985, S. 57 ff.

Birtel, Thomas: Die Zeit im Einkommensteuerrecht, Berlin 1985
(zitiert: Die Zeit)

Blümich: Kommentar zum Einkommensteuergesetz, Körperschaftsteuer- und Gewerbesteuergesetz, 14. Auflage, München, Stand: Juli 1990
(zitiert: Kommentar)

Blümich / Schachian: Das Einkommensteuergesetz vom 10.8.1925, Berlin 1925
(zitiert: Kommentar)

Bopp, Gerhard: Die Beschränkung des steuerfreien Zugewinnausgleichs auf den dem Steuerwert des Nachlasses entsprechenden Betrag (§ 5 Abs. 1 Satz 2 ErbStG), DB 1975, S. 1000 f.

Boruttau, Ernst Paul / *Egly*, Hans / *Sigloch*, Heinrich: Kommentar zum Grunderwerbsteuergesetz, 12. Auflage, München 1986
(zitiert: Kommentar)

Crezelius, Georg: Zusammenstreffen von Einkommensteuer und Erbschaftsteuer, BB 1979, S. 1342 ff.

— Erbschaft- und Schenkungsteuer in zivilrechtlicher Sicht, Herne / Berlin 1979
(zitiert: Erbschaft- und Schenkungsteuer)

de Haan-Gast, Brigitte: Bilanzierung von Erbbaurechten, DB 1976, S. 1347 ff.

Dötsch, Franz: Einkünfte aus Gewerbebetrieb nach Betriebsveräußerung und Betriebsaufgabe, Köln 1987
(zitiert: Betriebsveräußerung und Betriebsaufgabe)

Dötsch, Ewald / *Eversberg*, Horst / *Jost*, Werner F. / *Witt*, Georg: Die Körperschaftsteuer, Kommentar, Stuttgart, Stand: Oktober 1990
(zitiert: Kommentar)

Ebeling, Jürgen: Die Gesamthandsgesellschaft als Schenker und Erblasser sowie als Erwerber im Rahmen des Erbschaftsteuer- und Schenkungsteuergesetzes, BB 1989, S. 1865 ff.

von Eheberg, Karl Theodor: Finanzwissenschaft, 13. Auflage, Leipzig 1915
(zitiert: Finanzwissenschaft)

Eisenmann, Frank: Die Grundbegriffe Einnahmen — Einkünfte — Einkommen im Einkommensteuerrecht, Tuttlingen 1977
(zitiert: Grundbegriffe)

Enneccerus, Ludwig: Vermögensteuer, fundierte Einkommensteuer oder Erbschaftsteuer, Marburg 1893
(zitiert: Vermögensteuer)

Fabri, Stephan: Grundsätze ordnungsmäßiger Bilanzierung entgeltlicher Nutzungsverhältnisse, Bergisch-Gladbach 1986
(zitiert: Grundsätze)

Fischer, Bianca: Erbschaft- und Vermögensteuer — Ein Beitrag zu den Steuerrechtfertigungslehren —, StuW 1978, S. 345 ff.

Flick, Hans / *Wassermeyer*, Franz / *Becker*, Helmut: Kommentar zum Außensteuerrecht, 5. Auflage, Köln, Stand: Dezember 1990
(zitiert: Kommentar)

Frank, Dieter: Geschichte und System der Erbschaftsteuer und ihre Auswirkung auf den Bestand der Unternehmung, Baden-Baden 1968
(zitiert: Geschichte und System)

Frotscher, Gerrit: Kommentar zum Einkommensteuergesetz, Freiburg, Stand: Dezember 1990
(zitiert: Kommentar)

Geiler, Karl: Das neue Körperschaftsteuergesetz, Mannheim / Berlin / Leipzig 1923
(zitiert: Kommentar)

Gerloff, Wilhelm: Steuerwirtschaftslehre, in: Handbuch der Finanzwissenschaft, Zweiter Band, Tübingen 1956, S. 239 ff.
(zitiert: Steuerwirtschaftslehre)

Geyler, Friedrich: Steuerliche Mehrfachbelastungen und ihre normative Abwehr, Band I: Mehrfachbesteuerung (Doppelbesteuerung) im Rechtssinne, Leipzig 1931
(zitiert: Mehrfachbesteuerung)

Grabower, Rolf: Preußens Steuern vor und nach den Befreiungskriegen, Berlin 1932
(zitiert: Preußens Steuern)

Grimm, Claus: Das Steuerrecht im Spannungsfeld zwischen wirtschaftlicher Betrachtungsweise und Zivilrecht, DStZ 1978, S. 283 ff.

Gürsching / Stenger: Kommentar zum Bewertungsgesetz und Vermögensteuergesetz, Köln, 8. Auflage, Stand: Dezember 1990
(zitiert: Kommentar)

Hartmann / Böttcher / Nissen / Bordewin: Kommentar zum Einkommensteuergesetz, Wiesbaden, Stand: Januar 1991
(zitiert: Kommentar)

Heinicke, Wolfgang: Der Rechtsnachfolger im Sinn des § 24 EStG in: Schulze-Osterloh (Hrsg.), Rechtsnachfolge im Steuerrecht, Köln, DStJG 10(1987), S. 99 ff.

Hensel, Albert: Steuerrecht, 3. Auflage, Berlin 1933
(zitiert: Steuerrecht)

Herrmann / Heuer / Raupach: Kommentar zum Einkommensteuergesetz und Körperschaftsteuergesetz, 19. Auflage, Köln, Stand: Dezember 1990
(zitiert: Kommentar)

Hoffmann, Günther: Steuervorteile durch Freibeträge, Freigrenzen, Höchstbeträge, Pauschalierungen, 7. Auflage, Freiburg / Breisgau 1984
(zitiert: Steuervorteile)

Hübschmann / Hepp / Spitaler: Kommentar zur Abgabenordnung und Finanzgerichtsordnung, 9. Auflage, Köln, Stand: Mai 1991
(zitiert: Kommentar)

Ingenstau, Jürgen: Kommentar zum Erbbaurecht, 6. Auflage, Düsseldorf 1987
(zitiert: Kommentar)

Isensee, Josef: Das Billigkeitskorrektiv des Steuergesetzes, in: Festschrift für Werner Flume zum 70. Geburtstag, Band II, Köln 1978, S. 129 ff.
(zitiert: Das Billigkeitskorrektiv)

Jakob, Wolfgang / *Jüptner,* Roland: Zur Zwangsläufigkeit außergewöhnlicher Belastungen, StuW 1983, S. 206 ff.

Jakobs, Horst Heinrich: Die Spekulationssteuerpflicht bei der Veräußerung von Nachlaßgegenständen, DB 1970, S. 1099 ff.

Jansen, Rudolf / *Wrede,* Friedrich: Renten, Raten, Dauernde Lasten, 9. Auflage, Herne / Berlin 1986
(zitiert: Renten)

John, Ernst Oskar: Einkommensteuer und Erbschaftsteuer, Köln 1951
(zitiert: Einkommensteuer)

Kapp, Reinhard: Konkurrenz zwischen Erbschaftsteuer und anderen Steuern, StbJb 1962/63, S. 327 ff.

— Anmerkung zu BVerfG, BStBl. II 1984, 608, BB 1984, S. 1413 ff.

— Abgrenzung zwischen nachträglicher Entlohnung und letztwilliger Zuwendung — Anmerkung zu BFH-Urteil v. 19.5.86, BStBl. II 1986, 609 — DStR 1987, S. 80 f.

— Kommentar zum Erbschaftsteuer- und Schenkungsteuergesetz, 10. Auflage, Köln, Stand: März 1991
(zitiert: Kommentar)

Kapp, Reinhard / *Ebeling,* Jürgen: Handbuch der Erbengemeinschaft, 3. Auflage, Köln, Stand: Juni 1990
(zitiert: Handbuch)

Keuk, Brigitte: Die Einkünfte aus sonstigen Leistungen (§ 22 Ziff. 3 EStG), DB 1972, S. 1130 ff.

— Doppelbelastung mit Erbschaftsteuer und Einkommensteuer?, DB 1973, S. 634 ff.

Kipp, Theodor: Kommentar zum Erbschaftsteuergesetz in der Fassung vom 22.8.1925 nebst Durchführungs- und Ausführungsbestimmungen, Berlin 1927
(zitiert: Kommentar)

Kirchhof, Paul: Die Rückwirkung steuerkonkurrenzlösender Rechtssätze, DStR 1979, S. 275 ff.

— Die Verpflichtung zum Steuererlaß in Härtefällen, Deutscher Steuerberatertag 1980, Protokolle Berlin 1981, S. 81 ff.
(zitiert: Die Verpflichtung zum Steuererlaß)

— Der verfassungsrechtliche Auftrag zur Besteuerung nach der finanziellen Leistungsfähigkeit, StuW 1985, S. 319 ff.

— Die Kunst der Steuergesetzgebung, NJW 1987, S. 3217 ff.

— Empfiehlt es sich, das Einkommensteuerrecht zur Beseitigung von Ungleichbehandlungen und zur Vereinfachung neu zu ordnen?, Gutachten F zum 57. Deutschen Juristentag in Mainz 1988, München 1988
(zitiert: Ungleichbehandlungen)

Kirchhof, Paul / *Söhn,* Hartmut: Kommentar zum Einkommensteuergesetz, Heidelberg, Stand: März 1991
(zitiert: Kommentar)

Kirmse, K. W.: Unentgeltliche Dienstleistung des Erben im Haushalt oder Betrieb des Erblassers und Ermäßigung der Erbschaftsteuer, Inf/A 1953, S. 227

Klein, Franz / *Flockermann*, Paul G. / *Kühr*, Christian: Kommentar zum Einkommensteuergesetz, 3. Auflage, Neuwied / Darmstadt 1981
(zitiert: Kommentar)

Klein, Franz / *Orlopp*, Gerd: Kommentar zur Abgabenordnung, 4. Auflage, München 1989
(zitiert: Kommentar)

Klotz, Werner: Milderung der Doppelbelastung durch Einkommensteuer und Erbschaftsteuer im Einkommensteuerreformgesetz, DStZ/A 1974, S. 347 ff.

Knief, Peter: Steuerfreibeträge als Instrumente der Bilanzpolitik, Abhandlungen zur Mittelstandsforschung Nr. 34, Köln / Opladen 1968
(zitiert: Steuerfreibeträge)

Knobbe-Keuk, Brigitte: Die Bilanzierung unentgeltlich erworbener Vermögensgegenstände in Handels- und Steuerbilanz, StuW 1978, S. 226 ff.

— Bilanz- und Unternehmenssteuerrecht, 7. Auflage, Köln 1989
(zitiert: Unternehmenssteuerrecht)

Koch, Karl: Kommentar zur Abgabenordnung, AO 1977, 3. Auflage, Köln / Berlin / Bonn / München 1986
(zitiert: Kommentar)

Korn, R. / *Debatin*, H.: Doppelbesteuerung, Kommentar, München, Stand: August 1990
(zitiert: Doppelbesteuerung)

Kröger, Gerhard: Die Berücksichtigung künftiger Steuerschulden bei der Ermittlung des Nachlaßwertes im bürgerlichen Recht und Steuerrecht, BB 1971, S. 647 ff.

Kruse, Heinrich Wilhelm: Über die Gleichmäßigkeit der Besteuerung, StuW 1990, S. 322 ff.

Küting, Karlheinz / *Weber*, Claus-Peter: Handbuch der Rechnungslegung, Kommentar zur Bilanzierung und Prüfung, 3. Auflage, Stuttgart 1990
(zitiert: Handbuch)

Lademann / Söffing / Brockhoff: Kommentar zum Einkommensteuergesetz, Stuttgart / München / Hannover, Stand: Oktober 1990
(zitiert: Kommentar)

Lang, Joachim: Systematisierung der Steuervergünstigungen, Berlin 1974
(zitiert: Systematisierung)

— Gewinnrealisierung – Rechtsgrundlagen, Grundtatbestände und Prinzipien im Rahmen des Betriebsvermögensvergleichs nach § 4 Abs. 1 EStG, in: Ruppe (Hrsg.), Gewinnrealisation im Steuerrecht, Köln, DStJG 4(1981), S. 45 ff.

— Die Bemessungsgrundlage der Einkommensteuer, Köln 1988
(zitiert: Bemessungsgrundlage)

Leisner, Walter: Verfassungsrechtliche Grenzen der Erbschaftsbesteuerung, Berlin 1970
(zitiert: Verfassungsrechtliche Grenzen)

Littmann, Eberhard / *Bitz*, Horst / *Meincke*, Jens Peter: Das Einkommensteuerrecht, 15. Auflage, Stuttgart, Stand: Februar 1991
(zitiert: Das Einkommensteuerrecht)

Lohr, Jörg-Andreas: Der Nießbrauch an Unternehmen und Unternehmensanteilen, Düsseldorf 1989
(zitiert: Nießbrauch)

Maaßen, Julius: Das Einkommensteuergesetz vom 24.6.1891 für Preußen, Köln 1891 *(zitiert: Kommentar)*

Martin, W.: Das Erbbaurecht in der Bilanz, DB 1982, S. 1077 ff.

Mathiak, Walter: Anschaffungs- und Herstellungskosten, in: Raupach (Hrsg.), Werte und Wertermittlung im Steuerrecht, Köln, DStJG 7(1984), S. 97 ff.

Megow, Heinrich / *Michel,* Theodor: Kommentar zum Erbschaft- und Schenkungsteuergesetz, 6. Auflage, München 1974 *(zitiert: Kommentar)*

Meincke, Jens Peter: Das Recht der Nachlaßbewertung im BGB, Frankfurt/M. 1973 *(zitiert: Nachlaßbewertung)*

— Erbschaftsteuer und Zivilrecht in Rom, StuW 1978, S. 352 ff.

— Ehescheidung und Steuern, StbKongrRep 1980, S. 331 ff.

— Gesetzeswortlaut und Rechtsanwendung im Erbschaftsteuerrecht, StuW 1981, S. 219 ff.

— Probleme des Erbschaftsteuerrechts insbesondere „gemischte Schenkung". Landesfachkongreß 1982 der Steuerberaterkammer Rheinland-Pfalz vom 15.10.1982, Mainz, S. 20 ff. *(zitiert: Probleme des Erbschaftsteuerrechts)*

— Einlagen und Absetzungen, StuW 1985, S. 390 ff.

— Die Auswirkungen der Rechtsnachfolge auf das Steuerrechtsverhältnis, in: Schulze-Osterloh (Hrsg.), Rechtsnachfolge im Steuerrecht, Köln, DStJG 10 (1987), S. 19 ff.

— Gilt im Bilanzsteuerrecht ein Abzinsungsverbot für Darlehensschulden? Festschrift der Rechtswissenschaftlichen Fakultät zur 600-Jahr-Feier der Universität zu Köln, Köln / Berlin / Bonn / München 1988, S. 293 ff. *(zitiert: Abzinsungsverbot für Darlehensschulden)*

— Die sog. umgekehrte Maßgeblichkeit der Handelsbilanz für die Steuerbilanz aus rechtswissenschaftlicher Sicht, StuW 1990, S. 15 ff.

Meincke, Jens Peter / *Michel,* Theodor: Kommentar zum Erbschafsteuer-und Schenkungsteuergesetz, begründet von Heinrich Megow, 8. Auflage, München 1987 *(zitiert: Kommentar)*

Merkenich, Kurt: Die unterschiedlichen Arten der Einkünfteermittlung im deutschen Einkommensteuerrecht, Berlin 1982 *(zitiert: Einkünfteermittlung)*

Meyer, Dirk: Einkommensteuerliche Behandlung des Nießbrauchs und anderer Nutzungsüberlassungen, Herne / Berlin 1984 *(zitiert: Nießbrauch)*

Michel, Theodor: Erwerbe von Todes wegen und Zuwendungen unter Lebenden zur nachträglichen Abgeltung von Dienstleistungen, Inf. 1984, S. 319 ff.

— Zur Besteuerung von Renten-, Nutzungs- und ähnlichen Rechten nach § 23 ErbStG, Inf. 1977, S. 163 ff.

Mittelbach, Rolf / *Richter*, Heinz: Nießbrauch, 8. Auflage, Köln 1986
(zitiert: Nießbrauch)

Mittelsteiner, Karl-Heinz: Verhältnis der Einkommensteuer zur Erbschaftsteuer, Steuer-Kongress-Report 1963, S. 108 ff.

Moench, Dietmar: Kommentar zur Erbschaft- und Schenkungsteuer, Frankfurt, Stand: Juli 1990
(zitiert: Kommentar)

Mönter, Wilhelm: Zur Steuerreform — Die Erbschaftsteuer, Institut FSt., Heft 100, Band 3, Bonn 1972
(zitiert: Steuerreform)

Münch, Ingo von: Grundgesetz-Kommentar, 3. Auflage, München 1985
(zitiert: Kommentar)

Münchener Kommentar: Kommentar zum Bürgerlichen Gesetzbuch, Band 4, Sachenrecht, 2. Auflage, München 1986
(zitiert: Münchener Kommentar)

— Kommentar zum Bürgerlichen Gesetzbuch, Band 6, Erbrecht, 2. Auflage, München 1989
(zitiert: Münchener Kommentar)

Naarmann, Peter: Das Verhältnis der Schenkungsteuer zur Erbschaftsteuer, Köln 1985
(zitiert: Das Verhältnis)

Neeb, Helmut: Die Besteuerung von Spekulationsgewinnen, StuW 1991, S. 52 ff.

Neumann / Nipperdey / Scheuner: Die Grundrechte, 2. Band, Berlin 1954
(zitiert: Grundrechte)

Neumark, Fritz: Theorie der Besteuerung, Handwörterbuch der Sozialwissenschaften, Band 10, Stuttgart / Tübingen / Göttingen 1959, S. 93 ff.
(zitiert: Besteuerung)

Nohl, Gerd: Vermögensredistribution durch die Besteuerung von Erbschaften und die Erbrechts- und Eigentumsgarantie in Art. 14 des Grundgesetzes, Marburg 1979
(zitiert: Vermögensredistribution)

Oberhauser, Alois: Erbschaft- und Schenkungsteuern, Handbuch der Finanzwissenschaft, Band II, 3. Auflage, Tübingen 1980, S. 487 ff.
(zitiert: Erbschaft- und Schenkungsteuern)

Oswald, Franz: Anmerkung zu BFH-Urteil vom 13.7.1983, II R 105/82, BStBl. II 1984, 37, DVR 1984, S. 70

o. V.: Gutachten der Steuerreformkommission, Schriftenreihe des BMF, Heft 17, München 1971
(zitiert: Steuerreformkommission)

Palandt: Kommentar zum Bürgerlichen Gesetzbuch, 50. Auflage, München 1991
(zitiert: Kommentar)

Petzoldt, Rolf: Kommentar zum Erbschaftsteuer- und Schenkungsteuergesetz, 2. Auflage, Herne / Berlin 1986
(zitiert: Kommentar)

— Zur subjektiven Seite bei freigebigen Zuwendungen, Herausforderungen — Steuerberatung im Spannungsfeld der Teilrechtsordnungen, Festschrift für Günther Felix zum 60. Geburtstag, Köln 1989, S. 331 ff.
(zitiert: Freigebige Zuwendungen)

Raudszus, Heinz: Die Berücksichtigung unentgeltlicher Zuwendungen des Erblassers bei der Umrechnung der erbschaftsteuerfreien Ausgleichsforderung auf den Steuerwert (§ 5 Abs. 1 Satz 2 ErbStG), DStR 1987, S. 323 ff.

Rössler, Rudolf / *Troll*, Max: Bewertungsgesetz und Vermögensteuergesetz, 15. Auflage, München 1989
(zitiert: Kommentar)

Rose, Gerd: Betrieb und Steuer, Drittes Buch: Die Substanzsteuern, 8. Auflage, Wiesbaden 1991
(zitiert: Substanzsteuern)

Ruppe, Hans Georg: Möglichkeiten und Grenzen der Übertragung von Einkunftsquellen als Problem der Zurechnung von Einkünften, in: Tipke (Hrsg.), Übertragung von Einkunftsquellen im Steuerrecht, Köln, DStJG 1(1978), S. 7 ff.

— Einkommensteuerrechtliche Positionen bei Rechtsnachfolge, in: Schulze-Osterloh (Hrsg.), Rechtsnachfolge im Steuerrecht, Köln, DStJG 10(1987), S. 45 ff.

Schanz, Georg: Der Einkommensbegriff und die Einkommensteuergesetze, Finanz-Archiv, 13. Jahrgang (1896), 1. Band, S. 1 ff.

— Erbschaftsteuer, Handwörterbuch der Staatswissenschaft, 3. Band, 4. Auflage, Jena 1926, S. 794 ff.
(zitiert: Erbschaftsteuer)

Schmidt, Ludwig: Kommentar zum Einkommensteuergesetz, 10. Auflage, München 1991
(zitiert: Kommentar)

Schmölders, Günter / *Hansmeyer*, Karl-Heinrich: Allgemeine Steuerlehre, 5. Auflage, Berlin 1980
(zitiert: Steuerlehre)

Schneider, Dieter: Zur Rechtfertigung von Erbschaft- und Vermögensteuer, StuW 1979, S. 38 ff.

— Leistungsfähigkeitsprinzip und Abzug von der Bemessungsgrundlage, StuW 1984, S. 356 ff.

Schulz, Burghard: Erbschaftsteuer, Schenkungsteuer, 4. Auflage, Achim 1991
(zitiert: Erbschaftsteuer)

Schulz, Harald: Zur Frage des Steuergegenstandes der Einkommensteuer, BB 1978, S. 1259 ff.

— Grundlagen und System der Einkommensbesteuerung, 3. Auflage, Herne / Berlin 1981
(zitiert: Grundlagen)

Schulze-Osterloh, Joachim: Der Bereicherungswille bei der freigebigen Zuwendung im Schenkungsteuerrecht, StuW 1977, S. 122 ff.

Schwarz, Bernhard: Kommentar zur Abgabenordnung, Freiburg, Stand: September 1990
(zitiert: Kommentar)

Segebrecht, Helmut: Besteuerung der Erben und Erbengemeinschaften, 5. Auflage, Herne / Berlin 1982
(zitiert: Besteuerung)

Seitz, Gerhard: Die Bedeutung der Erbschaftsteuer für die Entwicklung mittelständischer Betriebe, Köln 1964
(zitiert: Bedeutung der Erbschaftsteuer)

Soergel-Siebert: Kommentar zum Bürgerlichen Gesetzbuch, Band 7, Erbrecht (§§ 1922-2385), 11. Auflage, Stuttgart / Berlin / Köln / Mainz 1983
(zitiert: Kommentar)

Söhn, Hartmut: Sonderausgaben (§ 10 EStG) und Besteuerung nach der Leistungsfähigkeit, StuW 1985, S. 395 ff.

Spitaler, Armin: Das Doppelbesteuerungsproblem bei den direkten Steuern, Reichenberg 1936
(zitiert: Das Doppelbesteuerungsproblem)

Stadie, Holger: Die persönliche Zurechnung von Einkünften, Berlin 1983
(zitiert: Zurechnung)

Steinberg, Wilhelm: Steuergegenstand, Handwörterbuch des Steuerrechts und der Steuerwissenschaften, 2. Auflage, München / Bonn 1981
(zitiert: Steuergegenstand)

Strutz, Georg: Der Entwurf eines Einkommensteuergesetzes, StuW 1925, S. 409 ff.

— Kommentar zum EStG vom 10.8.1925;
Erster Band, §§ 1-18, Berlin 1927
Zweiter Band, §§ 19-117, Berlin 1929
(zitiert: Kommentar)

Tanzer, Michael: Die Maßgeblichkeit der Handelbilanz für die Bewertung in der Steuerbilanz, in: Raupach (Hrsg.), Werte und Wertermittlung im Steuerrecht, Köln, DStJG 7(1984), S. 55 ff.

Tipke, Klaus: Die dualistische Einkünfteermittlung nach dem Einkommensteuergesetz, in: Kruse (Hrsg.), Festschrift für Heinz Paulick zum 65. Geburtstag, Köln-Marienburg 1973, S. 391 ff.
(zitiert: Die dualistische Einkünfteermittlung)

— Über die Gleichartigkeit von Steuern, StuW 1975, S. 242 ff.

— Bezüge und Abzüge im Einkommensteuerrecht, StuW 1980, S. 1 ff.

— Zur Problematik einer rechtsformunabhängigen Besteuerung der Unternehmen, NJW 1980, S. 1079 ff.

— Gewinnrealisierung im Steuerrecht, Rechtfertigung des Themas; Ziel der Tagung, in: Ruppe (Hrsg.), Gewinnrealisation im Steuerrecht, Köln, DStJG 4(1981), S. 1 ff.

Tipke, Klaus / *Kruse*, Heinrich Wilhelm: Kommentar zur AO 1977 und FGO, 13. Auflage, Köln, Stand: Mai 1991
(zitiert: Kommentar)

Tipke, Klaus / *Lang*, Joachim: Steuerrecht, 13. Auflage, Köln 1991
(zitiert: Lehrbuch)

Traxel, Wolfgang: Die Freibeträge des Einkommensteuergesetzes, Frankfurt 1986
(zitiert: Freibeträge)

Troll, Max: Kommentar zum Erbschaftsteuer- und Schenkungsteuergesetz, 3. Auflage, München, Stand: April 1989
(zitiert: Kommentar)

Trzaskalik, Christoph: Personal gebundene Einkommensteuerpflicht und Gesamtrechtsnachfolge, StuW 1979, 97 ff.

— Gewinnrealisierung bei unentgeltlichen Übertragungen (Erbfall, Schenkung) von Betrieben, Teilbetrieben und Mitunternehmeranteilen auf andere Steuerrechtssubjekte — § 7 EStDV im System des Einkommensteuerrechts, in: Ruppe (Hrsg.), Gewinnrealisation im Steuerrecht, Köln, DStJG 4(1981), S. 145 ff.

Vogel, Klaus: Die Abschichtung von Rechtsfolgen im Steuerrecht, StuW 1977, S. 97 ff.

— Lenkungsteuern und Eigentumsgarantien, BayVBl. 1980, S. 523 ff.

— Doppelbesteuerungsabkommen, Kommentar, 2. Auflage, München 1990
(zitiert: Doppelbesteuerungsabkommen)

Wagner, Adolph: Lehr- und Handbuch der politischen Ökonomie, Vierte Hauptabteilung: Finanzwissenschaft, Zweiter Teil, 2. Auflage, Leipzig 1890
(zitiert: politische Ökonomie)

Walz, Rainer: Steuergerechtigkeit und Rechtsanwendung, Heidelberg / Hamburg 1980
(zitiert: Steuergerechtigkeit)

Wasmer, Claudius: Die Zurechnung von Einkünften bei der unentgeltlichen Übertragung von Betriebsvermögen durch Erbfall und Schenkung, Köln 1985
(zitiert: Zurechnung)

Wassermeyer, Franz: Das Erfordernis objektiver und subjektiver Tatbestandsmerkmale in der ertragsteuerlichen Rechtsprechung des BFH, StuW 1982, S. 352 ff.

— Erbauseinandersetzung — ertragsteuerlich gesehen, DStR 1986, S. 771 ff.

von Wedelstädt, Alexander: Begriff des „Sachverhalts" bei widerstreitenden Steuerfestsetzungen i. S. des § 174 Abgabenordnung, DB 1981, S. 1254 ff.

Zenthöfer, Wolfgang / *Schulze zur Wiesche*, Dieter: Einkommensteuer, Stuttgart 1988
(zitiert: Einkommensteuer)

FSC
www.fsc.org
MIX
Papier | Fördert gute Waldnutzung
FSC® C083411

Kolibri 360 GmbH
Ferdinand-Jühlke-Straße 7
99095 Erfurt, Deutschland
produktsicherheit@kolibri360.de

Druck:
CPI Druckdienstleistungen GmbH
im Auftrag der
Kolibri 360 GmbH
Ferdinand-Jühlke-Str. 7
99095 Erfurt